Je la vois encore couchée plutôt qu'assise. — Page 2, col. 1re.

LA DERNIÈRE MARQUISE

PAR EUGÈNE DE MIRECOURT

QUELQUES LIGNES D'AVANT-PROPOS

Lorsqu'on étudie l'époque présente, époque de somnolence intellectuelle et d'égoïsme sans vergogne, il est bien difficile de ne pas jeter derrière soi un coup d'œil de regret. Soixante ans ont suffi pour faire d'un peuple vif, aimable, enthousiaste, un peuple triste, sans ressort, lourd comme le sac d'écus devant lequel il se prosterne.

Où est notre belle société française? où sont les mœurs délicates, les entretiens pailletés, la fine galanterie? Qu'avons-nous fait de l'esprit de nos pères?

Hélas! tout cela se meurt, tout cela n'est plus; ou, s'il reste encore, çà et là, quelques traditions vivantes du dernier siècle, le temps les emporte chaque jour.

Dans le nombre de mes lecteurs, il s'en trouve peut-être qui ont été reçus jadis, rue de Varennes, à l'hôtel de Rocheboise : alors ils ne doivent pas avoir perdu le souvenir de cette femme délicieuse qui rassemblait autour d'elle, à quatre-vingts ans, tout ce que la société parisienne avait de plus illustre.

D'un bout à l'autre du faubourg Saint-Germain on appelait madame de Rocheboise la *Dernière Marquise*.

Son œil, d'où jaillissaient encore de vives étincelles, son esprit caustique et son fin sourire, offraient un attrait indicible, un parfum de dix-huitième siècle contre lesquels on se trouvait sans défense.

La marquise avait vu l'ancienne cour dans toute sa splendeur; les hurlements de l'orgie révolutionnaire avaient épouvanté son oreille; puis elle avait regardé passer l'Empire avec sa gloire, la Restauration avec ses faiblesses.

Tour à tour les mêmes hommes s'étaient montrés à elle sous mille faces diverses, tantôt vertueux et tantôt corrompus, tantôt fidèles et tantôt parjures.

Montmartre. — Imp. Pilloy frères. Viéville et Comp.

A force d'avoir fréquenté les coulisses du grand théâtre social, elle avait fini par en démasquer tous les acteurs; elle les accablait de sarcasmes et les faisait rougir sous leur fard.

C'était un Juvénal en falbalas et en robe de soie.

Souvent, en ma qualité d'homme de lettres, je glanais dans ses récits bon nombre d'anecdotes et de petits scandales, que je m'étudiais à reproduire, en leur conservant, autant que possible, le charme exquis qu'elle mettait à les raconter.

Ce manége lui plut.

Elle aimait à lire *ses histoires* dans les feuilles périodiques, et bientôt elle m'avertit que, les jours où elle n'irait pas dans le monde, je trouverais régulièrement chez elle un fauteuil au coin de l'âtre et une tasse de thé.

Madame de Rocheboise avait des aperçus tellement heureux, elle portait sur les hommes et sur les choses des jugements si vrais, si profonds, que je ne me lassais jamais de l'entendre. Comme je l'ai dit tout à l'heure, elle avait assisté à toutes nos crises politiques. Elle raisonnait sans préjugés et sans colère, maniant le sarcasme avec sang-froid et frappant toujours juste.

Je la vois encore, couchée plutôt qu'assise, dans son vaste fauteuil, les deux pieds sur les chenets et les mains croisées à la hauteur du genou.

Près d'elle, un charmant griffon s'étendait, les pattes en avant, sur le tapis moelleux et tournait vers sa maîtresse une tête intelligente.

Ce qui m'étonnait le plus chez madame de Rocheboise, c'étaient son caractère toujours égal et sa gaieté sans mélange.

— En vérité, lui dis-je un soir, je suis convaincu, madame, que vous n'avez jamais connu la tristesse. Votre longue carrière ne vous offre, je gage, aucun souvenir pénible. Si on interrogeait scrupuleusement votre généalogie, peut-être trouverait-on que vous descendez de Démocrite en ligne directe : comme ce philosophe de joyeuse mémoire, vous avez constamment le sourire sur les lèvres.

— Fort bien, c'est une épigramme! répondit-elle en me donnant sur les doigts un petit coup de son éventail. Vous trouvez que je m'écarte beaucoup trop de la gravité que me prescrit mon âge? Rassurez-vous, monsieur, je vais devenir sérieuse.

— Gardez-vous-en bien ! m'écriai-je.

— Pourtant, dit-elle, il faut que je m'y résigne, si je veux tenir la promesse que je vous ai faite, de vous raconter mon histoire. En dépit des inductions que vous tirez de mon humeur actuelle, j'ai laissé derrière moi, dans le passé, bien des malheurs et bien des larmes.

— Vous me surprenez étrangement, lui dis-je, et j'aurais cru que les Parques ne vous avaient filé que des jours d'or et de soie.

— Sachez, mon jeune ami, reprit-elle, qu'un ciel pur et resplendissant vers le soir ne prouve en aucune sorte que le matin n'ait pas été troublé par les orages. La vie peut être sombre à son aurore et radieuse à son couchant. Si vous me demandez pourquoi le souvenir de mes anciennes infortunes ne m'attriste pas aujourd'hui, je vous répondrai que toute espèce de chagrin s'efface, ici-bas, aux premiers rayons du bonheur.

— Vous avez raison, madame, et dans cette facilité de l'oubli nous devons admirer l'un des principaux bienfaits de la Providence.

— Après tout, poursuivit la marquise, au moment même où je souffrais le plus, j'avais toujours présente à l'esprit une pensée qui me sauvait du désespoir. Je n'ai rien fait, me disais-je, pour m'attirer les maux que j'endure, et la justice divine m'accordera le juste dédommagement de mes peines. Au sein des flots soulevés par la tempête, le marin voit son frêle navire prêt à descendre au fond de l'abîme; mais tout à coup la main du Seigneur calme la vague menaçante, fait taire les vents et pousse le navire au port.

La marquise, à ces mots, prit la théière de vermeil, remplit ma tasse et la sienne, et s'enfonça de nouveau dans son fauteuil.

Je devinai qu'elle allait commencer son histoire, et je prêtai d'autant plus avidement l'oreille à son récit, que j'avais d'avance permission d'en faire un livre.

C'était une bonne fortune pour moi : je désire que chacun de mes lecteurs puisse en dire autant à la fin de cet ouvrage.

I

DE QUELLE MANIÈRE AGRÉABLE LE RÉVÉREND MAXIME DE FEUILLANGES, GÉNÉRAL DES CHARTREUX, LIA CONNAISSANCE AVEC SA NIÈCE.

Je me nomme Adèle de Feuillanges, commença la marquise, et le jour de ma naissance fut celui de la mort de ma mère.

A peine étais-je âgée de quatre ans, que M. de Feuillanges, mon père, ennuyé du séjour de son antique manoir, le quitta pour aller se joindre à la troupe désœuvrée qui encombrait les appartements de Versailles. Il voulut m'emmener avec lui malgré mon jeune âge, et les premières impressions que produisit sur moi l'aspect merveilleux de la cour sont restées gravées dans mon esprit en caractères ineffaçables.

Encore aujourd'hui, si mon imagination se représente le ciel, je le peuple de palais somptueux d'une imposante architecture et tout rayonnant de gerbes de lumière, comme celui de Versailles m'apparaissait alors, quand la jeune reine éveillait d'un regard tous les échos harmonieux de sa demeure. J'y plante ces grands arbres sous lesquels venait s'ébattre la troupe dorée des courtisans, ces hautes charmilles qui abritaient de leur toit de verdure les duchesses en paniers et en robes de brocart; j'y vois aussi ces larges bassins où les cygnes, sous un beau soleil, nageaient dans des flots d'or et d'azur, caressant de leurs plumes de neige la croupe de bronze des tritons et la queue recourbée des sirènes.

Mon père, qui venait d'être nommé gentilhomme de la chambre, avait son appartement au château.

Toute petite fille, je courais sur les pelouses du parc comme les faons apprivoisés, ou bien je me perdais sous les vastes galeries, au grand désespoir de ma gouvernante, qui ne pouvait plus me retrouver au milieu d'un labyrinthe inextricable de salons inconnus.

Un jour, il m'en souvient, je trompai la surveillance des gardes et je pénétrai dans une chambre magnifique, où j'aperçus un homme et une femme, assis l'un près de l'autre et causant familièrement sur un sofa de tapisserie.

C'étaient Louis XVI et Marie Antoinette.

Le roi, — je le vois encore, — avait un habit de velours bleu de ciel; la reine portait une robe de damas rose et souriait à son royal époux.

Je restais sur le seuil de la porte, confuse, embarrassée, ne sachant en présence de qui je me trouvais et tout impressionnée par la majesté du lieu.

Tout à coup Marie Antoinette m'aperçut et s'écria :

— Sire, voyez donc le bel enfant!

Puis elle vint à moi, joyeuse et légère, me prit entre ses bras et me mit à cheval sur les genoux du roi. Tous les deux m'embrassèrent et me firent des questions avec une douceur qui m'encouragea.

Aussitôt je bavardai comme une perruche et je leur racontai comme quoi ma gouvernante me cherchait toujours et ne me trouvait jamais, tant j'avais soin de bien choisir mes cachettes.

Mon espièglerie les fit beaucoup rire.

Ils me baisèrent encore et me congédièrent en m'accablant de pralines.

Ce jour-là, je fus grondée très-sévèrement par M. de Feuillanges, et une grosse femme, que je n'avais pas encore vue, me souffleta d'importance, déclarant en outre sur un ton très-haut qu'il fallait me renvoyer en province.

Je partis en effet pour le château de Feuillanges, où je restai sous la garde de ma gouvernante et d'un vieux serviteur appelé Mathurin Perruchot.

Figurez-vous un volumineux personnage, court et trapu, dont les jambes, semblables à deux colonnes torses, soutenaient difficilement la masse énorme du reste de son corps.

Au-dessus de cet édifice humain se trouvait juchée la tête la plus exorbitante que j'aie vue de ma vie.

C'était une espèce de sphéroïde allongé, percé de deux petits yeux d'un gris clair et d'une bouche dont les coins se perdaient sous des joues d'un embonpoint phénoménal.

Ajoutez à ce visage de larges coutures et des traces nombreuses de petite vérole ; donnez-lui pour nez une betterave et pour dents des touches de buis; couvrez le tout d'une perruque rousse, et vous aurez la ressemblance exacte du plus laid, mais en même temps du meilleur des hommes.

Mathurin était le dévouement incarné.

Gravissant l'échelle des fonctions domestiques, il avait été nommé successivement marmiton, laquais, valet de chambre, puis intendant du château. Mon père, en lui confiant la garde de sa fille unique, prouvait assez quelle confiance il avait en lui.

Ce fidèle serviteur veilla sur mes jeunes années, et j'ai grandi sous sa tutelle.

Ma gouvernante étant venue à mourir, je restai seule avec Mathurin dans le vieux manoir de Feuillanges.

A l'exception du curé du village, qui m'enseignait le catéchisme et les premiers éléments de la grammaire, nous ne recevions personne et nous vivions dans une complète solitude.

Plus tard, Mathurin augmenta de quelques domestiques notre train de maison, me choisit une femme de chambre et fit venir de la ville une maîtresse de clavecin. Celle-ci à ses talents en musique joignait quelques connaissances en peinture, de sorte que, à douze ans, j'avais acquis le peu d'instruction que recevaient alors les demoiselles nobles : je parlais passablement ma langue, je peignais les fleurs et le paysage, et je déchiffrais tant bien que mal la musique de Lulli.

Lors de la seule visite que nous fit mon père, dans l'espace de huit ans, il me trouva suffisamment instruite et ne jugea pas convenable de me mettre comme pensionnaire au couvent.

M. de Feuillanges fut à mon égard affectueux et bon. Je sentis se réveiller l'amour filial endormi dans mon cœur.

Je le suppliai de m'emmener avec lui.

— Hélas ! ma douce enfant, me répondit-il, ce que tu demandes est impossible. Pourtant, Dieu m'est témoin que je t'aime!

Je me suis toujours souvenue de ces paroles, dont le sens mystérieux ne devait m'être révélé que plus tard.

Mon père se détourna pour me cacher son émotion. Bientôt je le vis s'élancer dans sa chaise de voyage, en me jetant un rapide adieu.

Pendant un mois, je fus plongée dans une mélancolie profonde que les soins et les prévenances de Mathurin parvinrent difficilement à dissiper.

L'excellent homme se creusait le cerveau du matin au soir pour trouver un moyen de me distraire.

Tantôt il m'entraînait sous les grands arbres du parc, et, malgré son extrême embonpoint il se mettait à courir, ou plutôt à rouler, en me défiant de le rejoindre. Tantôt, sous prétexte qu'une demoiselle de mon rang devait s'exercer dans l'art de l'équitation, il faisait seller pour moi la jument la plus douce de la ferme. Lui-même se plaçait à califourchon sur une mule, ce qui lui donnait un faux air de Sancho Pança; puis nous exécutions ensemble de longues cavalcades au milieu des champs d'alentour.

Il fit si bien, que ma tristesse ne tarda pas à s'évanouir ; je retrouvai l'heureuse et insouciante gaieté de mon âge.

Une année s'écoula, pendant laquelle nous reçûmes plusieurs lettres de M. de Feuillanges.

La dernière de ces lettres m'annonçait que les obstacles qui jusqu'alors avaient contraint mon père à me tenir éloignée de lui n'existaient plus et qu'il viendrait, avant huit jours, me chercher lui-même pour m'emmener à Versailles.

Afin de comprendre les joyeux transports qui m'animèrent à cette nouvelle, il faut que vous sachiez que le château que nous habitions se trouvait enterré dans le creux d'un vallon du Dauphiné, à une distance de huit lieues de Grenoble et de cent trente-cinq lieues de Paris. Je ne connaissais presque rien du monde, et jugez sous quelles brillantes couleurs devait me le représenter mon imagination de jeune fille.

Triste recluse, j'allais quitter ma prison; pauvre alouette en cage, j'allais enfin déployer mes ailes et chanter en liberté sous les cieux !

Nous procédâmes avec Mathurin aux préparatifs d'une réception brillante.

On était au commencement de juillet. Toutes les salles furent ornées de fleurs et de verdure. Les vassaux de mon père se joignirent à nous pour fêter sa bienvenue.

Hélas ! quelle triste déception nous était réservée !

A la fin du huitième jour, nous entendîmes un roulement de carrosse dans l'avenue principale du château.

La grille d'honneur fut ouverte à l'instant.

Rangés sur deux lignes, nos bons villageois saluèrent la voiture d'une décharge unanime de leurs escopettes ; et moi, suivie d'une troupe de jeunes paysannes vêtues de robes blanches, et tenant chacune à la main un bouquet de roses, je m'approchai de la portière, heureuse d'avance des caresses que j'allais recevoir.

Ce jour était précisément celui de la fête de M. de Feuillanges, et j'avais rédigé moi-même un petit compliment que je m'apprêtais à débiter.

Tout à coup je sentis ma langue se glacer sur mes lèvres : l'homme qui descendait du carrosse n'était pas mon père !

C'était un long et maigre personnage, aux traits anguleux, et dont le front sévère me fit reculer d'épouvante.

Il était entièrement vêtu de noir.

A peine eut-il touché le sol qu'il s'écria d'une voix rauque :

— Pourquoi ces démonstrations joyeuses? que veulent dire ces habits de fête? Couvrez-vous plutôt de vêtements de deuil, et pleurez sur le sort du maître de ce château, que le roi vient de plonger dans le plus obscur cachot de la Bastille !

Puis, s'approchant des villageoises au milieu desquelles je m'étais réfugiée toute frémissante, il ajouta brusquement :

— Qui de vous est Adèle de Feuillanges ?

Les jeunes filles s'éloignèrent avec crainte, et je restai seule en présence de cet homme, dont le regard étrange fit passer un frisson dans toutes mes veines.

J'essayai vainement de balbutier quelques paroles ; mes genoux se dérobèrent sous moi, et je m'évanouis.

Mathurin me transporta dans ma chambre, où je fus près d'une heure à reprendre l'usage de mes facultés.

Enfin j'ouvris les yeux et j'aperçus l'intendant, qui lui-même était plus pâle qu'un mort, tant il avait été saisi de la nouvelle de l'emprisonnement de mon père.

Il m'apprit que le personnage dont nous recevions la visite n'était rien autre que Maxime de Feuillanges, mon oncle paternel et général de la Grande-Chartreuse de Grenoble. M'exhortant ensuite à bannir mes terreurs, il me pria de l'accompagner près de ce parent, auquel, disait-il, mon père accordait une confiance sans bornes, et qui, seul, pouvait nous donner les moyens d'arracher M. de Feuillanges aux tortures de la prison.

Je me rendis aux instances de Mathurin, et bientôt nous entrâmes dans la salle à manger.

Le premier soin du général des chartreux avait été de se faire servir un repas abondant.

A peine daigna-t-il répondre par une légère inclination de tête au salut profond que je lui adressai ; la mauvaise humeur à laquelle il paraissait en proie, à sa descente de voiture, n'avait fait que s'accroître encore.

Se tournant vers Mathurin, il s'écria d'un ton bourru :

— Faites-moi le plaisir de m'expliquer, monsieur l'intendant, pourquoi vous me laissez servir par des valets subalternes. Est-ce donc manquer à votre dignité de de veiller vous-même à ce que le frère du maître de céans reçoive dans le château de ses ancêtres l'accueil qui lui est dû ?

— Je prie Votre Révérence d'agréer mes excuses, répondit Mathurin ; mais, ajouta-t-il en me désignant, l'état de ma jeune maîtresse réclamait des soins, et je n'ai pas cru pouvoir m'en dispenser....

— Vous avez eu tort, monsieur ! d'autant plus que mademoiselle n'avait aucune raison de s'évanouir.... Pure grimace !

— Permettez-moi de ne pas être de l'avis de Votre Révérence, dit Mathurin, qui voyait le rouge me monter au visage et de grosses larmes rouler sous ma paupière. En apprenant le triste sort de l'auteur de ses jours, il est assez naturel que l'enfant même le plus insensible...

— Assez ! interrompit de nouveau le chartreux. Je m'aperçois, monsieur l'intendant, que votre langue est de celles qui aiment à s'exercer ; malheureusement il ne me plaît pas de soutenir une discussion avec vous. En conséquence, veuillez me tourner les talons et dépêcher un courrier sur l'heure au premier notaire du voisinage. D'ici à trois jours on vendra le château de Feuillanges et ses dépendances.

— Vendre le château ! s'écria Mathurin en faisant un bond de surprise ; Votre Révérence y songe-t-elle ?

— Ma Révérence est munie de tous les pouvoirs *ad hoc*. De plus, elle ne répète jamais deux fois les mêmes ordres.

Le général des chartreux montra la porte à Mathurin, qui sortit la tête basse.

Je restai seule avec mon oncle.

— Quel âge avez-vous, mon aimable nièce ? me demanda-t-il en trempant un biscuit dans un verre d'alicante.

Au lieu de répondre, je me mis à éclater en sanglots.

— Hé ! petite sotte que vous êtes, s'écria-t-il en m'attirant avec violence auprès de son fauteuil, me prenez-vous pour un ogre ou pour un Barbe-Bleue ? Faites-moi grâce de vos pleurnicheries et tâchez de me comprendre, car je n'aime pas à perdre le temps en discours superflus. Vous savez déjà que M. de Feuillanges, mon honoré frère, et sa digne épouse, habitent présentement la Bastille ?

— Son épouse ! murmurai-je en m'essuyant précipitamment les yeux et en le regardant avec angoisse.

— C'est juste ; vous ignoriez que, depuis neuf à dix ans, il eût contracté un second mariage. Eh bien ! j'ai l'honneur de vous en instruire. Votre belle-mère, qui comptait avoir de la progéniture, a déclaré qu'elle ne voulait pas entendre parler de vous. Lors même que la stérilité de son union ne lui laissait plus d'espérance, elle refusa constamment de vous appeler sa fille. Ceci vous explique pourquoi M. de Feuillanges vous faisait élever loin de lui. Cependant un motif d'intérêt parut changer les sentiments de cette femme à votre égard. Son mari ne s'était rendu à ses exigences qu'à la condition que ce château vous appartiendrait un jour et serait votre dot. La nouvelle épouse y consentit d'autant plus volontiers, qu'elle avait par elle-même une fortune indépendante. Or, l'édifice de cette fortune s'étant écroulé tout récemment, la marâtre fit patte de velours et promit à M. de Feuillanges de ne plus vous détester à l'avenir. Vous devinez à merveille que les revenus accumulés de votre riche héritage devaient alors servir à mener à Versailles le même train que précédemment. Voyons, ma nièce, mon langage vous paraît-il clair ? Dois-je entrer dans de plus longues explications ?

— C'est inutile, monsieur, lui répondis-je.

— Il me semble, mademoiselle, que vous pourriez fort bien me faire l'honneur de m'appeler votre oncle ?

— Pardonnez-moi, repris-je d'une voix tremblante, et veuillez avoir quelque indulgence pour le trouble où me jettent ces nouvelles, que vous m'apprenez, du reste, avec si peu de... ménagement.

— Oh ! oh ! s'écria-t-il, voyez donc cette péronnelle, qui s'avise de me donner des leçons ! La chose est vraiment curieuse. Il faudrait sans doute employer les détours, les périphrases, adoucir mon timbre de voix et ménager la délicatesse des nerfs de mademoiselle. De grâce, évanouissez-vous de nouveau, ma nièce... vraiment, cela me divertirait fort !

Il accompagna cet étrange discours d'un éclat de rire prolongé.

— Mon oncle, lui dis-je, blessé au vif et faisant un pas vers de lui, je regrette de ne pouvoir partager votre joie. Certes, je n'ai pas beaucoup d'usage du monde, pourtant je sais qu'il est des circonstances sérieuses qui n'admettent ni la plaisanterie ni le persiflage.

Je parlais d'un ton bref et digne.

Il eut un instant d'hésitation.

Peut-être songeait-il qu'il serait plus convenable d'employer avec moi la politesse et la douceur ; néanmoins la lutte ne fut pas longue, et son caractère irascible prit le dessus.

S'élançant hors de son fauteuil, il m'atteignit au moment où je me disposais à sortir, et me ramena sur mon siège avec une brutalité sans exemple.

Sa figure, ordinairement livide, devenait pourpre de fureur, les veines de son front se gonflaient et ses yeux s'injectaient de sang.

Je crus qu'il allait me frapper.

— T'imagines-tu, petite misérable, cria-t-il, que, pour aller de Grenoble à Paris et revenir de Paris à

Feuillanges, j'aie fait près de trois cents lieues en poste dans l'unique but d'essuyer ici de la résistance et de supporter les caprices? Tu m'entendras jusqu'au bout, morbleu! tu m'entendras, te dis-je!

Les éclats de voix de mon oncle parvinrent aux oreilles des domestiques du château.

Ils s'empressèrent d'accourir, Mathurin à leur tête.

A la vue de ces témoins, le chartreux reprit, sans se déconcerter :

— Venez tous! et voyez avec quelle gracieuse physionomie mademoiselle accueille un oncle, un excellent oncle, qui n'a pas craint d'abandonner sa paisible retraite et de subir les fatigues de deux interminables voyages, uniquement pour s'occuper des intérêts de sa famille!

Il reporta vers moi son regard furieux.

— Oui, ma nièce, ajouta-t-il, M. de Feuillanges, compromis dans les démêlés qui existent entre la cour et le duc d'Orléans, et soupçonné, en outre, d'être l'un des principaux agents du prince, fut saisi par les gens du roi, juste au moment où il s'apprêtait à se rendre auprès de vous. Du fond de la Bastille, mon frère implora mon assistance : elle fut inutile, et il me supplia de veiller sur votre sort. Voilà pourquoi je me suis hâté d'accourir à Feuillanges. Dès demain, le château sera mis en vente, et, s'il plaît à Dieu, les acquéreurs ne manqueront pas. La majeure partie de la somme provenant de cette vente devra, vous le sentez, ma nièce, être employée sans retard à obtenir l'élargissement de M. de Feuillanges. Nous en distrairons seulement dix mille livres pour la dot que vous devrez fournir, en entrant au monastère des Ursulines de Grenoble. J'aurai le pouvoir de faire abréger le temps de votre noviciat, et vous prendrez le voile avant un mois. Sur ce, ma nièce, je vous souhaite le bonsoir, et je vais me livrer au repos qui m'est indispensable, après la route pénible que j'ai faite.

— N'est-ce pas, me dit la marquise en suspendant sa narration, que mon oncle le général des chartreux était un aimable et délicat personnage? Mais il est tard, continua-t-elle en jetant un coup d'œil sur la pendule : à demain la suite de mon histoire.

II

OU L'AUTEUR PROUVE, SANS RÉPLIQUE POSSIBLE,
QU'UNE CHAISE DE POSTE ÉTAIT UN VÉHICULE FORT COMMODE POUR
LES DEMOISELLES NOBLES QUI NE VOULAIENT PAS ENTRER
AUX URSULINES.

Le jour suivant, mon impatience me conduisit chez madame de Rocheboise une heure plus tôt que de coutume.

Il en résulta que je la surpris au milieu de son dîner.

— A bas, Murillo! cria-t-elle en chassant son griffon, qui, perché gravement sur un siège, prenait sa part du festin.

La marquise m'offrit la place du convive dépossédé; puis elle me dit avec ce malicieux sourire qu'on lui connaît.

— Votre exactitude est une véritable flatterie, monsieur. Pour vous punir d'être ainsi courtisan, vous allez partager mon dessert.

— Alors, madame, une punition de cette nature est bien capable de me faire tomber dans la récidive.

— C'est parfaitement juste : aussi votre couvert sera-t-il mis tous les jours jusqu'à la fin de mon récit... n'en déplaise au señor Murillo, dit-elle en regardant son griffon, qui grondait à deux pas de nous, fort indigné, selon toute apparence, de la façon cavalière avec laquelle sa maîtresse lui avait retiré son siège.

Pour l'empêcher de me garder rancune, je lui présentai quelques bribes d'une portion de nougat de Marseille que la marquise venait de me servir.

Mais chez certains animaux, comme chez l'homme, l'amour-propre offensé ne pardonne pas.

Les grondements réitérés du chien favori me firent comprendre qu'il était loin d'agréer ma politesse, et j'entrevis une double rangée de dents aiguës, spectacle peu rassurant, qui me conseillait d'user de prudence et de reculer ma chaise.

— Prenez garde! me dit madame de Rocheboise : Murillo n'est pas toujours d'une humeur commode. Du reste, il tient cela de famille, et je me souviens que son aïeul s'avisa jadis de déchirer la culotte du citoyen Robespierre. Je crois même qu'il fit plus que d'emporter la doublure.

— Peste! m'écriai-je, il faut respecter le descendant d'un tel audacieux. Mais à quel propos, madame, et dans quelle circonstance le grand-père de votre griffon s'est-il rendu coupable d'un acte aussi répréhensible?

— Vous l'apprendrez quand il en sera temps, me répondit la marquise.

Elle sonna pour faire desservir.

Quelques minutes après, elle reprit sa narration au point où elle l'avait interrompue.

— Je ne fabrique pas un roman, me dit-elle : en conséquence, il est inutile de vous laisser dans l'incertitude et de jeter de l'ombre sur un caractère, sous prétexte de ménager les péripéties et d'exciter plus fortement votre intérêt. Je vous dirai donc sur-le-champ quel homme c'était que mon oncle Maxime de Feuillanges.

Obligé, comme cadet, de prendre les ordres, il s'était fait prêtre sans vocation, et ne pardonnait pas à son frère d'avoir reçu, par droit d'aînesse, une plus large part que la sienne dans l'héritage paternel.

La Révolution, qui a fait tant de mal, changea du moins ce système absurde, qui consistait à dépouiller les uns au profit des autres et jetait dans la cléricature une infinité d'individus, choisissant cette carrière comme pis-aller, et n'y entrant qu'avec des sentiments ambitieux et mondains, résultat inévitable de leur éducation première.

Aujourd'hui les mauvais prêtres sont aussi rares qu'ils étaient fréquents autrefois.

Epuré par les persécutions, le sanctuaire ne voit plus, grâce à Dieu, ces petits-collets musqués et libertins, affichant le scandale et courant les ruelles.

Nous n'avons plus de ces noirs et haineux personnages dont les épaules portaient la soutane comme une chape de plomb; hypocrites à l'âme remplie de fiel, et qui regardaient d'un œil jaloux ceux que le droit d'aînesse appelait à jouir exclusivement des titres nobiliaires et du patrimoine des ancêtres.

Mon oncle était au nombre de ces derniers.

Il enviait et exécrait M. de Feuillanges; néanmoins il dissimulait sa haine et la cachait si bien sous les dehors de l'amitié, que son malheureux frère, ainsi que vous le verrez plus tard, devait y être trompé jusqu'à sa dernière heure.

Le chartreux voulait goûter des biens de ce monde et reconquérir tout prix ce qu'il avait perdu.

Or le premier moyen qu'il employa pour arriver à ce but fut une lettre anonyme, une lâche dénonciation, qui plongea mon père dans un cachot.

M. de Feuillanges avait un caractère faible, susceptible d'être exploité par le premier intrigant venu, et Philippe d'Orléans se servait de lui pour alimenter la discorde parmi les gentilshommes de la cour.

Le prince n'ignorait pas que la fortune de mon père était ébranlée. De magnifiques promesses ne lui coûtaient rien.

Alléché par un espoir trompeur et vivement excité par sa femme, qui conspirait elle-même ouvertement, M. de Feuillanges déserta la cause de la monarchie pour celle de la révolte.

Pendant l'exil de Philippe à Villers-Cotterets, il fit

dans cette ville plusieurs voyages, dont il confia, par correspondance, le motif à son frère.

Ce fut là-dessus principalement que roula la dénonciation.

M. de Feuillanges était si loin de soupçonner le chartreux, qu'il eut recours à lui dans sa détresse; et celui-ci, feignant de porter le plus vif intérêt au prisonnier, lui persuada que l'or était le seul talisman capable de briser ses chaînes.

Il se fit donner des pouvoirs en règle pour vendre le manoir de Feuillanges et ses dépendances.

Son intention bien formelle était de s'approprier les sommes provenant de cette vente, et de dire à mon père, si jamais ce dernier redevenait libre, qu'il s'en était servi pour appuyer les sollicitations.

Toutes ses mesures étaient donc prises à cet égard.

Mais, comme il pouvait rencontrer en moi de sérieux obstacles à ses vues spoliatrices, l'excellent homme avait tout simplement résolu de m'enterrer dans un cloître.

Ses discours bourrus, sa contenance de Croquemitaine, n'avaient d'autre but que celui de m'intimider et de me rendre docile à sa volonté tyrannique.

Lorsqu'il n'eut fait connaître, en présence de Mathurin et des autres domestiques du château, le sort qu'il me réservait dans sa haute sagesse, il prit une bougie sur la table, et se retira majestueusement dans la chambre qui lui était destinée.

Quant à moi, je restai sur un fauteuil, pâle, muette et glacée de stupeur.

Le bon intendant s'approcha de moi.

Il me fit lever, plaça doucement mon bras sous le sien, et me conduisit dans un petit appartement qu'il habitait presque sous les combles.

Arrivé là, Mathurin ferma sa porte avec soin se pencha vers la serrure pour écouter dans les corridors les derniers pas des domestiques qui se rendaient à leurs mansardes; puis, lorsque le silence qui régnait dans tout le château lui eut prouvé qu'il n'avait à craindre aucune oreille indiscrète, il vint à moi et prit affectueusement mes deux mains dans les siennes.

— Çà, ma pauvre chère enfant, me dit-il, je vois que vous n'avez pas la moindre envie d'entrer aux Ursulines? Par conséquent, il s'agit de déjouer les projets de votre digne oncle. A quoi vous décidez-vous?

— Fuyons! fuyons! m'écriai-je avec désespoir.

Les paroles de l'intendant m'avaient tirée de cet état de prostration mentale où je me trouvais plongée.

— Fuir, me répondit Mathurin, c'était la proposition que j'allais vous faire. Oui, mademoiselle, il faut fuir, non pas demain, non pas dans une heure, mais sur-le-champ. Tous mes comptes sont en ordre, mes registres parfaitement tenus : le chartreux se débrouillera sans peine au milieu de ces paperasses. D'ailleurs, mon devoir est de vous accompagner. Nous sortirons par la petite porte du parc, et nous gagnerons la poste royale, qui n'est qu'à deux lieues. Là, nous prendrons une berline, des chevaux, et fouette, cocher! Dans trois jours nous sommes à Paris, chez la comtesse de Rocheboise, sœur de votre mère, qui vous accueillera, j'en suis sûr, avec bienveillance et tendresse.

— Oh! merci! merci! m'écriai-je en me jetant avec transport au cou de Mathurin.

Et j'embrassai sa grosse figure, si laide, mais que je trouvais belle alors, tant elle exprimait de bonté naïve et de dévouement à toute épreuve.

Le brave intendant se dégagea de mes bras, et courut ouvrir une malle en bois de chêne qui se trouvait au pied de son lit.

Je le vis en tirer quelques hardes et une assez lourde sacoche de buffle, qu'il fixa par des courroies autour de ses reins.

— Voilà toutes mes économies de trente ans, me dit-il, avec le gros et franc rire qui gonflait ses joues comme deux ballons prêts à commencer leur voyage aérien. Je vous jure, ma chère enfant, que nous allons faire un bon emploi de ces finances, et que nous courrons la poste à la manière des princes. Si votre oncle nous rattrape, Sa Révérence sera bien habile.

Cela dit, Mathurin jeta sur mes épaules une espèce de manteau pour me garantir de la fraîcheur de la nuit.

Nous sortîmes ensuite à pas de loup, sans lumière, et marchant à tâtons dans les corridors.

Tout à coup mon compagnon s'arrêta.

Pour gagner les jardins et le parc, nous avions été forcés de passer devant la porte de la chambre qu'avait choisie mon oncle Maxime.

Or Sa Révérence ne dormait pas, et nous l'entendîmes qui se promenait de long en large sur le parquet gémissant.

La peur me prit.

Mathurin eut beau me retenir, je me sauvai comme une folle au milieu des ténèbres, et je me heurtai contre un obstacle qui me fit tomber de toute ma hauteur.

C'était un géranium en caisse que j'avais fait apporter, le matin même, avec des grenadiers et des lauriers-roses, pour orner la galerie principale du château, dans laquelle nous nous trouvions alors.

Je ne me fis aucun mal, mais tous les échos du vieux manoir répétèrent le bruit de ma chute.

Aussitôt, comme on se l'imaginera sans peine, mon oncle sortit de sa chambre et demanda d'une voix terrible d'où venait ce vacarme.

La lumière qu'il portait nous éclairait en plein visage.

Mon trouble et surtout nos costumes lui révélaient assez notre projet de fuite.

Par bonheur, mon gros intendant n'avait rien perdu de son admirable sang-froid.

Voyant approcher mon persécuteur, il souffla promptement la bougie que ce dernier tenait à la main, courut à moi, m'enleva comme un roseau, descendit trente marches, ouvrit une grille et franchit les avenues sablées du jardin, comme si tous les sylphes de la création lui eussent prêté leurs ailes.

Je me demande encore aujourd'hui comment Mathurin, qui, d'ordinaire, avait les pesantes allures de l'hippopotame, put trouver dans cette circonstance les jambes rapides d'un cerf.

Le chartreux, perdu dans une espèce de labyrinthe, se heurtant aux branches des grenadiers et se fouettant la figure aux branches des lauriers-roses, eut beau crier et s'agiter dans l'ombre : avant que les domestiques fussent accourus à ses clameurs, nous avions déjà traversé le parc et nous nous trouvions en rase campagne.

Mais nous n'étions pas à la fin de nos inquiétudes.

Bientôt nous entendîmes tinter avec violence la cloche du château.

Des cris tumultueux se mêlaient à ce tocsin. Nous vîmes avec épouvante, en jetant les yeux derrière nous, des torches sillonner en tous sens le chemin que nous venions de parcourir.

Mon oncle avait non-seulement réveillé les domestiques, mais encore les valets de ferme, les femmes employées à la laiterie, les pastoureaux et bon nombre des habitants du village.

Tous ces gens-là se figuraient que Mathurin m'avait enlevée, car le chartreux venait de leur en faire la déclaration positive.

Il les menaçait de toute son indignation, s'ils ne lui ramenaient pas, mort ou vif, l'énorme lovelace qui s'était permis de séduire sa nièce.

Me tenant par la main, mon guide courait toujours et ne se doutait guère de l'étrange inculpation que la simplicité des villageois venait d'accueillir.

Pauvre homme! comme il suait, comme il soufflait, comme il était rendu!

C'était un cheval poussif que l'éperon du cavalier force à prendre le galop. L'éperon de Mathurin était la crainte qu'il avait de me voir retomber aux griffes de mon oncle.

Malgré toute son ardeur, ceux qui nous poursuivaient gagnaient du terrain.

Nous n'avions pas de torches pour nous éclairer dans notre course, et nous tombions à chaque minute dans les fondrières et les flaques d'eau, qu'une pluie d'orage avait formées, la veille, au milieu des champs et des prairies.

Quoi qu'il en fût, nous ne perdions pas courage ; l'obscurité favorisait notre fuite.

Mais soudain, comme si le ciel lui-même eût été contre nous, la lune, qui jusque-là s'était cachée sous un voile de nuages grisâtres, se montra dans toute sa splendeur, et de bruyants hourras nous prouvèrent qu'on nous avait aperçus.

— C'en est fait ! m'écriai-je : il faut entrer aux Ursulines... il faut mourir !

Mathurin ne répondit pas.

D'ailleurs, en ce moment, c'eût été chose impossible. Il avait assez d'ouvrage de reprendre haleine, et sa poitrine exhalait un bruit semblable à celui d'un soufflet de forge.

Sans doute il se rappela que le gibier, poursuivi par une meute ardente, a souvent recours à des ruses qui dépistent chiens et chasseurs ; car il fit brusquement volte-face et rentra dans un petit bouquet de bois que nous venions de traverser.

Les cris redoublèrent, et la troupe hostile, au centre de laquelle je reconnus le grand corps sec de mon oncle Maxime, se réjouissait déjà de nous traquer sous ces arbres comme des bêtes fauves.

Par bonheur, Mathurin avait un plan, que n'eussent pas désavoué, dans une circonstance analogue à la nôtre, les sangliers et chevreuils d'alentour.

Laissant nos adversaires dans la persuasion que nous avions cherché refuge au sein du taillis, il me fit ramper dans une espèce de ravin, qui nous conduisit promptement hors du bois, à peu de distance de plusieurs champs de seigle, où nous nous blottîmes éperdus.

Un quart d'heure après, nous eûmes la satisfaction de voir mon oncle et les villageois, qui venaient de battre le fourré dans tous les sens, prendre avec leurs torches une route opposée à celle que nous devions suivre.

De plus, la lune, se repentant sans doute du mauvais tour qu'elle avait failli nous jouer, rentra sous son berceau de nuages, et dix minutes nous suffirent pour gagner la poste royale, où nous trouvâmes une méchante voiture et quatre pitoyables rosses, que Mathurin fit atteler au brancard, malgré les protestations du maître de poste.

Celui-ci prétendait qu'il lui était défendu par les règlements de laisser son écurie déserte.

Un double louis, que l'intendant lui glissa dans la main, calma ses scrupules.

Bientôt nous partîmes à toute bride, en dépit de la chétive apparence de nos haridelles.

Il est vrai de dire qu'un large pourboire, payé d'avance, activait prodigieusement le fouet du postillon et, par contre-coup, les jambes de ses chevaux.

Au lever de l'aurore, nous étions à vingt lieues du château des Feuillanges.

Mathurin ronflait comme un bienheureux dans un coin de la berline.

Quant à moi, trop de pensées inquiétantes me traversaient l'esprit pour me permettre de goûter un seul instant de repos.

Ce n'était plus mon oncle Maxime qui m'alarmait, ce n'était plus le couvent de Grenoble ; mais je réfléchissais à la triste situation de mon père ; je me demandais s'il serait permis d'aller l'embrasser sous les voûtes ténébreuses de la Bastille.

— Oh ! oui, me disais-je, car la reine est bonne et compatissante ! En me voyant tomber à ses genoux, elle ne me refusera pas cette grâce ; elle me permettra de porter au pauvre prisonnier quelques paroles d'espérance !

Je voyais déjà M. de Feuillanges en liberté, je recevais ses remercîments et ses caresses.

L'illusion calmait en moi la crainte et, mes idées prenant un autre cours, je pensais à la grande capitale, que j'allais revoir et dont il me restait à peine un vague souvenir ; je pensais à ma tante, chez laquelle me conduisait Mathurin, et tout naturellement aussi je pensais un peu... à mon cousin Paul de Rocheboise.

Depuis six grandes années, je ne l'avais pas vu.

A ces mots, la comtesse me regarda du coin de l'œil : elle devinait que j'allais l'interrompre.

— Enfin ! m'écriai-je, voici les amours ! Il fallait bien que, tôt ou tard, leur troupe folâtre vînt s'ébattre sur les pages de votre histoire.

Un triste sourire effleura ses lèvres.

— Oubliez-vous, me dit-elle, à quelle époque se passaient les événements que je vous raconte ? Déjà la Révolution grondait sourdement et sapait dans sa base le vieil édifice de la monarchie. Une sorte de vertige troublait le cerveau de tous les hommes d'alors. Lion déchaîné, le peuple s'apprêtait à dévorer la noblesse, et les nobles eux-mêmes lui jetaient en pâture leurs privilèges.

Les insensés ! ils prêchaient la liberté, l'indépendance, mots creux et sonores qui devaient en enfanter un autre : la Terreur !

Et croyez-vous, jeune homme, que la troupe des amours, — je me sers ici de vos propres expressions, — devait folâtrer bien joyeusement sous les brûlantes rafales du vent révolutionnaire et au bruit de la société qui s'écroulait de toute part ? Les hurlements de la tribune étouffaient les causeries du salon. Plus de déclarations ingénues, de douces paroles, de provoquants sourires ! Au milieu d'une fête ou d'un bal on entendait un coup de foudre.

Les uns s'enfuirent, c'étaient les plus prudents ; les autres restèrent, ils furent écrasés.

Quand le peuple hurle dans les carrefours, quand la hache frappe à deux pas de vous, essayez donc, hélas ! de faire résonner les cordes harmonieuses du cœur !

Du reste, vous le devinez parfaitement, j'aimais déjà mon cousin Paul de Rocheboise, et son souvenir était peut-être la cause principale de mon aversion pour le cloître.

Je l'avais vu dans mon enfance, ainsi que je vous le disais tout à l'heure.

Sa mère et lui nous étaient arrivés, un jour, au château de Feuillanges.

Toute petite fille que j'étais, je ne laissai pas d'observer que Paul promettait de devenir un cavalier fort accompli.

La comtesse de Rocheboise l'élevait dans les principes les plus sérieux de l'honneur, étayant cette éducation de gentilhomme sur les idées religieuses et les saintes croyances de l'âme.

Il pouvait avoir de treize à quatorze ans.

J'en avais neuf à peine ; il était un homme pour moi.

Comme son père, en mourant, lui avait légué son titre, il se faisait appeler monsieur le comte, portait l'épée d'un air digne et se dressait avec fierté sur ses talons rouges, en caressant les revers brodés de son habit de velours et son jabot de dentelles.

Mais je divague et je m'amuse à vous tracer des silhouettes, au lieu de courir la poste sur la route de Paris.

A chaque relais, mon compagnon de voyage tirait une pièce d'or de sa ceinture de buffle, et c'était merveille de voir les tourbillons de poussière qui s'élevaient à droite et à gauche sous les pieds des chevaux.

Nous montions les côtes au triple galop.

Ce fut à peine si nous prîmes le temps de descendre une ou deux fois de voiture pour prendre un léger repas.

Mathurin me donna, pendant la route, quelques détails sur le mariage de mon père.

J'assitais palpitante à tous les préparatifs de l'attaque. — Page 9, col. 2.

On lui avait intimé jadis la défense expresse de m'en instruire.

Puis il m'expliqua pour quelles raisons il me conduisait chez la comtesse de Rocheboise, au lieu d'aller me solliciter un refuge auprès de toute autre personne de ma famille.

La mère de Paul, me voyant délaissée de M. de Feuillanges et presque orpheline, avait dit au brave intendant qui soignait mon enfance :

« Continuez, mon ami, de veiller sur Adèle. Si jamais elle a besoin de ma protection et de ma tendresse, l'une et l'autre lui sont acquises. »

Ainsi le ciel, qui m'avait gratifiée d'un oncle détestable, me donnait en compensation la meilleure des tantes.

Vous comprendrez facilement quelle était mon impatience d'arriver à Paris.

Le troisième jour, nous reconnûmes que nous approchions de la capitale, à cet éternel nuage de fumée qui dort sur les toits et au bourdonnement lointain de la ruche immense.

On était au 14 juillet 1789.

La marquise appuya sur cette date.

Je relevai la tête et je fis un geste d'étonnement.

— Mais, lui dis-je, c'était le jour même de la prise de la Bastille?

— Oui, me répondit-elle, et nous entrâmes à Paris par le faubourg Saint-Antoine. Le postillon nous avait conseillé de faire un détour, sous prétexte que les barrières méridionales étaient en bouleversement. Avec les meilleures intentions du monde, il nous mena droit au milieu du guêpier.

Madame de Rocheboise jeta les yeux du côté de la pendule, mais uniquement par taquinerie, car nous avions encore du temps à nous.

Sur un guéridon voisin sifflait une vaste bouilloire d'argent, remplie d'eau chaude : la marquise, à mon grand dépit, s'avisa de nous faire du thé.

Cette opération dura vingt minutes, qui me parurent d'une longueur inouïe.

Je vidai ma tasse avec promptitude, et je trouvai que madame de Rocheboise mettait à savourer le contenu de la sienne une sensualité hors de saison, eu égard à ma position d'auditeur.

Pour dissimuler mon impatience, je froissais entre mes doigts les longues oreilles velues de Murillo, qui avait oublié sa rancune, au point de grimper sur mes genoux et de s'y endormir.

Enfin la marquise reprit :

— Nous avions dépassé la barrière du Trône, et notre berline brûlait le pavé du faubourg, lorsque tout à coup des hommes à figure sinistre enjoignirent à notre postillon de s'arrêter.

Celui-ci n'eut garde de désobéir.

Une rangée de piques lui fermaient le passage et menaçaient le poitrail de ses chevaux.

— Dételez! crièrent plusieurs voix furibondes.

Mathurin, se penchant à la portière, essaya, mais en vain, de présenter quelques observations aux personnages déguenillés qui faisaient entendre cet ordre.

On lui répondit par des injures.

Plus de deux cents poissardes, entourant aussitôt la berline, nous montrèrent le poing d'un air furieux et servirent à mon compagnon de voyage de forts laids compliments sur sa physionomie.

Le parti le plus court était de descendre.

Nos chevaux furent attelés par le peuple à des caissons, qu'on roulait avec fracas du côté de la Bastille.

Je n'oublierai de ma vie le spectacle qui s'offrit à mes yeux.

Sur toute la longueur du faubourg s'agitait une foule innombrable, qui s'accroissait encore à chaque instant

A ce cri, les prisonniers brisèrent leurs chaînes. — Page 10, col. 1re.

des flots tumultueux de population que versaient les rues adjacentes.

Les cris, les hurlements, les blasphèmes se mêlaient au froissement des armes, car ce peuple était armé.

Quelques heures auparavant, les uns avaient assailli l'hôtel des Invalides pour en enlever les munitions; les autres s'étaient portés sur Vincennes et ramenaient avec eux une artillerie formidable.

Tous enfin s'étaient donné rendez-vous au pied de la Bastille, dont nous apercevions, à deux cents pas de nous, les murs noircis et les créneaux menaçants.

Nous fîmes d'inutiles efforts pour nous arracher du sein de cette multitude en délire.

Elle nous entraîna dans sa course échevelée, sans daigner nous apprendre où elle nous conduisait.

Cependant, aux mille clameurs qui bruissaient à nos oreilles, nous ne tardâmes pas à être instruits des desseins de la foule : on allait tenter un coup de main sur la Bastille, on allait délivrer les captifs qui gémissaient dans son enceinte.

Oh! je ne voulus plus fuir alors! M. de Feuillanges était au nombre de ces captifs.

Courage, ô peuple! va toujours, et rends-moi mon père!

Oui, je t'aime à présent, avec ta large poitrine et tes bras nus; j'aime tes cheveux au vent, tes haillons souillés de fange; j'aime tes cris sauvages qui ressemblent à ceux du tigre des déserts.

Tu es beau, tu es grand, mon peuple!

Encore, approche encore!

Là, devant nous, est la sombre Bastille, avec ses tours massives et ses larges meurtrières, qui laissent voir la gueule béante de ses canons.

Elle te regarde, elle est silencieuse, elle a peur...

Feu sur elle! feu, te dis-je! elle n'osera pas te répondre!

J'assistais palpitante à tous les préparatifs de l'attaque.

Mathurin était loin de partager mon enthousiasme. Il essayait de me faire abandonner la place; mais je ne l'écoutais pas : un irrésistible pressentiment me disait que je devais rester là, que le peuple serait vainqueur et que bientôt j'embrasserais mon père.

Une pareille conduite vous surprendra peut-être, mon ami.

Cependant je ne suis pas une virago.

Les exploits de toutes les Jeanne d'Arc du monde ne furent jamais, à mon avis, que le résultat d'une organisation manquée. Dans un moment de distraction, la nature peut fort bien se tromper de sexe.

Jamais je n'ai vu couler le sang, fût-ce par une piqûre d'épingle, sans m'évanouir; la détonation d'une simple capsule me donne une attaque de nerfs, et pourtant, ce jour-là, je ne frissonnai pas même, lorsque, le combat une fois commencé, je vis la Bastille cracher des flammes par toutes ses ouvertures, et tracer, à deux pas de nous, avec le boulet de sanglants et larges sillons.

J'écoutais sans pâlir le tonnerre de cent pièces d'artillerie, je marchais sur les cadavres, je déchirais mes voiles pour panser les blessés; je criais comme la foule, avec la foule; le vertige de la révolte m'avait saisie, la fumée de la poudre me montait au cerveau. J'étais folle, j'étais ivre.

C'est qu'il était bien sublime, allez, ce peuple qui combattait pour la délivrance de ses frères!

Peu lui importait de se faire tuer, pourvu qu'on élargît la brèche et qu'on enfonçât la porte de bronze.

Il sentait que son œuvre était noble et sainte.

Je le vis lutter corps à corps avec cette masse de pierre, et bientôt le cri de victoire retentit.

Pourquoi, mon Dieu, ce même peuple, que vous enflammiez alors du feu sacré de l'héroïsme, a-t-il outrepassé les bornes de sa mission? Pourquoi les combats se sont-ils changés en massacres et les soldats en bourreaux?

Delaunay, gouverneur de la Bastille, désespérant de la défendre, fit renverser le drapeau qui flottait sur les tours.

La herse du pont-levis se dressa, donnant passage à la troupe victorieuse, et, pour la première fois, le noir édifice entendit le mot de *liberté* retentir sous les voûtes épaisses de ses cachots.

A ce cri, les prisonniers brisèrent leurs chaînes.

L'un des premiers que je vis sortir de la Bastille fut M. de Feuillanges.

Je n'essayerai pas de peindre l'étonnement de mon père, lorsqu'il m'aperçut avec Mathurin, dont tous les membres tremblaient encore de frayeur, et qui secouait la tête, comme si les boulets eussent continué de siffler à ses oreilles.

Néanmoins le dévouement du vieux serviteur avait été chez lui plus fort que la crainte.

Pendant l'action, voulant examiner les progrès des assaillants, je fus obligée plusieurs fois d'écarter sa large circonférence, qui s'interposait entre le péril et ma personne, et derrière laquelle je me trouvais beaucoup trop à l'abri.

M. de Feuillanges me tint longtemps pressée contre son cœur; il semblait vouloir me rendre toutes les caresses dont il avait privé mon jeune âge.

Lorsque je lui eus raconté les motifs de ma présence à Paris, la singulière conduite de mon oncle et l'effroi dont je n'avais pas été maîtresse, il se mit à sourire:

— Oui, me répondit-il, je connais ses manières excentriques et son brusque langage; mais plus tard mon enfant, tu le jugeras avec moins de préventions. C'est le plus dévoué, le meilleur des hommes!

Une voix secrète m'avertissait que mon père était la dupe du chartreux, et que l'hypocrisie de ce dernier nous serait fatale.

Mais le respect me ferma la bouche.

J'examinai plus attentivement M. de Feuillanges. Il me parut vieilli. Sa figure était pâle, son front ridé; ses joues se creusaient, et sa taille, que j'avais toujours connue haute et fière, semblait courbée sous les orages domestiques.

Il était en grand deuil, je lui en demandai la cause.

Avant de me répondre, il questionna Mathurin à voix basse, et je vis l'intendant lui faire un signe affirmatif.

Mon père m'apprit alors d'un air grave, mais sans beaucoup de douleur apparente, la mort de cette femme qui avait refusé de m'accueillir.

Se voyant emprisonnée par ordre de la reine, dont elle était une des dames d'honneur, elle fut saisie d'un tel accès de désespoir, qu'elle en trépassa, le second jour de son entrée à la Bastille.

Un épanchement au cerveau me priva du plaisir de connaître une marâtre à laquelle j'avais de si grandes obligations.

Nous prîmes le chemin du quai Voltaire.

Après une longue marche au milieu des rues, beaucoup plus bruyantes et plus tumultueuses que de coutume, grâce à l'événement du jour, nous entrâmes dans ce même hôtel qui nous abrite à cette heure.... et où vous dînez demain, monsieur, ne l'oubliez pas.

Madame de Rocheboise leva la séance.

III

DANGER DE FAIRE UN SANS-CULOTTE,
AVANT QUE LA MODE OU LES CIRCONSTANCES EUSSENT PERMIS DE PRENDRE CE NOM.

La marquise me recevait ordinairement dans son boudoir; mais, ce jour-là, nous étions dans un salon splendide, dont les meubles, admirablement conservés, dataient de plus de soixante ans.

Devant les hautes fenêtres tombaient de larges rideaux de soie bleue, relevés à demi par de riches torsades à glands d'or.

Au fond de la cheminée, les bûches étincelantes s'appuyaient sur d'énormes chenets de bronze, représentant Hercule et Thésée : l'un frappant de sa massue les têtes renaissantes de l'hydre ; l'autre enchaîné par le monarque des enfers et attendant son libérateur.

Sur le chambranle de marbre, une glace de Venise reflétait les gerbes de lumière que lui envoyaient deux lourds candélabres chargés de bougies, et cette clarté, se joignant à la flamme active de l'âtre, enfantait mille capricieux rayons, qui jouaient sur les tapisseries et faisaient resplendir les grands cadres dorés des tableaux de famille.

Je ne me rendis d'abord pas compte de la fantaisie que la marquise avait eue de nous faire dîner dans cette pièce.

Mais je ne tardai pas à comprendre son but.

En agissant de la sorte, elle voulait prêter un intérêt plus vif à son histoire.

— C'est ici, dit-elle en m'indiquant une place à ses côtés sur un sofa, quand les valets eurent desservi la table, que la comtesse de Rocheboise, ma tante, m'accueillit avec une bonté qui m'arracha des larmes.

Vous voyez son portrait, là, devant vous ; elle était aussi belle que bonne.

Mon père, qui l'avait beaucoup négligée depuis son second mariage, n'entendit pas une parole de reproche sortir des lèvres de la comtesse. Il eut dès lors son logement à l'hôtel, car la maison qu'il possédait à Versailles avait été vendue pour satisfaire aux réclamations de ses créanciers.

Au bout de huit jours, arriva tout penaud M. le général des chartreux.

Vous devinez que les feuilles publiques lui avaient annoncé déjà la prise de la Bastille et l'élargissement de M. de Feuillanges.

Tous ses nobles projets se trouvant renversés par le fait même, il eut l'air de s'exécuter de bonne grâce, et remit entre les mains de mon père le prix du château qu'il avait vendu.

Mais je me rappelle encore le regard de haine qu'il jeta sur moi, lorsque je lui dis malignement, pour me venger d'une manière bien légitime des charitables intentions qu'il m'avait témoignées :

— Eh bien! mon révérend, j'espère que vous allez mettre en œuvre toute votre influence, afin d'abréger mon noviciat et de me faire prendre le voile avant un mois?

Il s'en alla furieux et ne reparut plus.

Je ne devais le revoir qu'au jour où, sa vengeance étant prête, il put satisfaire un instant sa cupidité monstrueuse, après m'avoir séparée de celui que j'aimais, après avoir vu de sang-froid mon père expirer sur l'échafaud.

Mais n'évoquons pas encore ces lugubres images.

L'intendant de la comtesse ayant été chassé pour cause de malversation, Mathurin prit sa place, et je fus heureuse de ne pas être séparée de ce vieil ami de mon enfance.

Bien que mon père habitât sous le même toit, nous le voyions rarement ; il s'occupait à rétablir sa fortune et se lançait dans des spéculations hardies, qui obtenaient une entière réussite.

Peu à peu il retomba dans sa première indifférence à mon égard.

Mais ma tante était si douce, si affectueuse, et mon cousin si aimable, que mes jours s'écoulaient sans aucun mélange de tristesse.

Paul approchait alors de sa vingtième année.

Il avait la taille élégante et bien prise. Tous les traits de son visage respiraient un air de noblesse et de grandeur, que j'ai rarement vu siéger sur le front des autres hommes. Les regards qui jaillissaient de ses grands yeux bleus étaient empreints à la fois d'une douceur ineffable et d'une noble fierté.

Sans cesse je le voyais aux petits soins pour moi.

Le moindre nuage qui passait sur ma physionomie lui donnait de l'inquiétude, et, lorsqu'il me trouvait sérieuse et méditative, il décochait bien vite quelque trait mordant contre la personne absente de mon oncle Maxime, sûr par là de ramener le sourire sur mes lèvres.

Paul m'appelait sa jolie cousine et s'occupait de mes parures.

Il m'aimait bien, je l'aimais aussi de toute mon âme.

Voyant notre mutuelle affection, la bonne comtesse mit un jour la main de Paul dans la mienne et nous dit d'une voix émue :

— Chers enfants, vous serez unis, je le jure ; mais il faut attendre que l'orage qui gronde autour de nous soit passé.

Hélas ! il grondait tous les jours avec plus de furie !

Les instants de notre bonheur furent bien rapides, et la circonstance la plus futile en apparence devait nous jeter plus tard au milieu de la tempête.

Ma tante était une femme de grand sens. Lors de la première émigration, plusieurs de ses amis voulurent l'engager à les suivre en Allemagne ; mais elle refusait toutes les propositions de ce genre, et répétait souvent que, dans les tremblements de terre, les fous seuls cherchaient à fuir, et que les sages restaient en place.

Elle fit plus, elle ouvrit ses salons aux hommes les plus remarquables de cette époque désastreuse, et accueillit tous indistinctement, ceux qui ébranlaient le trône et les vieilles institutions, comme ceux qui essayaient d'enrayer le char révolutionnaire.

Chez elle on rencontra plus d'une fois le fougueux Démosthènes de l'Assemblée nationale et l'abbé Maury, son antagoniste ; nous avions aussi Barnave et Cazalès, Lally-Tollendal et Mounier, les deux Lameth et Duport.

A l'exemple de sa mère, Paul se liait avec les partisans des idées nouvelles et cherchait à s'en faire des amis.

Bientôt il devint l'inséparable compagnon du jeune avocat de Grenoble ; puis, un soir, nous le vîmes nous présenter un autre jeune homme, pâle et mélancolique, dont le noble front s'inclinait sous le fardeau de la pensée.

Celui-là était un poète.

On le devinait tout d'abord, tant il y avait de rêveries inconnues sur ce front, déjà plissé par la souffrance.

André Chénier ! Barnave ! pauvres enfants enthousiastes ! vous avez semé l'un et l'autre sur le chemin de la liberté les fleurs de la poésie et de l'éloquence, vous avez salué cette ère nouvelle avec transport... et tous les deux vous avez pleuré votre erreur ! Vous avez expié par le martyre la généreuse illusion vers laquelle vos âmes saintes et pures devaient se laisser entraîner !

Parmi les visiteurs les plus assidus de ma tante, on remarquait un homme pour lequel chacun de nous éprouvait un insurmontable sentiment de dégoût et de haine.

C'était un avocat, d'un verbiage assez ronflant, mais d'une capacité douteuse.

Il ne possédait d'autre titre, pour être reçu dans nos salons, que la perte d'un procès dont l'avait chargé la comtesse, et qu'il défendit le plus sottement du monde.

Une plume romanesque a voulu, de nos jours, écrire l'histoire et réhabiliter Maximilien Robespierre. C'est une mauvaise action : jamais l'encre n'effacera le sang.

L'avocat d'Arras était porteur d'un visage ignoble et stupidement écrasé.

Chez lui, le front et le menton avaient fait la gageure de se rapprocher, au détriment des parties intermédiaires. Deux petits yeux de chat fâché clignotaient sur cette face, où la petite vérole avait laissé des traces profondes, et, si je veux vous donner une idée de la couleur de son teint, je suis obligée, comme terme de comparaison, d'appeler à moi secours une citrouille ou un vieux plafond jauni par la fumée.

Cet agréable individu n'ayant pas jugé convenable de discontinuer ses visites, après la perte du procès, ma tante n'osa pas le consigner à la loge du suisse, car il avait eu l'adresse de se faire nommer député à l'Assemblée nationale.

Déjà, pour me servir d'une expression de l'abbé Maury, le papier sur lequel Robespierre lisait ses discours à la tribune avait une *odeur de sang*.

Ce jacobin fanatique, à une pareille époque de désordre et de trouble, pouvait devenir un homme dangereux, et nous le ménagions tous, mais en enrageant.

Si son visage était hideux, en revanche sa conversation n'était rien moins que spirituelle :

Il ne se gênait pas pour déclamer contre les nobles et les prêtres dans un cercle où ces deux corps avaient des représentants, ce qui, vous l'avouerez, était le comble de la sottise et de l'inconvenance. Il lui arrivait même de professer des théories sanguinaires, qu'il réduisit en pratique, deux ans plus tard, avec l'aide de la guillotine.

Ses discours nous faisaient frissonner d'horreur, et nous résolûmes, coûte que coûte, de nous débarrasser d'un pareil homme.

Lui interdire l'entrée du salon, c'eût été nous en faire un ennemi mortel ; mais nous savions qu'il était irressensible au ridicule, et nous étions certains qu'en lui ménageant devant témoins une petite scène mortifiante, laquelle, bien entendu, n'aurait pas l'air d'avoir été préparée, nous l'expulserions définitivement.

Paul, Barnave et André Chénier furent du complot.

Voici la manière dont nous organisâmes notre projet :

Ma tante avait un griffon d'un caractère très-maussade, et qui affectionnait beaucoup, lorsqu'il voulait dormir, certain coussin de velours, placé à l'un des angles de cette même cheminée, près de laquelle nous sommes.

L'animal hargneux s'appelait Murillo, comme celui de ses descendants que vous avez l'honneur de connaître.

Jamais il ne souffrait qu'on touchât au coussin de velours, sans mordre impitoyablement la personne qui se rendait coupable de cette irrévérence.

Or, nous trois complices s'exposèrent pendant deux jours aux dents du griffon, tout exprès pour répéter la comédie dans laquelle le chien devait jouer son rôle.

Lorsqu'on fut à peu près sûr qu'il s'en acquitterait en conscience, on décida que la représentation aurait lieu le soir même.

Un feu pétillant brûlait, comme aujourd'hui, dans l'âtre.

Tous nos amis venaient d'arriver et s'entretenaient des affaires du jour.

L'abbé Maury, frisé, poudré, vêtu de noir, était venu prendre place entre ma tante et moi, sur le sofa qui nous supporte en ce moment. Dix fois à la minute, il ouvrait sa tabatière d'or et nous offrait une prise, que nous refusions toujours, sans le corriger pour cela de ses perpétuelles distractions.

André Chénier, rêveur, avait reculé son siège jusqu'auprès de la fenêtre et regardait les étoiles.

Plus rapprochés de nous, Barnave et Mirabeau continuaient une discussion entamée à la tribune, tandis que Vergniaud, Gensonné, Guadet, Sieyès, Cazalès, Paul et quelques autres lui formaient un cercle d'auditeurs.

Un seul fauteuil restait vide.

C'était celui de Maximilien.

Désireux de faire sensation, l'avocat n'arrivait jamais qu'une heure après tout le monde.

Or, il faut vous le dire, on avait enfermé le griffon dans ce cabinet que vous voyez en face, et le coussin de velours avait été placé, comme par hasard, sur le fauteuil vide.

Nous autres conjurés, nous gardions un sérieux de glace.

Il était bien essentiel qu'on ne se doutât pas du tour.

Maximilien Robespierre entra, fit des saluts à droite et à gauche et s'assit aussitôt sur le fauteuil, sans remarquer l'addition du coussinet.

Du moins, s'il l'aperçut, il se figura sans doute que c'était un honneur qu'on avait voulu lui rendre.

Ce soir-là, il était vêtu fort galamment et nous étalait avec une certaine complaisance ses souliers à boucles d'or, ses bas chinés et sa culotte de soie-puce.

A son aspect, la conversation fut interrompue, comme d'un accord tacite.

L'avocat, s'imaginant qu'il était de son devoir d'en renouer le fil, se prélassa dans son fauteuil et dit avec emphase, en s'adressant à Mirabeau :

— Recevez mes félicitations, monsieur le comte. (Les nobles n'avaient pas encore sacrifié leurs titres et priviléges sur l'autel de la patrie.) Nous vous avons entendu prononcer, ce matin, le discours le plus éloquent, sans contredit, que vous ayez donné jusqu'alors. Vous étiez animé d'une verve incroyable, et chacune de vos paroles bouillonnait de ce chaud patriotisme....

Ah ça, fit-il en s'arrêtant court au milieu de sa période, que me veut donc ce chien ?

Paul avait ouvert sournoisement la porte du cabinet.

Le griffon, s'étant élancé vers sa place habituelle et ne trouvant pas le coussin, flaira d'abord l'un après l'autre tous nos siéges, et finit par s'arrêter, en grognant, dans les alentours du fauteuil où reposait la culotte de soie-puce.

— Je suis enchanté, monsieur, répondit froidement Mirabeau, que le discours dont vous parlez ait obtenu votre approbation.

— Permettez, dit Robespierre, il est pourtant quelques tournures... Décidément, t'en iras-tu, maudit animal !

Le griffon jappait avec colère et s'approchait des bas chinés avec une intention très-peu pacifique.

— Faire rebrousser les farines, par exemple, reprit Maximilien, me paraît une expression... Diable ! je vous certifie, comtesse, que votre griffon devient enragé !

Barnave n'y tint plus et partit d'un éclat de rire, qui eut autant d'échos qu'il y avait de spectateurs.

La lutte devenait fort curieuse.

Plus ardent que jamais, et convaincu qu'il avait affaire à l'usurpateur de son coussin, le griffon se jetait avec rage sur les souliers à boucles d'or, et, repoussé par son ennemi, n'en revenait à la charge qu'avec plus d'acharnement.

Ma tante et moi, nous avions l'air de nous épuiser en efforts inutiles pour empêcher l'animal furieux de dévorer Maximilien.

— Ici, Murillo ! criait la comtesse. — A bas, monsieur ! — Fi, le malhonnête !

En un mot, elle employait toutes les allocutions en usage vis-à-vis d'un chien qui se comporte mal en société.

Mais le griffon faisait la sourde oreille.

Les jappements réunis aux clameurs de ma tante, aux éclats de rire des habitués et aux piteuses exclamations de l'avocat, formaient le concert le plus étrange, le plus assourdissant et surtout le plus antimusical qu'il fût possible d'entendre.

Maximilien se garantissait les jambes de son mieux, mais sans oser frapper le griffon, par égard pour sa maîtresse, qui en raffolait.

— Parbleu ! s'écria Mirabeau, le gaillard y met de la rancune ! Pourriez-vous nous dire le sujet du démêlé que vous avez ensemble ?

— C'est tout simple, dit Cazalès avec le ton méprisant de l'homme de cour : on connaît l'extrême délicatesse des chiens en matière de parfums, et celui-ci trouve probablement à sa convenance ceux qui s'exhalent de M. de Robespierre.

— Au fait, riposta l'abbé Maury, qui se bourra dans le nez presque tout le contenu de sa tabatière d'or, il est présumable que monsieur n'est pas venu en voiture.

Ces mots étaient à peine prononcés, que tous les fauteuils se mirent en devoir d'opérer un mouvement rétrograde pour s'éloigner de Maximilien.

— Non, non ! restons ! dit Barnave, qui riait à se tenir les côtes. Le débat ne peut être occasionné par la raison que vous dites. Ce pauvre Murillo ! je suis sûr qu'on lui aura fait perdre quelque procès. De là vient qu'il a pris en grippe tous les avocats possibles. Hier, je vous l'affirme, il a voulu me mordre.

André Chénier se leva de son fauteuil.

— Quoi qu'il en soit, messieurs, dit-il d'un ton grave et calme, qui redoubla l'hilarité générale, nous ne pouvons laisser plus longtemps un honnête homme dans la triste position de Jézabel.

Ce fut le coup de grâce.

Robespierre se dressa tout d'une pièce, comme un tigre que des chasseurs ont forcé dans ses derniers retranchements.

D'un coup de pied furibond, il envoya le chien rouler à l'autre extrémité de la chambre.

Puis il fixa sur les persifleurs des regards à faire reculer le plus intrépide.

Ses petits yeux avaient grandi ; chacun de nous pouvait les voir étinceler comme des charbons ardents. Ses lèvres étaient devenues livides, tandis que sa figure mate et plâtrée passait alternativement du jaune d'ocre au rouge pourpre.

Pendant cet intervalle, le griffon, qui ne se rebutait pas, venait de faire un détour et de s'installer en triomphe sur le coussinet vacant.

Jugez du nouvel embarras et de la rage de Maximilien, lorsque, s'essuyant le front et croyant avoir intimidé les railleurs, il se rassit de confiance, et sentit la dent acharnée de son adversaire... lequel, alors, ne l'attaquait plus en face.

Le damné griffon, qui n'avait pas eu de respect pour les souliers à boucles d'or et les bas chinés, n'en eut pas davantage pour la culotte de soie-puce.

Il en enleva bravement un morceau superbe.

Comme si le malicieux animal eût prévu l'avenir, il fit par anticipation de Maximilien Robespierre un parfait sans-culotte.

Nous n'y tînmes plus à notre tour ; les rires se changèrent en trépignements et en éclats de voix convulsifs.

L'avocat prit son chapeau et sortit à reculons.

Il riait aussi ; mais quel rire !

Mirabeau nous dit, après son départ, qu'il lui avait semblé voir un chat auquel on aurait fait boire une tasse de vinaigre.

Bien certainement ce personnage, avec ses odieux discours, méritait notre haine ; sans nul doute nous étions en droit de l'éliminer de notre cercle : néanmoins nous eûmes tort, oui, nous eûmes grand tort.

Au sein des crises sociales, les bons s'éloignent et les méchants restent.

Un homme du genre de Maximilien n'avait rien à perdre. Il ne lui fallut qu'un peu d'audace et de sang-froid pour braver l'orage, saisir le gouvernail et diriger à sa guise le vaisseau de l'Etat sur les vagues bourbeuses de la Révolution.

Je le répète, nous avons agi fort étourdiment dans cette conjoncture.

Ma tante elle-même, avec toute sa prudence, n'a pas réfléchi, comme elle le devait, aux suites d'un pareil affront, fait à un tel individu ; car, n'en doutez pas, Robespierre avait parfaitement compris que c'était un affront prémédité par nous, arrangé par nous.

Son rire de chacal ne nous l'avait que trop laissé voir.

Il était clair pour lui que nous avions dressé le chien de la comtesse aux attaques dont son vêtement fut victime.

Dès ce jour, il jura de nous en faire repentir.

Les ongles de la bête fauve commencent à croître, patience ! Elle saura bien saisir le moment où nous n'aurons plus de défenseurs pour se précipiter sur nous, l'œil ardent et la gueule béante.

Mirabeau, repentant, doit mourir avant de fermer le gouffre qu'il a creusé lui-même sous les pas de la monarchie.

Barnave, indigné, rompra brusquement en visière aux infâmes principes du jacobinisme, et s'enfuira bien loin pour ne plus entendre le bruit de la hache, jusqu'au jour où la proscription viendra l'atteindre au sein de son exil.

André Chénier, le saint poëte, maudira sous les verrous de la maison Lazare les inspirations de sa muse, et saisira le fouet de Juvénal pour en cingler la face des *bourreaux barbouilleurs de lois*.

Nos amis, tous les bons, tous les généreux, les âmes droites et pures, les cœurs dévoués, Roland, Brissot, Guadet, Vergniaud, tous doivent être martyrs ou s'éloigner avec horreur de cette orgie monstrueuse, où le meurtre et l'impiété se roulaient à l'envi dans le sang et dans la fange.

Il nous restera Robespierre!

Déjà l'illusion n'était plus possible, déjà la tristesse et l'effroi régnaient en tous lieux.

La tête de Louis XVI avait roulé sur l'échafaud.

Des brigands armés sillonnaient les rues en tous sens, se jetaient sur les prisons et massacraient les captifs, en chantant les refrains hideux de la Terreur.

On se cachait, on tremblait, on n'osait plus donner signe de vie.

Alors, on aurait pu tracer sur les portes de la capitale l'inscription funèbre qui se lisait au seuil de l'enfer du Dante.

La comtesse était enfin décidée à fuir.

Mais Paul avait accompagné Barnave à Grenoble : ma tante ne voulait pas s'éloigner et laisser son fils au milieu de la tourmente.

Elle lui écrivit de revenir.

Il arriva, mais il était trop tard : la puissance tombait aux mains de cet horrible triumvirat, dont Robespierre était le chef.

A peine eûmes-nous embrassé Paul, que nous fîmes à l'instant nos préparatifs de départ.

Mathurin avait pris l'avance et nous attendait à la barrière d'Enfer avec une voiture modeste, contenant l'or et les pierreries que nous avions pu rassembler.

Dans l'unique but de ne pas exciter les soupçons, ma tante n'avait essayé de vendre ni l'hôtel, ni les meubles précieux dont il était rempli.

Nous laissâmes le tout à la garde de la Providence et du suisse, gros Allemand goutteux, qui pouvait à peine se lever de son siège et faire deux pas dans sa loge.

Il nous jura pourtant, dans son baragouin tudesque, de défendre la porte confiée à ses soins contre tous les jacobins et les sans-culottes réunis.

Le malheureux suisse ne prévoyait guère qu'au moment même où il nous tenait ce discours on se préparait à pénétrer dans notre demeure, et que d'autres barbares, lui réservant le triste sort des sénateurs de l'ancienne Rome, allaient le massacrer sur sa chaise curule.

En dépit de toutes les précautions que nous avions prises pour dissimuler nos projets de fuite, ils étaient connus de Robespierre.

Vous comprenez qu'il n'était pas homme à laisser échapper sa vengeance, surtout à cette heure où il pouvait la rendre si terrible.

Avions-nous été dénoncés par nos valets, que nous avions eu soin cependant de renvoyer avec de larges gratifications, ou bien la police secrète du triumvir, police ténébreuse et lâche qu'il entretenait à sa solde, avait-elle espionné nos démarches et lu dans nos regards la pensée de l'émigration?

Voilà ce qu'il nous fût impossible de jamais connaître.

La nuit commençait à descendre.

Nous attendions qu'elle fût obscure pour nous éloigner de l'hôtel, précaution qui nous semblait utile, malgré les déguisements dont nous étions couverts.

Soudain plusieurs coups violents retentirent à la porte d'entrée.

Paul s'élança vers la fenêtre, et je le vis presque aussitôt faire un geste de désespoir.

Ma tante et moi, nous le rejoignîmes palpitantes. Le spectacle qui s'offrit à nos yeux nous prouva que nous étions perdus.

Sur le quai, jusque-là silencieux, se formait un rassemblement, composé de ces hommes que vomissaient les égouts populaires, figures ignobles, hideusement coiffées du sale bonnet rouge, ramassis de brigands et de forçats, qu'on était sûr de voir accourir dès qu'il s'agissait de meurtre ou de pillage.

Ils étaient là, hurlant et brandissant leurs piques sanglantes.

Plusieurs d'entre eux désignaient nos fenêtres, à travers lesquelles nous avions eu l'imprudence de nous laisser voir, et vociféraient le nom de la comtesse, en y accolant les gracieuses épithètes que le jargon démocratique avait inventées pour insulter les nobles.

En tête de ces forcenés, trois membres du comité de salut public, revêtus de leurs écharpes, faisaient retomber sur la porte de chêne le lourd marteau de bronze.

Ils donnèrent définitivement l'ordre d'enfoncer à coups de hache les battants qui refusaient de s'ouvrir.

En ce moment d'angoisse, nous ne trouvions pas une parole, et le sang se glaçait dans nos veines.

Mon cousin nous entraîna, presque mortes de peur.

Il nous fit rapidement descendre l'escalier, traverser la cour, et nous nous trouvâmes dans le jardin de l'hôtel.

A vingt pas de nous était une porte basse qui s'ouvrait sur la rue des Saints-Pères ; nous comprîmes que l'intention de Paul était de nous faire échapper par cette issue.

Mais notre dernier espoir ne tarda pas à s'évanouir. La porte était gardée.

Décidé à nous poursuivre de sa vengeance, notre féroce ennemi connaissait trop bien les détours de l'habitation pour ne pas prendre des mesures en conséquence et nous interdire tout moyen de salut.

Cependant les coups redoublés de la hache retentissaient sur la porte cochère.

Le jardin dans lequel nous nous trouvions alors avait tout au plus dix toises carrées de superficie, et cinquante pas seulement nous séparaient des cannibales acharnés à notre poursuite.

Paul résolut de se défendre et tira son épée.

Je tombai dans les bras de la comtesse, en poussant des clameurs déchirantes, et nous confondîmes nos sanglots et nos larmes.

Bientôt un fracas épouvantable nous apprit que l'obstacle qui retenait encore les assaillants venait de se briser.

Les cris et les hurlements redoublèrent.

Mais, parmi ces cris, il y en eut un que je ne puis me rappeler encore aujourd'hui sans que tous mes cheveux ne se dressent sur ma tête. Ce cri perçant, ce cri suprême, ce cri dans lequel il y avait à la fois de la douleur, de la rage et du désespoir, sortait de la poitrine du pauvre Allemand, que la goutte retenait cloué dans sa loge.

Ils le frappaient, les lâches! ils assassinaient un vieillard! ils lui fendaient le crâne avec la hache dont ils s'étaient servis pour enfoncer la porte.

Paul, la comtesse et moi, nous nous embrassâmes, persuadés que nous en étions à notre heure dernière.

Mon cousin nous avait abritées sous un berceau de charmille, à l'entrée duquel deux acacias nains mariaient leurs branches touffues.

Ces massifs, joints aux ténèbres qui commençaient à s'épaissir, devaient nous dérober quelques minutes de plus aux regards des meurtriers, et ces courts instants furent employés à recommander notre âme au ciel.

Lorsque les brigands eurent fouillé la maison du haut en bas, ils se précipitèrent dans le jardin, sûrs qu'ils étaient que nous n'avions pu trouver d'autre refuge.

Ils nous virent agenouillés et priant Dieu

Je renonce à reproduire ici les épouvantables blasphèmes qui sortirent de la bouche de ces monstres.

Ils avaient allumé des flambeaux, et lorsqu'ils nous entourèrent, en poussant de sinistres éclats de rire et des rugissements d'hyène, je crus voir une assemblée de démons.

Tenant toujours à la main son épée nue, Paul se releva fièrement, et leur demanda de quel droit ils venaient traquer ainsi des citoyens inoffensifs.

L'un des membres du comité de salut public s'approcha de nous en trébuchant ; le misérable était ivre.

Il prononça d'une voix rauque plusieurs phrases, entrecoupées de hoquets à nous faire bondir le cœur. Mais la foule des cannibales, trouvant sans doute qu'il se livrait à des divagations superflues, l'interrompit au milieu de son discours, et fit entendre des clameurs furibondes, des menaces de mort.

— Chiens d'aristocrates! nous cria-t-on, rendez-vous.

— A la lanterne!

— Non pas, dit un homme déguenillé, qui essaya de s'approcher de moi, la petite est gentille, et je prétends bien lui faire la galanterie de planter sa tête mignonne au bout de ma pique. Déjà plusieurs baronnes et pas mal de marquises, la Lamballe entre autres, ont eu l'honneur...

Il n'acheva pas.

Paul, auquel l'indignation prêtait une force surhumaine, le saisit par ses guenilles et l'envoya mesurer la terre.

Agitant ensuite son épée, qui décrivait, à la clarté des torches, un cercle étincelant :

— Lâches! dit-il sans se laisser déconcerter par les cris furieux que venait de soulever son action, je ne vous permettrai pas d'égorger de faibles femmes sans vendre chèrement leur vie et la mienne! Venez donc, cent contre un! cent bandits contre un homme de cœur !

Un coup de feu se fit entendre, en réponse à cette provocation.

Mon infortuné cousin tomba, l'épaule fracassée d'une balle.

Je voulus courir à son secours, mais les brigands se ruèrent sur nous, et je perdis connaissance au contact de leurs mains hideuses.

Lorsque je revins à moi, j'étais avec ma tante au fond des cachots du Luxembourg.

A nos côtés, sur la paille, se trouvait une cruche de terre et deux morceaux de pain noir.

Un soupirail, garni d'épais barreaux, et placé à une hauteur de quinze pieds du sol, laissait à peine entrer quelques rayons de lumière dans cette affreuse retraite.

On nous avait séparées de Paul.

Toutes les questions que nous adressâmes, pour nous informer de l'état de sa blessure et connaître son sort, demeurèrent sans réponse.

IV

POURQUOI MATHURIN PERRUCHOT SE COIFFA DU BONNET ROUGE ET PRIT UN COSTUME QUI LE RENDAIT ENCORE INFINIMENT PLUS LAID.

Vous comprenez, me dit le lendemain madame de Rocheboise, que nous avions parfaitement deviné l'auteur de notre emprisonnement.

Notre perte était certaine, il ne nous restait plus d'autre perspective que celle de la guillotine.

En effet, où aurions-nous pu trouver des protecteurs?

La plupart de nos amis avaient cessé de vivre, et le peu qui en restaient, loin de pouvoir nous sauver, tremblaient pour eux-mêmes.

Paul, blessé à mort peut-être, gémissait comme nous dans les profondeurs d'un cachot.

Quant à Mathurin, les espions, si bien instruits de notre dessein de fuir, avaient dû le faire prendre à la barrière, où il nous attendait. Nos seules et dernières ressources, l'or et les pierreries contenus dans la chaise de poste, avaient été sans doute livrées au pillage, et nous n'avions pas même l'espérance de corrompre nos farouches gardiens.

Mon père seul, qui avait suivi le cours du torrent révolutionnaire, aurait pu nous défendre.

Par malheur, depuis trois mois, M. de Feuillanges, ami intime de Pichegru, devait, à la recommandation de ce général, le titre de fournisseur de l'armée du Rhin.

Il était à la frontière.

Comment l'avertir du danger qui nous menaçait? Sur-le-champ nos lettres eussent été interceptées; nous n'aurions réussi qu'à le rendre suspect lui-même, et à lui faire partager notre malheureux sort.

— Et qu'était devenu votre oncle, le général des chartreux? demandai-je à la marquise.

— J'allais justement vous en parler, dit-elle.

Maxime de Feuillanges, l'homme avide, égoïste et méchant, Maxime de Feuillanges, le prêtre indigne, avait donné l'un des premiers son assentiment à la constitution civile du clergé.

Le refus des ecclésiastiques fidèles les conduisait au martyre, et mon cher oncle tenait beaucoup trop à sa tête pour reculer devant une apostasie.

On vit, le 17 brumaire 1793, se passer l'une des plus odieuses mascarades que l'histoire de cette époque ait flétries.

M. le général des chartreux accompagna l'infâme Gobel, qui, pour faire sa cour aux septembriseurs, abdiqua lâchement la dignité épiscopale, et déposa la mitre et la crosse aux pieds de la Convention.

Un prélat, un dignitaire de l'Église, des ministres du Christ, applaudissaient ainsi à la déchéance du catholicisme, voyaient de sang-froid danser la carmagnole sous les voûtes sacrées, et posaient eux-mêmes, en quelque sorte, la première pierre du temple de la Raison !

Voilà ce qu'était devenu mon oncle : un apostat sacrilège, un lâche complice de l'impiété qui triomphait avec délire, et qui, sous la forme d'une prostituée dégoûtante, souffletait la religion et s'asseyait sur son trône en ruines.

Or, le prêtre qui s'écarte de la ligne de ses devoirs marche sur la pente mauvaise avec une rapidité plus effrayante que les autres hommes.

Le cèdre gigantesque du Liban cause autour de lui, dans sa chute, beaucoup plus de ravages que le faible arbrisseau de la plaine.

Otez du plus beau des anges sa couronne immortelle d'innocence et de candeur, vous aurez Satan.

Néanmoins, dans ces jours de deuil pour le christianisme et pour la France, le sang des martyrs effaça les traces de l'apostasie ; l'encens du sacrifice monta dignement vers le Seigneur, qui se laissa fléchir et nous conserva la foi de nos aïeux.

Je méprisais mon oncle, et cependant j'eus recours à sa protection.

Oui, j'en rougis encore, quand j'y songe !

Voulant sauver deux existences qui m'étaient plus chères que la mienne : celle de mon cousin, de Paul que j'aimais ; celle de ma tante, de ma seconde mère, dont la santé s'affaiblissait chaque jour, en respirant les miasmes fétides de notre cachot, et chez qui se manifestaient déjà les désastreux symptômes d'une phthisie pulmonaire, j'écrivis à l'ex-chartreux une lettre suppliante.

Un des geôliers, à qui nous donnâmes deux chaînes d'or que nous avions au cou, la comtesse et moi, consentit à porter la lettre que je venais de rédiger pour mon oncle.

Maxime de Feuillanges habitait alors une petite maison sur le quai des Tournelles.

Il se mit dans une fureur affreuse contre notre commissionnaire, et jura qu'il le dénoncerait.

Pourtant il n'exécuta pas cette menace, qui plongea pendant huit jours le pauvre geôlier dans des transes mortelles.

Toujours plus avide de richesses et d'opulence, mon oncle se garda bien de faire la moindre démarche pour empêcher notre condamnation. M. de Feuillanges, il ne le savait que trop, était en train d'amasser une fortune immense dans la fourniture des armées.

La hache une fois descendue sur ma tête, l'héritage de cette fortune revenait de droit à mon oncle.

Cependant le ciel ne permit pas que d'affreuses espérances se réalisassent.

Tandis que nous gémissions sur la paille humide des cachots du Luxembourg, Mathurin, ce bon, ce fidèle serviteur, n'avait pas été pris, comme nous l'avions cru d'abord, et travaillait activement à notre salut.

Le jour où deux gendarmes vinrent nous chercher pour nous conduire en présence du tribunal révolutionnaire, nous vîmes, au travers des carreaux d'une salle basse, voisine du premier guichet, Mathurin attablé vis-à-vis du concierge de la prison, buvant et fumant pour lui tenir tête.

Il n'eut pas l'air de nous connaître; il ne dit pas un mot, il ne fit pas un geste.

Mais il s'était posé là tout exprès sur notre passage, persuadé que sa présence seule serait assez éloquente, et il ne se trompait pas.

Nous eûmes bientôt une autre joie plus vive. A peine étions-nous entrées dans l'enceinte où siégeait l'affreux tribunal, qu'un jeune homme, le bras droit en écharpe, s'échappa des mains du gendarme qui le gardait, pour accourir à notre rencontre.

C'était Paul.

Sa blessure se trouvait en bonne voie de guérison; car on soignait, avant de les conduire au supplice, les prisonniers blessés ou malades: l'échafaud ne voulait que des victimes bien portantes.

Je retrouvais mon amant, la comtesse retrouvait son fils, l'infâme sellette nous avait réunis.

Nous nous précipitâmes dans les bras l'un de l'autre, en versant des larmes de bonheur.

Tout à coup une voix aigre et perçante cria, du fond d'une tribune voilée:

— Qu'on sépare les captifs! La république ne souffre pas que ses ennemis se livrent à de tels épanchements.

Nos gardes obéirent.

Un frisson d'épouvante agita nos membres; nous avions reconnu le fausset de l'avocat Robespierre.

Le haineux triumvir voulait savourer jusqu'au bout sa vengeance.

Il assistait à notre mise en jugement, pour exciter encore, s'il était possible, l'ardeur sanguinaire de ce tribunal qui n'acquittait jamais; il voulait jouir de nos angoisses, et nous punir jusqu'au bout de l'acte audacieux commis jadis par Murillo sur la personne du futur maître de la France.

En écoutant le réquisitoire, hurlé par ce tigre judiciaire qu'on appelait Fouquier-Tinville, nous comprîmes que notre condamnation devenait certaine.

On nous accusait, comme tant d'autres, comme tous ceux qu'on voulait perdre, d'avoir conspiré contre la sûreté de la république.

Certains passages de cette éloquence de guillotine sont restés gravés dans ma mémoire.

« Allons, citoyens juges, disait Fouquier, votre patriotisme ne nous refusera pas ces trois têtes! Jetez-les de ce côté de la balance, et nous enlevons l'autre plateau, le plateau de la trahison, le plateau des complots. Trois têtes! Eh! bon Dieu, nous avons des preuves assez flagrantes pour en faire tomber mille! La ci-devant comtesse de Rocheboise accueillait à bras ouverts tous les parjures, tous les traîtres. Mirabeau fréquentait ses salons!.. Mirabeau! le lâche qui a déserté nos étendards pour se ranger sous la bannière de la cour! Barnave était l'ami de son fils.... Barnave, l'amoureux de Marie-Antoinette, la ci-devant reine! Entendez-vous, citoyens juges? Le plus éclatant modèle de patriotisme, Robespierre, le moderne Aristide, fut autrefois obligé de fuir ce repaire de conspirateurs, dont les membres essayaient d'entamer sa vertu.... »

— Dites plutôt d'entamer sa culotte! cria Jules, oubliant sa triste position d'accusé, pour lancer un sarcasme du côté de la tribune, dont le voile remua convulsivement.

Le trait avait frappé juste.

Fouquier-Tinville saisit aussitôt cette occasion de redoubler la violence de son réquisitoire:

« Les accusés outragent le tribunal! Ils ne manifestent aucun sentiment de repentir. Qu'on les acquitte aujourd'hui, demain l'hôtel du quai Voltaire redeviendra ce qu'il était primitivement, un foyer de trahison! Les Girondins pourront y lire leurs discours incendiaires! on y complotera dans l'ombre pour rendre la couronne aux tyrans! on appellera les armes de l'étranger contre la République une et indivisible, » etc., etc.

Devant des considérations aussi puissantes, les citoyens juges ne pouvaient avoir qu'une réponse:

« La mort! »

Ils délibérèrent pendant cinq minutes, puis on nous lut la sentence.

Notre exécution était fixée au lendemain.

La mort! Je défends à l'homme le plus intrépide, au cœur le plus inébranlable, à la conscience la plus vertueuse de rester calme en entendant prononcer ce mot sinistre. Si le visage du condamné ne trahit aucune émotion, ce visage ment, soyez-en sûr. Le frisson ne bouleverse pas nos membres, aucun nuage ne voile nos yeux, la sueur ne découle pas de notre front; mais, si l'on pouvait pénétrer jusqu'à ces mystérieuses profondeurs où se réfugie notre âme, on trouverait la malheureuse anéantie, brisée.

Tout ce qu'il y a chez nous de sentiment, d'intelligence, de facultés immatérielles se révolte contre la destruction de notre être.

Le véritable courage ne consiste pas à mourir sans peur: il consiste, si je puis m'exprimer de la sorte, à mourir intrépidement, tout en ayant peur.

Certes, si nos bourreaux, que nous bravions alors du regard, avaient pu lire au fond de nous-mêmes, ils auraient joui de nos secrètes angoisses.

Nous quittions le tribunal, le front haut, la démarche fière, et nous étions agités par les transes les plus poignantes de la douleur et de l'effroi.

Devant nous se dressait la lugubre guillotine, avec ses deux bras hideux et décharnés, soutenant en l'air la hache qui devait s'abattre sur nos têtes; nous voyions aussi d'avance l'ignoble tombereau, la foule hurlant à l'entour, nous accablant d'imprécations et d'injures...

Et demain, pas plus tard, demain, la réalité!

Les espérances que nous avions formées d'abord, en apercevant Mathurin attablé chez le concierge de la prison, s'étaient complètement évanouies.

Quelques mesures qu'il eût prises, l'intendant n'arriverait jamais assez tôt pour nous arracher au trépas.

Du moins telle était notre crainte; mais nous avions tort, ainsi que vous allez le voir.

En descendant les dernières marches d'un escalier sombre et tortueux, où on nous avait fait prendre pour nous reconduire à nos logements respectifs, nous sentîmes quelqu'un se glisser derrière nous, et ces deux mots, prononcés à voix basse, arrivèrent à nos oreilles:

— Courage! espoir!

En même temps, un large individu nous rejeta brusquement d'un côté de la rampe.

Paul résolut de se défendre et tira son épée. — Page 13, col. 2.

Il poussait des jurons formidables, et nous appelait *gueuses d'aristocrates*.

Paul s'élançait déjà pour châtier cette insolence; mais il s'arrêta pétrifié, car il venait de reconnaître Mathurin.... et sous quel costume, bon Dieu!

Son énorme tête était coiffée du bonnet rouge, et sa massive corpulence se trouvait ensevelie tout entière dans une espèce de sarrau brun, souillé de fange et retenu par une ceinture qui avait dû jadis avoir été tricolore. A cette ceinture étaient fixés quatre pistolets d'arçon, plus un grand sabre de cavalerie, traînant sur les marches avec un fracas assourdissant.

Pour compléter ce tableau, j'ajouterai que Mathurin avait les jambes nues et entourées de rubans couleur de feu, qui simulaient tant bien que mal l'ancienne chaussure romaine.

Ainsi vêtu, l'intendant prenait un air tragique, appuyant l'une de ses mains sur sa hanche, et balançant, de l'autre, une pique d'effroyable longueur.

Parvenu dans une petite cour, que nous devions traverser pour atteindre les prisons, le gigantesque sans-culotte se retourna tout exprès, afin de nous apostropher encore et de nous jeter à la face de nouvelles injures; puis il rejoignit au milieu du passage une vingtaine d'hommes affublés d'un costume pareil au sien.

Il parut adresser à cette troupe une courte harangue, et tous ces hommes se précipitèrent à notre rencontre, en poussant un hourra terrible.

Paul et la comtesse craignirent d'être massacrés.

Un instant se figurèrent que Mathurin était un traître, et qu'il voulait hâter notre fin, pour s'approprier plus promptement nos dépouilles.

En cela ma tante et Paul étaient excusables : ils ne connaissaient pas comme moi le brave intendant.

L'ombre d'un doute ne me vint pas même à l'esprit. Je demeurai convaincue que tout ce manége était une comédie jouée en notre faveur, et dont le dénoûment probable allait être notre délivrance.

— Où conduisez-vous ces prisonniers? demanda Mathurin d'une voix de tonnerre aux gendarmes qui nous accompagnaient.

— Cela ne te regarde pas, citoyen, répondit l'un d'eux. Nous exécutons les ordres que nous avons reçus. Laisse le passage libre, ou je te prouverai tout à l'heure que mon sabre est bien affilé.

— Ton sabre, cria Mathurin en roulant des yeux furibonds, ne sortira pas du fourreau!... Non, de par le diable! car nos piques sont longues et nos pistolets ont double charge. Pousse un cri, fais un geste, et tu es mort! Est-ce bien compris? Maintenant, écoute : les aristocrates que voilà sont condamnés, et le peuple souverain n'attendra pas un jour, quand il peut à l'instant même se débarrasser de ses ennemis. Là-bas, tu le sais, la guillotine est toujours prête. D'ailleurs, si elle fait la bégueule et nous refuse ses services, les lanternes, ce me semble, n'ont pas été inventées pour éclairer les rues!

Ce beau discours du chef des sans-culottes fut énergiquement applaudi de la troupe entière.

Les gendarmes venaient de se mettre en défense; mais je ne craignais pas de collision, car entre eux et Mathurin j'avais surpris des signes passablement intelligibles.

Nos gardes voulaient paraître n'avoir cédé qu'à la force.

Dans cette affaire ils jouaient leurs têtes.

Plusieurs guichetiers accouraient sur le lieu de la querelle, et bon nombre de curieux se montraient aux fenêtres de cette partie du Luxembourg. L'intendant s'aperçut qu'il n'y avait pas une minute à perdre.

— Une fois, deux fois! cria Mathurin, accompagnant cette sommation de juremens à faire trembler le ciel,

Nous fûmes présentés au propriétaire comme d'honnêtes provinciaux. — Page 17, col. 2.

voulez-vous nous livrer les chiens d'aristocrates que vous menez en laisse?
— Non! répondirent les gendarmes; au large!
Et, ce disant, ils agitaient leurs sabres avec une intrépidité superbe.
— Sacrebleu! dit l'intendant, vous allez y danser d'une jolie manière! En avant, camarades, et tombons dessus!
La troupe exécuta cet ordre avec la rapidité de l'éclair, et la victoire ne fut pas longtemps incertaine.
Tout en faisant mine d'opposer une vigoureuse résistance, les gendarmes étaient trop prudents pour prolonger la lutte et laisser aux soldats du corps-de-garde voisin le loisir de leur apporter du renfort. D'ailleurs, de la porte de la prison, des fenêtres et de tous les coins de la cour, on leur criait de ne pas se laisser égorger.
Donc, les sans-culottes que Mathurin avait sous ses ordres les désarmèrent, les terrassèrent et les garrottèrent, tout cela si promptement que c'était merveille à voir.
Jamais la chose ne se serait passée de la sorte, si les vaincus n'y eussent mis une aussi admirable bonne volonté.
Cette besogne faite, la troupe victorieuse ne s'amusa pas à triompher sur le champ de bataille.
Mathurin fit sonner la retraite et protégea les derrières, en tirant sur les spectateurs de l'escarmouche ses pistolets uniquement chargés à poudre.
Il voulait par là leur ôter toute envie de nous poursuivre, et il réussit complètement.
La cour avait un débouché sur la rue de Vaugirard.
Nos faux sans-culottes nous entraînèrent au pas de course, et se perdirent avec nous au milieu de ce labyrinthe de ruelles étroites qui avoisinent encore aujourd'hui Saint-Sulpice.
On était à la fin d'octobre.

Un épais brouillard, comme il en descend parfois sur la capitale, semblait nous être envoyé tout exprès par la Providence, et nous atteignîmes sans encombre la rue des Canettes, à l'angle de laquelle stationnait un fiacre.
Mathurin s'empressa d'abaisser les glaces et d'ouvrir le marchepied.
Puis, comme les sans-culottes nous ôtaient respectueusement leurs bonnets rouges, il jeta le sien dans le ruisseau pour répondre à leur politesse, et la voiture nous emporta ventre à terre.
L'intendant avait pris place à nos côtés.
Nous l'embrassâmes tour à tour avec l'effusion de la plus vive reconnaissance. L'excellent homme pleurait de joie : nous étions sauvés!
Le cocher de fiacre avait ordre de nous conduire sur la place Royale, après avoir fait toutefois d'assez longs circuits dans le voisinage pour laisser à la nuit le temps de descendre.
Jugeant enfin que les ténèbres, rendues plus profondes encore par le brouillard, nous mettraient à l'abri des regards curieux et de l'espionnage, Mathurin fit arrêter la voiture au lieu désigné.
Grassement payé de sa course, le fiacre s'éloigna, et l'intendant nous introduisit, après quelques nouveaux détours, dans une maison de la rue Culture-Sainte-Catherine.
C'était là que le citoyen Mathurin Perruchot, très-estimé dans le voisinage pour ses vertus républicaines, avait loué, la veille, un modeste appartement, composé de trois pièces et d'une cuisine, afin d'y loger la citoyenne veuve Perruchot, sa belle-sœur, ainsi que Paul Perruchot et Adèle Perruchot, ses neveu et nièce.
Nous fûmes présentés au propriétaire comme d'honnêtes provinciaux, tout fraîchement débarqués à Paris, et venant y exercer un petit commerce de pacotille.

Montmartre. — Imp. Pillot, frères. Viéville et Comp.

Le soir même, Mathurin nous installa dans ce logement, et nous fit prendre des costumes en rapport avec notre nouvelle position sociale.

Seulement alors, nous apprîmes tout ce qui lui était arrivé depuis notre emprisonnement et les mesures actives qu'il avait mises en œuvre pour nous arracher des griffes du triumvir.

Vous vous rappelez qu'il avait pris l'avance et nous attendait avec une voiture à la barrière d'Enfer.

Ne nous voyant pas le rejoindre à l'heure prescrite, et soupçonnant le malheur qui nous était arrivé, Mathurin abandonna le véhicule, après s'être emparé des objets précieux qu'il contenait; puis il donna l'ordre au conducteur d'aller stationner sur la route, à quelque distance.

Il se tint lui-même à l'écart, observant et nous attendant toujours.

Mais, en notre lieu et place, il vit bientôt débusquer une nuée d'agents de police, qui se récrièrent sur la disparition de la voiture, et dont les discours, que Mathurin put entendre de l'endroit où il se tenait caché, ne lui laissèrent plus aucun doute.

Alors il rentra dans la capitale et se déguisa pour rôder aux environs de l'hôtel de la comtesse.

Il sut que nous étions écroués aux prisons du Luxembourg. Ce courageux serviteur eut bientôt dressé le plan que vous l'avez vu mettre à exécution.

Le concierge, séduit d'abord, fit accepter ensuite les offres de Mathurin aux gendarmes qui devaient nous accompagner à la barre. On convint des moyens à prendre pour sauver toutes les apparences de complicité.

Vous êtes au courant du reste.

Notre or et nos diamants avaient ébloui les yeux des satellites du pouvoir.

Afin de nous arracher à l'échafaud, l'intendant dut sacrifier jusqu'à ses propres deniers, qui lui servirent à gagner à notre cause une vingtaine de forts de la halle et à les déguiser en sans-culottes pour lui prêter main-forte.

Quelques louis néanmoins restaient encore à Mathurin; mais il fallait nous trouver un asile.

Fuir de Paris était une chose à laquelle il devenait impossible de songer.

Ce fut alors que notre libérateur, après avoir loué au propriétaire de la rue Culture-Sainte-Catherine, nous annonça comme des personnes de sa famille, arrivant de Grenoble.

Il nous acheta des meubles et s'occupa lui-même de garnir une espèce de magasin qui donnait sur la rue.

Nos marchandises, on pouvait en juger par l'étalage, consistaient principalement en cocardes, en rubans tricolores, en calendriers républicains et en gravures très-mal enluminées, représentant la prise de la Bastille ainsi que les principaux épisodes de la Révolution.

Vous voyez que ce brave Mathurin nous imposait un commerce patriotique, légèrement en désaccord avec nos opinions et nos principes; mais il tenait à nous faire passer dans le voisinage pour des personnes bien pensantes, et c'était là, je dois en convenir, le plus sûr moyen de nous soustraire à toutes les recherches et de nous empêcher de devenir une seconde fois suspects.

Lorsque nous fûmes installés dans notre pauvre domicile, à l'abri des orages de la Terreur, Mathurin nous déclara qu'il lui restait à peine quelques pièces de monnaie pour suffire à nos besoins, et qu'il allait, dès le lendemain, se placer au premier coin venu du faubourg Saint-Antoine, où il exercerait le métier de commissionnaire, attendu, disait-il, que notre commerce n'était qu'une *frime* et ne pouvait nous procurer de grandes ressources.

Cette nouvelle preuve de dévouement nous toucha jusqu'aux larmes.

Nous résolûmes de travailler aussi pour alléger cet excellent homme.

Je cherchai de l'ouvrage et j'eus le bonheur d'en trouver.

Paul, très-habile dans l'art du dessin, composa plusieurs sujets, qu'il vendit aux marchands d'estampes, et la comtesse, qui nous cachait autant que possible les ravages du mal intérieur dont elle était dévorée, se mit à fabriquer des cocardes, tout en siégeant au comptoir.

Nous menions une existence douce et paisible, sans regretter notre ancien état de fortune.

Paul travaillait auprès de moi.

Le matin, j'avais sa première parole; le soir, il avait mon dernier sourire.

Ma tante nous eût unis, dès lors, si, dans ces jours de proscription sanglante, il eût été possible de trouver un prêtre pour bénir notre hymen.

Bonne excellente femme! elle ne devait pas voir ce jour, qu'elle appelait de ses vœux les plus chers.

Le temps de l'infortune était loin d'être passé pour nous, et de funestes catastrophes s'apprêtaient à fondre sur nos têtes.

Un soir, on nous rapporta Mathurin ensanglanté, meurtri, presque mort.

Dans ses courses habituelles, au moment où il était chargé d'un lourd fardeau, le pauvre homme fut renversé par une voiture de place, et l'une des roues lui fracassa la jambe.

Il était encore étendu sur son lit de douleur, lorsque la comtesse ne pouvant plus, malgré son angélique patience, nous dissimuler ses tortures, fut obligée de s'aliter elle-même, et nous la vîmes bientôt réduite à l'extrémité.

Jusque-là si courageux, mon cousin ne put supporter ce dernier malheur sans se livrer au plus violent désespoir.

Nuit et jour, au chevet de sa mère expirante, il accusait Dieu d'injustice et sanglotait à fendre l'âme.

Pendant deux semaines entières, il nous fallut prodiguer nos soins à la comtesse, sans acquérir le moindre espoir de la conserver à notre amour.

Toute espèce de travail nous devenait impossible, et nous fûmes obligés de vendre la plus grande partie de nos meubles pour acheter les remèdes prescrits par les ordonnances du médecin.

Celui-ci, voyant la malade reprendre connaissance, après neuf jours d'un délire assidu, nous déclara qu'elle n'avait pas une heure à vivre.

Déjà le visage de ma pauvre tante se décomposait aux approches de la mort et sa poitrine se gonflait sous le râle lugubre de l'agonie.

Entendant nos sanglots, elle fit un effort pour se dresser à demi sur sa couche et nous presser une dernière fois contre son sein.

— Je vous quitte, mes enfants, murmura-t-elle d'une voix éteinte, je vous quitte, hélas! au moment où notre généreux libérateur ne peut plus ni vous protéger ni vous défendre. Oh! dites-lui bien qu'à cette heure suprême j'ai béni son nom, regardez-le toujours comme un second père. S'il était loin de vous par l'humilité de sa naissance, il s'en est rapproché par le cœur. Adieu, mes enfants, adieu!... Du haut du ciel, je veillerai sur vous.

La comtesse retomba pâle et glacée.

Paul venait de perdre sa mère; j'étais privée de ma tante, de ma noble protectrice, de ma meilleure amie.

V

RÉAPPARITION D'UN PERSONNAGE POUR LEQUEL,
NOUS AIMONS A LE CROIRE, LE LECTEUR NE PROFESSE QU'UNE
ESTIME TRÈS-MÉDIOCRE.

Le lendemain, madame de Rochebaise m'annonça qu'elle ne donnerait que peu d'instants à notre récit et que nous irions achever la soirée chez la vicomtesse d'Étanges, où j'avais eu le plaisir de la rencontrer pour la première fois.

— J'ai besoin, dit-elle, de prendre un peu l'air des salons, car mon histoire m'attriste moi-même. En réveillant ces anciens et pénibles souvenirs, j'étais loin de penser qu'ils dussent faire encore sur mon âme une impression si vive.

Je ne m'étendrai donc pas sur les jours de misère et de larmes qui suivirent une perte douloureuse.

Mathurin se rétablissait lentement.

Paul ne pouvait plus vendre ses croquis; et moi-même, si je réussissais à trouver quelque ouvrage d'aiguille, le salaire en était si faible qu'il suffisait tout au plus à nous empêcher de mourir de faim.

Nos derniers meubles et tous les objets qui faisaient partie de notre fonds de commerce avaient été vendus à vil prix, car nous devions au propriétaire deux termes de loyer.

Depuis un mois que ma tante était inhumée au Père-Lachaise, j'allais tous les matins avec Paul prier sur sa tombe.

Nous remarquâmes, un jour, que nous étions suivis par un personnage enveloppé d'un long manteau de couleur sombre.

Vainement nous choisîmes les rues les plus écartées, vainement nous eûmes soin de prendre de longs circuits, afin de lui dérober nos traces, il reparaissait tout à coup sur nos talons, quand nous avions l'espérance de l'avoir dépisté.

Paul voulait marcher droit à cet individu, pour lui demander compte de son espionnage.

Je suppliai mon cousin de se tenir en repos.

Si nous avions eu affaire, ainsi que je le pensais, à la police secrète de notre infatigable ennemi, nous pouvions être arrêtés sur l'heure, et, comme de juste, on n'aurait pas pris la peine de nous juger une seconde fois.

Ce jour-là, nous restâmes jusqu'à près de midi sous les cyprès du cimetière, espérant que l'homme au manteau se fatiguerait d'attendre et renoncerait à nous poursuivre.

En effet, nous ne le vîmes plus au retour.

Mais, à l'instant où nous mettions le pied sur le seuil de notre demeure, il déboucha subitement de l'une des extrémités de la rue, et vint coller son visage aux carreaux de la boutique.

A cette vue, je faillis tomber à la renverse.

Paul, n'écoutant plus aucune considération, se précipita vivement dehors.

Mathurin, en dépit de sa jambe malade, courut à son aide, et bientôt ils amenèrent l'espion, qui se laissa conduire sans opposer la moindre résistance.

— A merveille! dit-il en jetant son manteau; je n'ai pas eu tort de vous suivre d'un peu loin, pour vous empêcher de me faire courir ou croquer le marmot jusqu'à la nuit. C'est bien vous, ma nièce; c'est bien vous, monsieur le comte... Parbleu! je suis ravi d'être en famille!

Nous avions devant nous l'ancien général des chartreux, en éperons et en bottes jaunes, pantalon de chamois et en cravate flottante. Son gilet blanc se trouvait rabattu sur les revers d'une magnifique redingote de velours grenat. L'une de ses mains, parfaitement gantées, agitait une cravache à pomme d'or.

Il avait, en un mot, le costume adopté depuis par les incroyables du Directoire.

Voyant que nous restions muets de stupeur, il prit un siège, et nous regarda l'un après l'autre avec un sourire d'ironie.

— Qu'est-ce à dire? poursuivit-il, — et, tout en parlant, il se dandinait et secouait avec sa cravache la poussière de ses bottes. — Votre réception, ma nièce, est loin d'être flatteuse. M'auriez-vous, par hasard, gardé rancune au sujet de notre ancien démêlé?... Fadaises!... Et vous, monsieur de Rocheboise, j'aime à croire que vous n'avez pas écouté les propos de cette petite?... Ah çà! mais, diable! si vous ne m'aidez pas un peu mieux à soutenir la conversation, je vais avoir l'honneur de vous tirer mon salut.

— Pas encore! s'écria Mathurin, qui, revenu le premier de son étonnement, s'empressa d'aller fermer à double tour la porte d'entrée.

Cette précaution prise, il se rapprocha de mon oncle, et lui lança des regards qui ne parurent pas intimider celui-ci le moins du monde.

— Te voilà, maroufle? dit Maxime de Feuillanges. C'est la première fois, ce me semble, que tu oses te présenter à mes yeux depuis la belle équipée du château? Tu es bien heureux que je n'aie pu te rejoindre dans ta fuite, car il y allait pour toi de la potence. Enlever une demoiselle noble, faquin!... Mais, au fait, je n'avais pas alors examiné de près ton physique, et maintenant je me rassure. C'était, à ce que je vois, un enlèvement par procuration... N'est-il pas vrai, monsieur le comte?

— Il ne s'agit pas de plaisanter! dit Mathurin d'une voix rude. Votre Révérence, que Dieu confonde! aura d'abord l'extrême bonté de nous dire ce qu'elle vient faire en ces lieux, quand personne ne l'y appelle?

— Insolent! double bélître! dit mon oncle, levant sa cravache pour en cingler le vieux serviteur.

Un cri d'indignation s'échappa de ma poitrine.

Paul courut arrêter le bras de Maxime de Feuillanges.

— Monsieur, lui dit-il avec fierté, qui vous donne le droit de vous conduire ainsi dans une maison qui n'est pas la vôtre? Je vous défends de frapper ce vieillard! C'est notre libérateur, c'est notre père! et je regarderais comme personnelle une injure qui lui serait faite. Ainsi tenez-vous pour averti. Je conviens qu'il n'a pas mis à vous questionner toutes les formes désirables; mais votre conduite, lors de notre arrestation, nous dégage à votre égard, sachez-le bien, monsieur, de tout ménagement, de toute politesse; et je vous demande, à mon tour, ce qui vous amène aujourd'hui près de nous?

— Bien, bien, dit mon oncle en se rasseyant avec le plus grand calme, je vois à présent où gît le lièvre. Votre nièce que voilà, poursuivit Paul, était menacée de l'échafaud. Je ne parlerai pas de moi, je ne parlerai pas de ma pauvre mère, morte à la suite des tortures qu'on lui a fait endurer dans sa prison...

— Quoi! vraiment, interrompit l'hypocrite, cette chère comtesse est défunte? Je vous jure que je prends une part très-vive..

— Ma mère et moi, nous étions en quelque sorte des étrangers pour vous, monsieur. Dispensez-vous donc, je vous prie, de nous donner les marques d'une compassion menteuse.

— Fort bien! allez toujours! Il est heureux que ma nièce ne se joigne pas à vous, monsieur le comte, et à l'ex-intendant du château de Feuillanges, pour faire sa partie dans le concert de mauvais compliments, que vous me servez avec une gracieuseté sans exemple.

— Voyons, Adèle, ajouta-t-il en se tournant vers moi, vous devez avoir en réserve quelques malédictions pour l'oncle sans entrailles qui a refusé de prendre intérêt à votre malheureux sort? Eh! mon Dieu! ne vous gênez pas non plus, ma nièce; videz votre cœur, accablez-moi! Bast! quelques injures de plus ou de moins ne feront rien à la chose.

— Monsieur, répondis-je, il y a longtemps que je demande au ciel de m'envoyer l'oubli de vos torts et de préserver mon âme de la haine.

— Ah! voici du moins qui est chrétien! J'aime à vous voir, ma très-chère nièce, professer des sentiments aussi évangéliques, à une époque où ils deviennent chaque jour plus rares. Mais, à propos, voyons quels sont mes torts, et cherchons en quoi j'ai pu mériter votre haine? Daignez vous asseoir, monsieur le comte .. et vous, monsieur l'intendant, ne me regardez pas ainsi d'un air à vouloir me manger tout cru!

Son aplomb merveilleux déconcerta pour un instant Mathurin.

Paul lui-même sentait tomber sa colère et commençait à croire que Maxime de Feuillanges pouvait bien n'être pas aussi coupable que nous nous l'étions imaginé d'abord.

— En ce bas monde, reprit mon oncle, chacun pour soi, Dieu pour tous! Ceci, m'allez-vous dire, est le principe fondamental de l'égoïsme. Je l'avoue, mais en même temps je soutiens que l'égoïsme est un sentiment fort naturel et que personne n'a le droit de le condamner. Qui me forcera, par exemple, d'exposer ma vie pour sauver celle des autres? Irai-je essayer d'arracher une gazelle de la griffe d'un tigre, au risque de me faire dévorer ensuite? Celui qui l'exigerait serait lui-même le premier des égoïstes. Or, ma nièce, vous étiez la gazelle et Robespierre était le tigre. Vous entendez les premiers rugissements du monstre, et vous ne fuyez pas, ni vous, ni votre tante, ni M. le comte! Au contraire, vous agacez l'animal féroce, et, quand il s'est jeté sur vous, quand il vous tient dans sa gueule, vous m'appelez à votre secours! Veuillez me dire, je vous prie, ce que je pouvais faire en pareille occurrence.

— Essayer du moins de nous sauver, mon oncle, répondis-je avec amertume.

— Ceci, ma nièce, est très-facile à dire. Mettez-moi tout à l'heure en présence d'un tigre véritable, d'un tigre du désert, et celui-là je pourrai l'aborder peut-être. Il me suffira d'un peu de courage pour le frapper d'une balle ou lui percer les flancs d'un couteau de chasse. Mais le tigre humain, l'homme tigre... halte-là! Vous ne me verrez jamais me frotter à ce genre d'animal. Il possède les instincts de la bête carnassière, plus le raisonnement, qui lui permet de dévorer tout à son aise et de prendre mille et une précautions pour se rendre invulnérable. Ensuite, attendu qu'il verse le sang, tue et massacre par système, il regarde comme des ennemis et des détracteurs ceux qui essayent de le fléchir et de lui arracher une victime. Attirer sur moi l'attention de Robespierre, c'eût donc été me perdre sans vous sauver. Je vous plaignais, ma nièce; j'étais désespéré de votre pénible situation; mais après tout je tiens à ma peau! J'ai tout fait jusqu'alors et je ferai tout pour la conserver.

Ce beau discours de mon oncle était d'été par une logique trop vigoureuse pour que l'un ou l'autre de nous essayât de présenter la moindre objection.

— Je vous approuve, monsieur, dit Paul. Cependant votre conduite de ce jour ne se concilie pas, à mon avis, avec votre prudence habituelle. Nous sommes proscrits, vous ne l'ignorez pas, et l'on découvrait notre asile, si l'on pouvait savoir que vous nous avez rendu visite...

— En effet, dit Mathurin, vous exposez là bien imprudemment cette peau que vous avez si grande envie de conserver. Je ne permettrai pas que vous quittiez notre domicile avant que je n'aie pris certaines mesures qui me paraissent de rigueur, vu la circonstance... Voilà pourquoi j'ai fermé la porte à double tour. Soyez sans crainte, la clef ne sortira pas de ma poche.

— Ah çà! maraud, dit le chartreux, aurais-tu l'intention de me retenir malgré moi?

— Votre Révérence, répliqua Mathurin, saura d'abord qu'il ne me plaît pas d'être appelé maraud. Quant à l'intention de vous retenir, elle est formelle... N'agitez pas ainsi votre cravache, et laissez-moi poursuivre. Je vous garde sous ma surveillance immédiate. N'essayez pas de vous y soustraire, car, si ma jambe est encore faible, mon poignet n'a rien perdu de sa vigueur!... Ainsi, voilà qui est convenu! Maintenant, désirez-vous connaître le véritable motif de ma résolution? Je ne demande pas mieux que de vous l'apprendre. Avant tout, il faut de la franchise.

— Parle, dit Maxime de Feuillanges.

— Ah! mon Dieu, c'est tout simple! Je me défie d'un homme qui raisonne comme vous le faites et prouve si clairement qu'on doit périr des personnes de sa famille; je me défie de celui dont toutes les allures ressemblent à celles d'un espion; je me défie d'un prêtre apostat... Tous les crimes sont frères!

— Misérable! hurla mon oncle qui se leva, le visage enflammé.

— Pour tout dire, en un mot, continua Mathurin avec un calme imperturbable, je me suis imposé le devoir de veiller sur ces pauvres enfants. Je les ai sauvés de la guillotine, moi! car, Dieu merci, chacun ne raisonne pas comme Votre Révérence. Je veille sur eux, vous dis-je. Or, j'ai peur de vous, et je prends mes précautions.

Maxime devina qu'il ne gagnerait rien à se heurter contre la volonté de bronze du courageux intendant.

— Ainsi, demanda-t-il, vous me croyez capable de dénoncer Adèle et son cousin Paul de Rochebuise?

— Oui, répondit froidement le vieillard.

— Il me reste à vous remercier, ma nièce, il me reste à vous féliciter, monsieur le comte, reprit le chartreux en se tournant vers nous, de l'espèce d'approbation tacite que vous accordez aux paroles insultantes de M. l'intendant. Vous êtes si bien disposés en ma faveur, que vous ne me croyez pas sans doute, si je vous dis que, depuis trois semaines, je vous cherche dans tous les coins de la capitale, non pour vous dénoncer, non pour vous rendre au bourreau, mais pour vous donner des nouvelles d'une personne qui doit vous être chère, attendu qu'elle vous touche de très-près, ainsi que moi.

— Vous parlez de M. de Feuillanges! s'écria Paul.

— Oh! murmurai-je en joignant les mains, ne nous abusez pas, je vous en conjure!

Mathurin ému s'approcha de mon oncle.

— Monsieur, lui dit-il, s'il est vrai que tel soit l'objet de votre démarche, si vous m'en donnez la preuve, je suis prêt à tomber à vos genoux et à rétracter mes discours outrageants. Pourquoi vous le cacher, d'ailleurs? Nous sommes à bout de toutes nos ressources, et retrouver M. de Feuillanges serait aujourd'hui pour sa fille un bonheur inespéré. Pardonnez-moi donc, oubliez ce que je vous ai dit. Le malheur engendre la défiance. Il faut passer quelque chose à ceux qui ont tant souffert!

— J'accepte vos excuses, répondit mon oncle d'un air digne. Au milieu de ces jours désastreux où nous vivons, une menace de mort peut nous trouver sans courage; mais il y a loin, croyez-moi, de la faiblesse au crime. Tenez, Adèle, voyez cette lettre que j'ai reçue de mon frère.

En même temps, il tira de sa poche un papier qu'il me présenta.

Je lus ce que M. de Feuillanges écrivait au chartreux.

Mon père se reprochait amèrement d'avoir abandonné sa fille pour sacrifier à des projets d'ambition et de fortune. Il aurait dû prévoir, disait-il, les suites du bouleversement social et ne pas laisser deux pauvres femmes exposées à la rage sanguinaire des hommes qui gouvernaient la France. Il parlait de mon futur mariage avec Paul et priait mon oncle de nous aider de ses conseils et de sa protection, ajoutant qu'il se disposait à quitter bientôt Pichegru et à venir réclamer une somme considérable, dont on lui refusait le payement. Suivaient des regrets exprimés avec amertume, une satire violente de l'ordre de choses actuel, puis des injures contre les membres de la Commune et de la Convention, que M. de Feuillanges traitait de bourreaux et d'escrocs.

— Ciel! m'écriai-je, que serait devenu mon père, si cette lettre eût été saisie?

— Parbleu! dit le chartreux, il y avait de quoi faire tomber ma tête avec la sienne. Je ne comprends pas une pareille imprudence. Il faut, sur mon honneur, que là-bas, aux frontières, ils n'aient pas la moindre idée de ce qui se passe dans la capitale. Mais ce n'est pas tout, poursuivit-il en présentant à Paul un autre papier.

C'était un numéro de cette feuille dégoûtante que l'infâme Hébert rédigeait sous le nom de *Père Duchesne*.

— J'ai conservé ce journal, me dit la marquise en se levant. Demain je vous le mettrai sous les yeux. Il est impossible qu'une femme puisse lire à haute voix les articles de ce folliculaire abject, qui, pour mieux se faire comprendre d'un peuple dégradé, trempait sa plume dans la boue des ruisseaux.

VI

OU L'EX-CHARTREUX MAXIME DE FEUILLANGES CONTINUE DE JOUER PARFAITEMENT UN TRÈS-VILAIN RÔLE.

Voici, mon ami, le journal dont je vous parlais hier, commença madame de Rocheboise. Prenez et lisez !

Je dépliai la feuille ; la marquise m'indiqua le passage, et je lus ce qui suit :

« Pichegru est un traître, c'est f..... bien connu ! Donc il n'y aura pas de b...... à p..., de vrai citoyen, qui ne convienne avec moi que ce chenapan de général ne peut plus rester à la tête des armées de la République. Il faut que la Convention soit b......... lâche pour ne pas le citer à sa barre, et si le peuple se comportait comme il doit le faire.... mais le peuple aussi devient lâche : oui, n... de D... ! je suis tenté de le croire, attendu que ce verrat de Pichegru nous insulte impunément jusqu'à la bride. Ne s'entoure-t-il pas des ennemis de la patrie ? Ne leur fait-il pas donner toutes les charges et tous les emplois ? ne les engraisse-t-il pas de nos sueurs ? Je n'en veux pour preuve que la lettre insolente écrite à la Convention par le fournisseur Feuillanges, un ex-noble, un pourceau d'aristocrate, qui réclame huit cent mille livres. Huit cent mille livres ! quand nos malheureux soldats n'ont pas de culottes et marchent pieds nus comme des chiens ! Or, vous saurez que Feuillanges menace la Convention de venir à Paris lui faire un procès. Hein ? qu'en pensez-vous ?... S.... tonnerre ! .. qu'il vienne, le gredin, qu'il vienne ! et nous le découperons en huit cent mille morceaux, et nous lui enfoncerons huit cent mille piques dans le ventre ! »

Je rendis le journal à la marquise, en faisant un geste d'horreur.

— Après avoir lu ces lignes, dit-elle, Paul, Mathurin et moi, nous frémissions de tous nos membres et nous regardions avec angoisse Maxime de Feuillanges.

— Cela n'est que trop vrai, nous dit-il, mon frère a menacé la Convention. Je crains même qu'il n'abandonne, ainsi qu'il l'annonce, le camp de Pichegru, pour venir entrer en lutte avec elle, ce qui serait un acte de folie sans exemple.

— Et vous ne lui avez pas écrit, mon oncle ? m'écriai-je ; vous ne l'avez pas détourné de ce fatal projet ?

— Lui écrire, Adèle, y songez-vous ? Mais vous n'eussiez pas osé le faire vous-même ! Encore une fois, je gémis sur les infortunes qui peuvent atteindre des parents que j'affectionne. Bien certainement je ferai tout ce qui dépendra de moi pour les retirer du gouffre où ils se plongent, sans croire toutefois nécessaire de m'y précipiter la tête basse. Ecrire, bon Dieu ! quand la suscription même de ma lettre : « A M. de Feuillanges, fournisseur de l'armée du Rhin, » la ferait intercepter sur-le-champ ! Certes, ma nièce, si j'avais un riche patrimoine, je croirais que vous avez l'intention positive de m'envoyer *ad patres*, pour être plus vite mon héritière.

— Oh ! mon oncle !...

— J'aurais pu, m'objecterez-vous, écrire une lettre anonyme.... Eh ! n'eût-elle pas été saisie également ? D'ailleurs, quelle créance y eût ajouté M. de Feuillanges ? Supposons encore que j'eusse voulu lui transmettre mes avis par un messager : qui aurait pu me répondre de la discrétion de cet homme ? Je ne crois pas aux honnêtes gens quand l'espionnage et la délation se payent avec de l'or. Tout à l'heure je l'ai dit, et je le répète : j'ai la faiblesse de tenir à ma peau ! Depuis le jour où j'ai reçu la missive de mon frère, je me suis mis à votre recherche, afin de m'entendre avec vous sur les mesures à prendre pour le sauver.

— Hum ! fit Mathurin en hochant la tête, vous pouviez nous chercher ainsi jusqu'à la consommation des siècles.

— En effet, répondit Maxime, ce n'est pas chose aisée que de trouver à Paris des gens qui se cachent ; mais on arrive à tout avec le secours de la Providence. Chacun s'est entretenu de votre évasion. Marat et Robespierre ont assez tempêté, Dieu merci ! « contre ces faux patriotes qui délivrent les aristocrates ! » On n'avait aperçu vos cadavres à aucune lanterne, et la ruse devenait notoire. J'avais raison de penser que vous n'aviez pas dû quitter la capitale : on s'y dérobe aux recherches beaucoup plus facilement que partout ailleurs, et j'avais l'espoir de vous rencontrer sous quelque déguisement, espoir qui s'est réalisé tantôt.

— Tout cela est on ne peut mieux, Votre Révérence, dit Mathurin. A présent, cherchons de grâce un moyen, n'importe lequel, pour avertir M. de Feuillanges et le détourner de sa périlleuse détermination.

— Oui, certes, ajouta Paul, il n'y a pas un instant à perdre.

— A qui le dites-vous ? répliqua mon oncle.

— Hélas ! murmurai-je, si mon pauvre père était arrivé ! s'il était au pouvoir des conventionnels !

— Non, non, cela n'est pas ! interrompit Maxime de Feuillanges, dont le visage se couvrit de pâleur. Mon frère serait venu chez moi.... certainement. Au surplus, son retour dans la capitale aurait fait du bruit, aurait soulevé des passions. Je n'ai pas lu sur les journaux une seule ligne qui puisse me donner cette crainte.

En parlant ainsi, le chartreux était violemment ému, sa voix tremblait, et la sueur découlait de ses tempes à gouttes pressées.

Quelle pouvait être, à nos yeux, la cause de cette émotion ?

Devions-nous l'attribuer à un autre sentiment que celui de l'intérêt, dont mon oncle semblait encore, en dépit de son égoïsme, donner quelques marques en faveur de M. de Feuillanges ?

Il n'en était rien pourtant.

La peur seule de ne pas réussir dans ses plans détestables jetait ce trouble dans l'esprit de Maxime.

Mon père était à Paris ! mon père était déjà plongé dans les cachots !

Bravant tous les périls qui l'attendaient, dévoré d'inquiétude au sujet de sa fille, et, craignant, en outre, que la mauvaise foi des gouvernants ne lui fît perdre une grande partie de sa nouvelle fortune, M. de Feuillanges quitta la frontière, où il se trouvait placé sous la sauvegarde du général son ami, et vint jouer sa tête, en attaquant la Convention.

Sa première démarche pour se faire payer des sommes qui lui étaient dues bien légitimement du reste, allait devenir le signal de sa perte.

Mais, comme il n'ignorait pas à quoi ses réclamations l'exposaient, M. de Feuillanges était d'abord descendu chez Maxime.

Il le supplia de s'informer de notre sort et le rendit dépositaire d'une somme de quatre cent soixante mille livres, en contrats de rente au porteur, sur différentes banques de l'étranger.

Mon oncle, en recevant ce dépôt, jura, si M. de Feuillanges succombait, de remettre cette somme entre nos mains ; il assura qu'il allait travailler à découvrir notre retraite, et qu'il nous ferait passer ensuite en Allemagne, où s'accomplirait mon mariage avec le comte.

Or, vous devinez déjà sans doute quels étaient les nobles projets de Maxime.

Il ne songeait en aucune sorte à tenir son serment.

Jeté, sous le plus grand secret, tant l'injustice était

flagrante, dans les prisons de la Conciergerie, mon père ne devait en sortir que pour être condu.t à la mort.

De ce côté déjà, sécurité complète pour l'ancien chartreux.

Cependant sa victime, à son heure suprême, pouvait articuler le nom de sa fille, et parler en présence de témoins du dépôt confié à Maxime de Feuillanges.

Mon oncle avait tous les vices ; mais, à l'exemple des hypocrites, il voulait paraître posséder toutes les vertus.

Il s'agissait de s'approprier le dépôt sans qu'on l'accusât de dépouiller une orpheline.

Comment y réussir ?

Son premier soin fut de se mettre à notre recherche.

Sous la Terreur, chaque propriétaire était forcé de suspendre à sa porte un écriteau, sur lequel se trouvaient inscrites toutes les personnes qui logeaient dans la maison. Comme le propriétaire de la rue Culture-Sainte-Catherine était un ardent patriote, il avait fabriqué une affiche-monstre, dont les lettres rouges attiraient les regards des passants.

Au milieu de ses courses, jusqu'alors inutiles, le chartreux remarqua cette affiche.

Nous avions, je l'ai dit déjà, conservé seulement nos noms de baptême, en les accolant au nom de famille de l'intendant : cela suffisait pour tromper la police; mais tous ces noms réunis devaient attirer l'attention de mon oncle.

Il se mit en embuscade aux environs de notre demeure.

Lorsque je sortis avec Paul pour aller au Père-Lachaise, il nous suivit et nous reconnut.

Vous savez comme nous le reçûmes d'abord, vous vous rappelez les soupçons de Mathurin.

Nous dénoncer n'entrait cependant pas dans les vues de Maxime.

Il était trop adroit pour commettre une pareille faute. L'orage des révolutions s'apaise tôt ou tard, et la vindicte publique pose une flétrissure éternelle sur le front du délateur. Mon cher oncle résolut de me laisser ignorer aussi longtemps que possible le triste sort de M. de Feuillanges, et surtout de mettre obstacle à mon mariage avec Paul, en nous séparant d'abord, puis en rendant notre réunion impossible. Il ne voulait pas qu'un époux fût là pour me protéger et me servir d'appui.

Tout ce qu'il nous avait dit jusqu'alors tendait à ce but.

Nous étions loin de soupçonner de mensonge un homme qui poussait la franchise jusqu'à s'accuser lui-même de lâcheté.

— Si M. de Feuillanges était à Paris, continua Maxime entièrement remis du trouble que lui avaient causé mes paroles, j'aurais eu sa première visite. Donc il n'a pas quitté l'armée du Rhin ; donc, nous pouvons l'avertir du danger qui le menacerait en ces lieux. Écrire est absurde, je l'ai prouvé. Confier un message à qui que ce soit n'est rien moins que prudent. Le plus sûr serait de le porter nous-même.

— Vous avez raison, s'écria Paul, et je m'en charge.

— Non, monsieur le comte, dit Mathurin ; avec votre bon plaisir, ce sera moi. Je ne souffrirai pas que vous vous exposiez à être reconnu. Si ma maudite jambe ne me permet pas de faire ce voyage à pied, je prendrai la poste.

— Et des espèces? fit mon oncle, en avez-vous pour les frais de voyage? Quant à moi, vous le savez, je suis loin d'être riche, et je ne puis vous en fournir.

Les bras nous tombèrent de découragement.

— Après tout, poursuivit le chartreux, supposez que nous puissions suffire à toutes les dépenses, il y aurait cent à parier contre un que celui d'entre nous qui entreprendrait ce voyage n'arriverait pas jusqu'à la frontière. Oubliez-vous les lois terribles qui défendent l'émigration? Vous auriez beau soutenir que vous n'avez pas le projet de quitter la France, on se moquerait de vos discours et l'on vous renverrait, pieds et poings liés, au tribunal révolutionnaire.

— Ainsi, m'écriai-je avec désespoir, M. de Feuillanges est perdu sans ressource !

— Non, ma nièce, dit le chartreux.

Il se leva pour aller prendre la main de Paul, qui penchait tristement la tête sur sa poitrine, désespéré de notre impuissance.

— Un moyen nous reste, monsieur le comte, lui dit Maxime, et vous seul pouvez le mettre en œuvre.

— Parlez! oh ! parlez, je vous en conjure ! s'écria mon pauvre cousin, qui serrait avec transport la main du traître.

Mais celui-ci se dégagea de cette vive étreinte, pour se rasseoir d'un air triste et sans mot dire.

L'intendant se joignit à nous, le suppliant de rompre un silence qui nous plongeait de nouveau dans toutes les transes de l'incertitude.

— Je m'abusais, dit Maxime : il est certain que Paul de Rocheboise ne consentira jamais à une proposition de cette nature.

— Cependant, monsieur, dit Paul, je suis prêt, pour sauver le père d'Adèle, à m'exposer à tout, si ce n'est au déshonneur.

— Justement, les trois quarts des nobles trouveraient déshonorant le parti que j'allais vous proposer.

— Mais enfin, monsieur, quel est-il?

— De servir la République.

— Jamais ! s'écria Paul, non, jamais vous ne me verrez commettre une lâcheté pareille ! Ce serait me rendre complice des bourreaux qui nous gouvernent, ce serait consacrer l'usurpation qu'ils ont faite de la puissance.

— Quand je vous disais que vous n'accepteriez pas ! reprit Maxime. Permettez, toutefois… il s'agit de nous entendre. J'ai dit servir la République, et je me suis mal exprimé. Supposons, par exemple, qu'il vous plaise de vous enrôler dans un de ces bataillons de volontaires qui partent chaque jour, et de joindre avec eux l'armée de Pichegru? D'abord, vous voyagerez aux frais de l'État, et sans craindre les gendarmes : deux problèmes qui tout à l'heure vous paraissaient insolubles. Ensuite, lorsque vous aurez atteint le lieu de votre destination, qui vous empêchera de voir M. de Feuillanges et de combattre son projet? Vous pourrez même engager le père d'Adèle à se diriger, en votre compagnie, du côté de l'Allemagne, ou à gagner le camp des émigrés. Là, vous attendrez patiemment et à l'abri de tout péril que ma nièce, Mathurin et moi, nous puissions vous rejoindre. Appelez cela servir la République, si bon vous semble, monsieur le comte ! moi, je suis d'un avis contraire, et je déclare que ce serait lui jouer un excellent tour.

— Oui, parbleu ! s'écria Mathurin, entièrement dupe, comme nous l'étions nous-mêmes, de l'apparente bonhomie du chartreux.

Paul m'ouvrit les bras, et je m'y précipitai tout en pleurs.

— Tu le vois, Adèle, me dit-il, le salut de ton père l'ordonne, il faut nous séparer.

— Diable ! diable ! fit Mathurin, qui se ravisa tout à coup et se frappa le front, les conscrits, même en forçant la marche, ne gagneront pas la frontière avant dix ou douze jours. Si, d'ici là, M. de Feuillanges allait décamper ? s'il prenait une route différente de celle que suivra M. le comte ; s'il arrivait à Paris, en un mot, pendant que notre pauvre volontaire ira le chercher là-bas?

Je vis encore une fois pâlir mon oncle.

— Vraiment, répondit-il, ce serait un grand malheur, et ce que nous faisons pour sauver M. de Feuillanges n'obtiendrait aucun résultat. Nous sommes libres encore de ne point agir ; mais une crainte, mal fondée peut-être, doit-elle nous faire abandonner, dès aujourd'hui, toute espérance ?

— Non, dit Paul. C'est une résolution prise, je partirai !

— Bien ! très-bien, monsieur le comte ! dit Maxime, attirant à lui le pauvre jeune homme et lui donnant le baiser de Judas. — Maintenant, reprit-il, du courage ! il vous en faudra, mes enfants, car il est bien dur de se quitter quand on s'aime !

Il tira sa montre.

— Voici l'heure, dit-il, où la commune donne aux troupes de volontaires le signal du départ. Il est entendu que ce n'est pas le comte de Rocheboise, mais Paul Perruchot, qui offre ses services à la patrie : par conséquent, Mathurin nous accompagnera pour faire inscrire son prétendu neveu sur les contrôles de l'armée.

— Oui, murmura le vieillard, essuyant une larme. L'Hôtel de Ville est proche, ma jambe ira bien jusque-là.

Cependant Paul me tenait pressée contre son cœur, et nous confondions nos sanglots.

— Voyons, ma nièce, me dit le chartreux, soyez Lacédémonienne et songez que l'heure est précieuse. Vous resterez au logis, car la République est stoïque, elle n'aime pas les pleurs. D'où, croyez-le bien, la séparation qui s'opère aujourd'hui ne sera pas longue. D'un jour à l'autre tombera Robespierre. Alors les absents reviendront à nous ; sinon, je vendrai le peu que je possède et nous irons les rejoindre.

— Adieu, ma chère Adèle, adieu ! s'écria Paul, s'arrachant de mes bras par un dernier effort. Puissent s'écouler promptement tous ces mauvais jours ! puisse ma bonne mère tenir sa promesse et nous protéger du haut des cieux !

Il partit, hélas !

Mon oncle avait consommé sa perfidie.

....
....

Lorsque le chartreux revint avec le vieil intendant, je crus remarquer sur son visage le même sourire ironique, dont j'avais été frappée déjà lors de son apparition dans notre demeure.

Il me remit entre les mains un assignat de cinquante livres en me disant d'un ton glacial :

— Ici tout annonce la gêne, je dirais presque la misère : voici, ma nièce, tout ce que mes faibles ressources me permettent de vous donner pour le moment.

— Mon oncle, répondis-je, blessée de cette offre, ou plutôt de la manière dont elle m'était faite, mon travail suffit à mes besoins. Reprenez, je vous en supplie, votre.... aumône.

— Ah! ah ! fit-il en haussant les épaules et en pliant l'assignat pour le resserrer dans son portefeuille, toujours la même ! toujours orgueilleuse et mordante! Eh bien, mademoiselle, à votre aise! travaillez pour soutenir votre existence ; et si jamais, comme j'en ai peur, vous vous trouvez à la veille de mourir de faim, je vous exhorte à ne pas trop compter dorénavant sur l'assistance de votre père, non plus que sur celle du comte. J'ose croire que vous serez trop heureuse de recourir aux aumônes de votre oncle. Vous connaissez mon adresse, quai des Tournelles.... J'ai bien l'honneur de vous saluer.

Cela dit, le chartreux fit siffler sa cravache et résonner ses éperons sur les dalles de la boutique.

La porte était restée entr'ouverte, il disparut en un clin d'œil.

Jugez quelle dut être notre stupéfaction !

Mathurin me regarda d'un air si profondément désespéré, que je sentis un froid mortel me saisir le cœur.

— Trahis ! nous sommes trahis, mon Dieu ! m'écriai-je. Et j'ai pu me laisser prendre aux paroles trompeuses de cet homme ! j'ai pu lui confier le sort de celui que j'aime !... Non ! non ! cela ne sera pas !... Où est Paul ? quelle route a-t-il suivie? Je le rejoindrai, vous dis-je, il le faut !

L'intendant essayait en vain de calmer mon agitation.

Je le repoussai quand il voulut me retenir, et je me précipitai dans la rue, presque folle de douleur, me heurtant à ceux qui se trouvaient sur mon passage, ne voyant rien, n'écoutant rien, tout à une pensée : ramener Paul, m'opposer à son départ.

J'avais entendu Mathurin m'affirmer qu'il n'était plus temps, qu'un nom porté sur les contrôles ne s'effaçait pas, et que, d'ailleurs, dans ces jours d'enthousiasme où l'on décrétait le danger de la patrie, les volontaires étaient enrégimentés et partaient aussitôt.

Rien de tout cela ne me semblait juste, je ne voulais rien comprendre.

Je demandais mon amant, mon fiancé ; je ne reconnaissais pas de loi militaire assez puissante pour m'empêcher de le rejoindre et de mourir avec lui.

Si quelqu'un, m'interrogeant alors, eût voulu connaître le sujet de mes craintes, il m'eût été difficile de lui répondre. Une heure auparavant, j'avais laissé partir Paul. Notre séparation sans doute avait été pénible, mais encore un éclair de joie brillait-il au travers de mes larmes, car mon cousin me quittait pour aller sauver mon père.

D'où provenaient donc mes terreurs ?

Du dernier regard et du dernier sourire de mon oncle.

Oui, dans ce regard, il y avait l'expression d'une haine satisfaite ; dans ce sourire, j'avais lu quelque chose d'infernal et de sinistre.

Et ce changement de langage, et cette ironie cruelle, qu'il était venu jeter au milieu de ma douleur ! Pourquoi m'engageait-il à ne plus compter sur mon père et sur Paul ?

Bien certainement, le misérable avait conçu le projet d'un crime, il venait de l'accomplir !

Frémissante, éperdue, je me dirigeai en courant du côté de l'Hôtel de Ville.

Mathurin avait fait pour me suivre des efforts inouïs. Mais déjà le pauvre homme, qui se traînait à peine, était resté bien loin derrière moi, souffrant, épuisé de fatigue, et néanmoins avançant toujours, me suivant des yeux aussi longtemps qu'il put le faire, et questionnant ensuite les passants pour savoir la route que j'avais prise.

J'arrivai devant la Commune.

La place était déserte, et je courus à un factionnaire qui se promenait, l'arme au bras, de long en large sur le perron.

— Les volontaires ? lui criai-je.

— Par là-bas, citoyenne, me répondit-il, étendant la main du côté de la Seine ; ils ont suivi les quais pour gagner la route de Versailles.... C'est-à-dire, attends une minute, il y avait deux troupes : l'une a pris le chemin que je t'indique, l'autre....

Mais je ne l'écoutais plus.

Je m'élançai vers le quai, d'où je gagnai la place du Châtelet, le pont Neuf, le Louvre et les Tuileries, pendant que Paul avait pris un chemin tout opposé, celui de Vincennes.

La Commune envoyait, il est vrai, des recrues à l'armée du Rhin ; mais elle en envoyait aussi dans les départements de l'ouest, où les Vendéens avaient allumé déjà depuis longtemps un foyer d'insurrection.

J'avais dépassé le pont Royal et longé les murs de la terrasse du midi.

Pendant tout le jour, un brûlant soleil de juin avait chauffé de ses rayons les pavés de la capitale. Il me semblait que je courais dans une fournaise. Mes joues étaient embrasées, la sueur ruisselait de mes tempes et sillonnait mon visage.

Au milieu de cette atmosphère ardente, je respirais à peine, j'entendais le battement précipité de mes artères.

N'importe, j'avançais toujours.

Arrivée à la place de la Révolution, je voulus la traverser et gagner la grande avenue des Champs-Elysées ; mais j'aperçus une foule immense qui me barrait le passage.

J'essayai de me tracer une route au milieu de cette masse compacte ; vains efforts !

La foule ne se dérangeait pas.

Reprenez, je vous en prie... votre aumône. — Page 23, col. 1re.

Elle était là, silencieuse, immobile, plus serrée que les vagues de la houle, que les épis de la plaine. Tous les fronts étaient pâles, toutes les physionomies étaient sombres.

Au-dessus de cette multitude, qui semblait en proie à une attente inquiète et douloureuse, pesait un ciel de plomb. De lourds nuages montaient derrière le dôme des Invalides, et dans leurs flancs ténébreux on entendait les roulements lointains de la foudre.

L'orage approchait, et la foule ne bougeait pas.

Qu'attendait-elle ?

Pourquoi ces hommes, pourquoi ces femmes ? Pourquoi tout ce monde se montrait-il sourd à mes prières, à mes supplications, à mes cris d'angoisse ?

J'étais sur les traces de mon cousin, je le croyais du moins ; Paul s'éloignait de plus en plus, et l'on m'ôtait l'espoir de l'atteindre !

Soudain j'aperçus un espace vide, et, croyant trouver une issue, j'allai me précipiter en aveugle contre un échafaudage dressé près de là.

Je relevai la tête, j'étais en face de la guillotine !

Tout me fut alors expliqué.

Je vis pourquoi la foule attendait, triste et morne. C'était l'heure où l'on tirait des prisons des fournées de victimes pour les conduire au sacrifice.

Un cri d'horreur s'exhala de mon sein. Je me voilai la figure pour échapper à la vue de l'instrument de mort, sur lequel était assis le bourreau, les bras nus, un bonnet rouge sur la tête, et regardant du côté des boulevards si la fatale charrette n'approchait pas.

Mes jambes se dérobaient sous moi ; je n'avais plus la force d'avancer ni de reculer.

Un soldat me frappa de la crosse de son fusil, et me rejeta dans la foule.

Il me fallut rester là.

Chose étrange, et que pourtant vous devez comprendre, je ne pensais plus à Paul ! L'horreur m'avait saisie, l'effroi m'avait glacée. J'ignorais pourquoi je me trouvais en ce lieu, devant cet échafaud, les pieds sur le pavé sanglant ; je croyais être sous l'influence d'un épouvantable rêve ; je fermais les yeux pour ne pas voir, et, malgré cela, je voyais encore, je voyais toujours, comme autant de fantômes tourbillonnant dans cette nuit, le peuple, les soldats, la guillotine et le bourreau.

L'orage qui montait derrière les Invalides avait graduellement envahi l'horizon.

Entouré de voiles impénétrables, le soleil semblait refuser sa lumière à l'œuvre de sang qui allait s'accomplir.

Au-dessus de la place et sur des milliers de têtes humaines, planait la nue menaçante, dont les sombres ailes s'étendaient à droite vers le palais des Tuileries, et couvraient à gauche les grands arbres des Champs-Élysées.

La chaleur était étouffante ; pas un souffle ne rafraîchissait le ciel.

De temps à autre, l'éclair, sillonnant les profondeurs de la masse obscure, éclairait la scène d'un reflet lugubre ; le tonnerre grondait sourdement, puis tout rentrait dans le silence.

Dans la foule, pas un cri, pas un murmure.

Les yeux du bourreau continuaient à se tourner du côté des boulevards.

Tout à coup il se leva d'un air satisfait.

On put distinguer le roulement d'une voiture, et la multitude, immobile jusqu'alors, s'agita comme les vagues de l'Océan à l'approche d'une tempête. Des voix audacieuses se firent entendre, et trouvèrent de l'écho dans cette population décimée chaque jour.

— Assez ! criait-on.

— Plus de massacres !

J'étais entièrement privée de connaissance. — Page 27, col. 1re.

— A bas Robespierre!
— Périsse le tyran!
— Sauvons les victimes!
Et les clameurs de ce peuple, las d'atrocités, dominaient alors le fracas de la foudre.

Il y avait là des fils dont on allait égorger les pères, des femmes qu'on allait priver de leur époux. Chacun s'attachait avidement à l'espoir inattendu de la délivrance. On s'embrassait, on s'exhortait, on s'encourageait à la lutte. Des hommes intrépides parcouraient les groupes, affirmaient que les sections se révoltaient déjà, que Robespierre ne tiendrait pas trois jours et que la Commune serait écrasée par la Convention.

De nouveaux cris accueillaient ces promesses.

La foule s'ébranla comme un seul homme, afin de se porter au-devant de la voiture et de l'empêcher d'atteindre la guillotine.

Je fus entraînée sur les vagues de cette mer orageuse.

Renonçant à briser le rempart humain qui se dressait devant elle, l'énorme charrette avait suspendu sa marche.

Entre les planches peintes en rouge, qui la bordaient à droite et à gauche, il y avait bien cinquante ou soixante captifs de tous les rangs et de toutes les conditions: les uns debout, portant le front haut et bravant la mort; les autres couchés, abattus par la peur ou la souffrance.

Courageux ou faibles, tous purent croire un instant qu'ils allaient être délivrés, car l'escorte impuissante laissait ses armes inactives, et déjà le peuple se mettait en devoir de faire rebrousser le tombereau.

En présence d'un pareil spectacle, j'avais repris, sinon du calme et du sang-froid, du moins le sentiment de la réalité.

Je ne faisais donc pas un rêve! C'était bien l'effroyable guillotine qui se trouvait là, devant moi, prête à fonctionner; j'allais entendre le bruit de la hache, j'allais voir tomber toutes ces têtes!

Mais non, non! rassurez-vous, pauvres et saintes victimes! Le peuple cesse de trembler, il menace à son tour et va mettre un terme à l'œuvre des bourreaux.

Voilà ce que je pensais, mon Dieu! voilà ce que bien d'autres pensaient également, lorsque je vis la charrette avancer encore, malgré l'énergique opposition de la foule.

Une troupe de sans-culottes et un bataillon de gendarmes débouchèrent le long de la terrasse des Feuillants, s'élancèrent au milieu de la place et rendirent à l'escorte le courage qu'elle avait perdu.

Ce fut au tour du peuple à céder du terrain.

Mais bientôt il revint à la charge et, toujours emportée par ce ballottement terrible, je me trouvai, cette fois, presque sous les roues du tombereau.

Je voyais à deux pas de moi les infortunés captifs; plusieurs d'entre eux essayaient de dénouer les cordes qui leur sanglaient les membres. Libres de leurs mouvements, ils eussent réussi peut-être à s'enfuir. Mais ils ne pouvaient que se tourner vers le peuple et l'exciter du regard.

Tout à coup l'un d'eux se pencha vivement de mon côté, m'envisagea, puis s'écria d'une voix déchirante:

— Adèle! ma fille!

La foudre éclatant sur ma tête ne m'eût pas frappée d'une secousse plus violente.

Dans celui qui venait de faire entendre cette exclamation, j'avais reconnu M. de Feuillanges, j'avais reconnu mon père!

VII

COMMENT, SOUS LA TERREUR, ON VOYAIT GUILLOTINER LES AUTRES, QUAND ON N'ÉTAIT PAS GUILLOTINÉ SOI-MÊME.

Ainsi, me dit la marquise en reprenant le fil de sa narration, j'étais réservée à toutes les douleurs, je devais subir tous les désespoirs.

Mon père! noble martyr! Comme André Chénier, comme Barnave, tu avais salué l'aurore de la liberté; tu prêtais à tous ces bourreaux, sortis de la fange sociale, les sentiments de délicatesse et d'honneur qui faisaient la base de ton propre caractère, et tu devais aussi périr victime des rêves de ton esprit, des illusions de ta belle âme!

Si, dans le cours orageux de ton existence, tu as quelquefois oublié ta fille, Dieu m'est témoin que tu n'avais rien perdu pour cela de ma tendresse. A ce moment suprême, j'eusse voulu donner tous mes jours pour racheter les tiens. Et depuis, ô mon père! jamais une pensée de reproche ne s'est placée dans mon cœur à côté de ton souvenir!

En marchant à la mort, M. de Feuillanges était vêtu comme pour aller à une fête.

Ses cheveux étaient poudrés avec soin; sa cravate, d'une exquise blancheur, retombait en pointe sur un gilet de satin brodé.

Jusqu'à ce moment, il avait envisagé d'un œil calme la hache qui devait trancher sa carrière; mais, à mon aspect, sa résignation l'abandonna.

Le cri douloureux qu'il fit entendre retentit au fond de mon âme comme un glas funèbre.

Je m'élançai au-devant des chevaux, la tête perdue, les yeux hagards; je les arrêtai par la bride, je me suspendis à leur poitrail. Un mot, un seul mot, s'exhalait de ma gorge haletante, et ce mot, qui vibrait sur toutes les cordes du désespoir, je l'adressais à l'escorte, je l'adressais au peuple, je l'adressais à mon père; je criais:

— Non! non! non!

Tout autour de moi je voyais étinceler les sabres et les baïonnettes.

Mais personne n'osait me frapper: le dévouement d'une femme a quelque chose de surnaturel et de divin qui impose au plus lâche.

La foule, qu'on avait contrainte à reculer encore, se rallia de nouveau, revint à la charge et heurta les gendarmes de sa poitrine désarmée.

Qu'est-ce que la foule, hélas! et que faut-il pour éteindre son enthousiasme? Rien, moins que rien. Vous la voyez se précipiter au-devant des armes, affronter les canons s'exalter à l'odeur du sang. Comme la lionne qu'on a fait sortir de son antre, elle s'élance en rugissant sur sa proie.

Alors elle est grande, elle est héroïque, elle est sublime!

Vous pensez qu'aucun obstacle ne peut briser sa fougue? détrompez-vous.

Le moindre de tous est le plus puissant.

Une contrariété légère l'empêche d'accomplir les plus nobles actions, les devoirs les plus rigoureux, les œuvres les plus saintes. Qu'une pluie d'orage survienne, elle se disperse! Une simple goutte d'eau sur cet héroïsme, et tout est dit!

Voilà ce que j'ai vu de mes propres yeux.

La nuée menaçante qui grondait au-dessus de nos têtes creva subitement.

Dès lors, le peuple ne songea plus aux victimes.

Un dernier effort, il renversait Robespierre, il brisait l'échafaud; mais la pluie tombait, la pluie mouillait ses vêtements, le vif s'enfuir avec précipitation.

Tout ce débordement d'hommes s'écoula par les quais, les rues et les promenades.

En moins de cinq minutes, la place fut presque déserte.

Il resta la charrette, entourée de ses gardes. Ballottée quelques instants sur des vagues humaines, elle touchait enfin au port lugubre de la guillotine.

Non loin de là, se tenaient un petit nombre d'infortunés qui s'agenouillèrent sur le pavé ruisselant et prièrent pour leurs parents, leurs frères, leurs amis, qui allaient mourir.

Un gendarme m'avait écartée de la voiture et rejetée brutalement contre une borne.

Oh! comment ne suis-je pas morte de douleur!

J'ai vu mon père, dont le visage avait repris le calme et la sérénité du martyr, aborder avec la charrette au pied de l'échafaud; je l'ai vu me faire un dernier signe d'adieu!

Les bras étendus vers la victime, j'étais aussi à genoux, sous les torrents qui tombaient du ciel.

Mon cœur ne battait plus; mes yeux, desséchés par une fièvre ardente, n'avaient point de larmes.

Une première fois la hache frappa.

Je me redressai comme un cadavre soumis à l'action du galvanisme.

Les coups se succédèrent avec une rapidité effroyable. Plus de quarante têtes avaient déjà roulé dans le panier sanglant; mais, au travers du voile agité de la pluie, je distinguais toujours la cravate blanche de mon père.

Arriva le moment où je la dénouer par la main du bourreau.

Deux secondes après, la hache frappait encore, et M. de Feuillanges n'était plus.

J'ignore ce que je devins ensuite, car je tombai de toute ma hauteur, le front sur la pierre.

Cependant Mathurin, parvenu longtemps après moi sur la place de la Révolution, ne se doutait pas du drame affreux auquel je venais d'assister.

Vainement il essayait d'interroger les fuyards, en leur dépeignant mon costume: il n'obtenait aucune réponse.

On était beaucoup trop pressé de chercher un abri, pour s'inquiéter de la douleur d'un pauvre vieillard qui demandait son enfant.... car, vous le savez, Mathurin me regardait comme sa fille et me donnait ce nom, que, dès ce jour, je ne devais plus, hélas! entendre sortir d'une autre bouche que la sienne!

Lorsqu'il fut arrivé dans le voisinage de la guillotine, qui se reposait alors auprès de soixante cadavres, il recula, saisi d'horreur.

Persuadé, si toutefois j'étais passée par là, que j'avais dû m'enfuir, pour échapper à cet épouvantable spectacle, il allait s'éloigner à son tour, quand un homme s'approcha de lui.

C'était un valet de l'exécuteur des hautes œuvres.

— Citoyen, dit-il au vieillard, aurais-tu remarqué, ici près, une jeune fille, vêtue d'une robe ponceau, sur laquelle tranchait un fichu de couleur claire? C'est singulier, je la distinguais encore, il n'y a qu'un instant.

— N'est-ce point une brune? répliqua Mathurin, fort étonné d'entendre les indications qu'il donnait lui-même depuis une heure N'a-t-elle pas la tête nue et les cheveux épars?

— Comme tu le dis, citoyen.

— En ce cas, je la connais; ce doit être précisément celle....

Mais il s'arrêta tout à coup.

Fixant avec plus d'attention son interlocuteur, il venait de comprendre, à son costume et à ses mains tachées de sang, quelle était la nature de ses fonctions.

— Ah çà! reprit l'autre, il ne s'agit pas ici de faire un quiproquo? Cette jeune fille se nomme Adèle, du moins à ce qu'a dit l'aristocrate que nous venons de raccourcir. Est-ce bien ce nom-là?

— Oui, balbutia Mathurin, d'une voix frémissante; en vérité, je ne suis pas sûr....

— La peste t'étrangle, vieux radoteur! s'écria le

servant de guillotine. Au fait, voici la petite, que j'aperçois là-bas au milieu du ruisseau.

Comme la pluie tombait avec moins de violence, Mathurin put également me voir étendue sur le pavé de la place.

— Oh! pitié! pitié pour elle! s'écria-t-il.

En même temps il tombait aux pieds de cet homme et se cramponnait à lui de toutes ses forces, croyant que j'avais été reconnue et qu'on allait me faire mourir.

— Hein?.... qu'as-tu donc? Je ne lui veux aucun mal à c'te citoyenne, répondit le valet. Sans doute elle aura été prise d'une faiblesse. Il y avait de quoi! Tiens, j'entends le patron qui m'appelle; nous avons abattu de l'ouvrage, il s'agit de le déblayer. Puisque tu connais la fillette, donne-lui du secours et remets-lui ce portefeuille de la part de son père. Le pauvre diable m'a baillé cinq louis qui lui restaient en poche, en me priant de m'acquitter de cette commission. Maintenant, que tu t'en charges, serviteur! Je vais à ma besogne.

Et le valet du bourreau rejoignit son maître.

N'osant pas croire encore à l'horrible malheur qui venait de m'atteindre, Mathurin accourut et me releva.

J'étais entièrement privée de connaissance ; le sang coulait à grands flots d'une large blessure que je m'étais faite au front dans ma chute.

Il me transporta sous l'arcade, à l'autre extrémité de la place.

Là, se tenait à couvert une partie de cette foule qu'avait dispersée l'orage. On m'entoura bientôt avec sollicitude et l'on aida Mathurin à étancher le sang qui s'échappait de ma blessure.

Enfin je donnai quelques signes de vie.

Je soulevai ma paupière, mais ce fut pour effrayer de mes regards le pauvre intendant et tous ceux qui se pressaient autour de moi. J'étendais les bras en poussant des cris d'épouvante. Il me semblait encore entendre frapper la hache, je voyais rouler la tête sanglante de mon père. La guillotine, l'exécuteur, les cadavres, tous ces horribles fantômes m'assiégeaient tour à tour.

Ma raison venait d'être ébranlée par un coup funeste ; j'étais en proie aux accès d'un effroyable délire, j'étais folle.

Si la position dans laquelle je me trouvais était pénible et douloureuse, celle de l'intendant n'était pas moins digne de pitié.

Le vieux serviteur pleurait à chaudes larmes.

Il essayait en vain de m'entraîner ; je le repoussais avec toute l'énergie du désespoir ; je ne le reconnaissais pas, et je m'écriais d'une voix éperdue :

— Laissez-moi ! laissez-moi ! vos mains sont tachées de sang.... Ce sang, je le reconnais, c'est celui de mon père !.... Oui, vous avez tué M. de Feuillanges.... Eh bien, tuez-moi donc aussi ! car je suis sa fille, je suis noble, je suis aristocrate.... Vivent les aristocrates ! mort à Robespierre! mort aux lâches et aux infâmes!

Ce nom de M. de Feuillanges, qui m'échappait au milieu de mon délire, frappa les oreilles de l'un des spectateurs.

Il écarta la foule pour venir m'envisager de près, et il me reconnut.

— La malheureuse va se perdre, dit-il à voix basse en se penchant du côté de Mathurin ; il y a tout autour de nous des visages d'espions. Restez, tâchez de la calmer. Je cours au boulevard et je vous ramène une voiture.

Celui qui parlait de la sorte était vêtu d'un méchant habit à la française, boutonné jusqu'au menton.

Sous son chapeau, dont les larges bords se trouvaient rabattus par derrière et par devant, descendait une ample perruque noire, disposée tout exprès pour cacher une partie de la figure. Il portait, en outre, une paire de besicles, enfermées dans une double cage de taffetas vert, de sorte qu'il était impossible de distinguer le moindre trait de sa physionomie.

Quand il revint avec un fiacre, le danger qu'il avait prévu nous menaçait déjà.

Mon exaltation n'avait fait que s'accroître.

Les personnes craintives, — le nombre alors en était grand, — effrayées de mes discours, venaient de s'éloigner pour faire place à un rassemblement hostile de poissardes et de septembriseurs.

Or, cette dernière troupe, scandalisée de mes exclamations antirévolutionnaires, et peu disposée à compatir à l'état déplorable qui me les suggérait, se mit à dominer ma voix, en chantant son refrain favori, le ça ira funèbre, qui avait été déjà pour tant de malheureux un signal de mort.

Cependant notre protecteur inconnu s'efforçait de nous entraîner vers la voiture qui venait de s'arrêter près de l'arcade.

Mais la troupe, animée par le refrain sanguinaire, lui imposa un terrible *veto*, resserrant son cercle autour de nous et répétant ce cri sauvage :

— A la lanterne!

La nuit venait de descendre.

Plusieurs réverbères étaient allumés sous l'arcade : on les abaissa sur-le-champ, dans l'intention manifeste de nous attacher en leur lieu et place.

Je regardais d'un œil morne tous ces préparatifs, sans y rien comprendre.

A mon délire succédait un état de prostration complète.

Si je vous parle aujourd'hui des événements qui suivirent la mort de mon père, c'est que Mathurin me les a racontés depuis. Il m'a rappelé bien des fois surtout le péril que nous avions couru dans cette circonstance, et dont nous fûmes délivrés, grâce à l'admirable sang-froid de l'homme qui le partageait avec nous.

Cet homme, jadis l'habitué fidèle des réunions de ma tante, ne fut pas reconnu de Mathurin sous l'étrange déguisement qu'il avait choisi.

Voyant les septembriseurs se ruer sur nous, il ne leur opposa pas la moindre résistance, et leur dit d'un ton parfaitement calme :

— Ça, voyons, camarades, êtes-vous prêts? Je demande à passer le premier.

A ces mots, il ôta son large feutre, arracha ses besicles et jeta sa perruque en l'air.

Ce changement à vue produisit dans la troupe un mouvement général de surprise.

On vit alors un individu de quarante-cinq à cinquante ans environ, très-frais encore, qui se mit fort tranquillement à passer la main sur ses cheveux poudrés, afin de réparer le désordre qu'y avait occasionné la perruque.

— L'abbé Maury! crièrent plusieurs voix.

— Moi-même, camarades, répondit-il en tirant sa tabatière d'or et en prenant une prise avec toute l'aisance imaginable. J'ai quitté les Etats du pape, où j'avais cherché refuge après la clôture des sessions de l'Assemblée constituante. La fantaisie m'a pris d'examiner de mes propres yeux les belles choses qui se passent en France, et je me cachais sous ce déguisement pour m'épargner les caresses de Sa Majesté Robespierre et de sa douce compagne, la guillotine. Demain, j'allais reprendre la route de Rome ; mais il était écrit que, si j'échappais à l'échafaud, je n'échapperais point à la lanterne : ainsi soit-il ! Que la volonté du peuple soit faite ! Vous allez avoir l'agrément de pendre un prince de l'Eglise... car, vous le savez ou vous ne le savez pas, mes amis : à l'heure qu'il est, je suis cardinal.

Il ouvrit de nouveau sa tabatière, et, clignant de l'œil avec malice, il offrit une prise aux sans-culottes, déjà déconcertés par son aplomb.

Plusieurs acceptèrent et dirent :

— Tiens, mais il est assez bon enfant!

— Pas toujours, répliqua l'intrépide cardinal. En ce moment, par exemple, si j'étais le plus fort, il se pourrait bien faire que je vous suppliasse de m'exhiber le mandat qui vous autorise à vous livrer à des exercices, fort agréables pour vous sans doute, mais peu goûtés de ceux qui les subissent. En cas de refus de votre part ou d'impossibilité de me satisfaire, camarades, je pendrais haut et court les plus chauds meneurs... absolument comme je vais l'être. Quant à ces dames, j'userais de clémence envers elles, et je me bornerais à ordonner qu'on les fouettât en place publique. Or, étant le plus faible, je suis obligé de mettre les pouces... et je m'en acquitte, vous le voyez, avec beaucoup de bonne grâce.

— Il nous brave! cria-t-on.

— Nullement. Je dis ce que je pense, voilà tout : personne jusqu'ici n'a pu m'en empêcher.

— Bien! bien! voyons ce qu'il pensera là-haut!

— Ma foi, mes amis, à coup sûr je penserai que, en m'accrochant à la place de la lanterne, vous n'y verrez pas plus clair!

Les mémoires du temps vous ont déjà fait connaître quel fut le résultat de cette saillie.

Septembriseurs et poissardes partirent tous à la fois d'un joyeux éclat de rire, et lâchèrent immédiatement celui qu'ils allaient pendre.

— Allons, dit l'une de ces dames en lui frappant sur le ventre, tu n'es pas poltron, l'abbé. Je t'estime, mon vieux! Passe ton chemin, nous nous contenterons des deux autres.

— Bah! tu plaisantes, citoyenne? Ma gouvernante a mis, ce soir, le couvert de ce brave homme et de cette jeune fille : voudrais-tu me forcer à souper seul?

— Au fait, il a raison! cria la foule.

— Va donc souper en compagnie, mon brave calotin, dit la poissarde, et n'oublie pas de boire à la santé du peuple.

Le cardinal ne se fit pas répéter deux fois cette invitation.

Il poussa Mathurin devant lui.

On me transporta dans le fiacre, et la poissarde s'offrit à monter pour me donner des soins ; mais on la remercia poliment, et la portière se referma sur nous.

Le cocher fouetta ses chevaux ; il nous entraîna loin de la troupe qui riait encore.

Maintenant voici qui vient à l'appui de ce que je vous disais l'un de ces derniers jours, savoir : que le véritable courage consiste à mourir intrépidement, tout en ayant peur. L'abbé Maury, qui s'était montré si ferme en présence d'une mort presque certaine, et qui avait eu la force de plaisanter en ce moment terrible, ne fut pas plutôt assis dans la voiture qu'il perdit connaissance.

Néanmoins, il revint à lui avant que nous eussions atteint sa demeure.

Il reçut alors les remerciments de Mathurin, car j'étais incapable de lui en adresser moi-même.

Le bon prêtre s'empara de ma main, qu'il pressa dans la sienne, et murmura de douces et affectueuses paroles qui n'obtinrent aucune réponse ; ou, si quelques phrases entrecoupées s'échappèrent de mes lèvres, ce fut pour lui donner la certitude que ma raison ne survécût pas aux événements de ce jour fatal.

Mathurin lui apprit en peu de mots toutes nos infortunes.

Le cardinal ne souffrit pas qu'on nous transportât dans notre misérable logement, où l'on eût été dans l'impuissance de me fournir tout ce que réclamait ma triste situation.

Nous entrâmes bientôt dans une petite rue voisine du Palais de Justice.

C'était là que, depuis trois mois, il se cachait sous le nom du procureur Marcellus. Il était censé tenir un cabinet d'affaires et n'avait à son service qu'une vieille gouvernante.

Dès que, soutenue par Mathurin et le cardinal, j'eus gravi péniblement trois étages, ce fut à cette femme qu'on donna le soin de me déshabiller et de me mettre au lit.

Le médecin, qu'on s'empressa de faire appeler ensuite, secoua tristement la tête.

Il crut que je ne vivrais pas jusqu'au lendemain.

VIII

NOUVELLE PREUVE DE LA FACILITÉ QUE POSSÈDE EXCLUSIVEMENT L'ÉCRIVAIN DE FAIRE VOYAGER SES LECTEURS SANS QUE CEUX-CI DÉBOURSENT UN CENTIME POUR LES FRAIS DE VOYAGE.

Aujourd'hui, me dit la marquise au commencement de la huitième soirée, nous reviendrons à Paul, que mon oncle avait si traîtreusement séparé de moi.

L'infortuné jeune homme était parti, le cœur plein d'espérance.

Ainsi que vous le savez, le chartreux et Mathurin l'avaient suivi sur la place de l'Hôtel de Ville.

Là, consommant sa trahison, mon oncle s'était approché du chef des volontaires, et lui avait glissé rapidement quelques mots à voix basse.

Était-ce une recommandation bienveillante?

Paul et Mathurin le crurent alors ; mais bientôt, en voyant la manière dont le capitaine de la troupe se conduisait à son égard, le jeune comte fut cruellement détrompé.

Les conscrits firent une halte à Vincennes, où se trouvait un dépôt d'armes, désigné par la Convention pour servir à leur équipement.

Quand on eut fait la distribution des sabres, fusils et cartouches, le capitaine divisa les nouveaux soldats en quatre compagnies, chacune sous les ordres d'un sergent instructeur, et fit ensuite une harangue dans le style du père Duchesne.

Je vous rapporterai cette harangue, moins les jurements et les expressions trop crues, que je prendrai la liberté de passer sous silence ou de remplacer par d'autres moins énergiques.

— Mes amis, s'écria le chef des volontaires, vous portez déjà la giberne comme les vieux de l'armée du Rhin. Pour leur ressembler tout à fait, pour devenir à votre tour des *gaillards* à poil, laissez-moi pousser lestement tout ce que vous avez de moustaches. Je vous défends de rien couper.... si ce n'est le grouin de l'ennemi! Là-dessus, par exemple, taillez, roguez, charcutez, ne vous gênez pas! Quant aux autres points de ressemblance, vous les aurez bientôt. Chemin faisant, vous userez vos souliers et vous apprendrez le maniement des armes, de sorte qu'en arrivant là-bas vous serez pieds nus pour courir au feu. Je vous promets que c'est le meilleur moyen d'attraper la victoire. Ainsi donc, enfants, vive la République!

Voilà quelle était, en 1794, l'éloquence avec laquelle on faisait des héros.

— Fusilier Perruchot, dit le capitaine, quand la troupe entière eut répété vingt fois le cri de : *Vive la République!* approche ici.

Paul sortit des rangs, et s'inclina pour saluer son chef.

— Hum! fit le capitaine, tu m'as l'air d'un blanc-bec, beaucoup plus habitué à manœuvrer le mousquet qu'à papillonner dans un salon. Ta manière de me saluer ne me plaît pas, ventrebleu! Tête droite, épaules effacées, la main à la hauteur du front! A la bonne heure! voilà le salut militaire. Il se pourra que nous fassions quelque chose de toi. Mais écoute! Un citoyen fort bien instruit de ce qui se passe m'a donné à entendre que j'avais affaire à un finaud d'aristocrate, et que ton intention positive, une fois hors de France, était de gagner, sans tambour ni trompette, les avant-postes de Cobourg. Tu pâlis!... ton cas me paraît louche.

— Je vous jure, monsieur, dit Paul....

— Monsieur!... Qu'est-ce que c'est que cela, tonnerre? Tu t'entortilles, et je vais t'apprendre, mon petit citoyen, que *monsieur* n'est plus français. Voyons, Culotte-de-Peau, Bras-de-Fer, mes intrépides, avancez!

Deux vieux soldats, au visage labouré de cicatrices,

aux moustaches exorbitantes, au teint jauni par la fumée de la poudre, accoururent l'arme au bras, et se placèrent, roides comme des jalons, l'un à droite, et l'autre à gauche du comte.

— Vous avez des cartouches? leur demanda le chef.
— Oui, capitaine.
— Chargez vos armes!

En un clin d'œil, cette opération fut terminée.

— Je devrais, poursuivit le chef en s'adressant à Paul, te faire fusiller sur-le-champ; mais tu n'y perdras rien pour attendre, et ton compte est bon, si tu as réellement le projet de jouer quelque mauvais tour à la République. Voilà deux braves soldats, deux véritables patriotes, deux chiens finis, que je mets à ta garde. Ainsi, Bras-de-Fer et Culotte-de-Peau, mes amours, soignez-moi ce conscrit-là! ne le lâchez pas d'une minute. Soit qu'il marche ou qu'il s'arrête, qu'il mange ou qu'il dorme, ce devra toujours être en votre compagnie. Au combat comme au bivac, en tous lieux enfin, vous aurez l'œil sur sa personne; et, au moindre pas, au moindre geste, à la moindre action qui ne vous semblera pas claire, feu sur lui!... Vous comprenez?

— Parfaitement, capitaine.
— Et, s'il échappe à votre surveillance, je vous fais fusiller à sa place.
— Ceci est bon à savoir, dit l'un des grognards; nous prendrons nos mesures à l'effet de nous garer des pruneaux.

Paul sentit qu'il était perdu, s'il ne payait d'audace.

— Et depuis quand, s'écria-t-il, la République laisse-t-elle vivre ceux qu'elle soupçonne? Il eût été plus convenable, capitaine, de m'envoyer une balle dans le crâne que de me faire subir un tel affront devant mes compagnons d'armes. Quelle opinion veux-tu qu'ils aient de moi? Tout en prodiguant mes jours pour la patrie, je passerai donc pour un traître? Non, je n'accepterai pas une injustice aussi criante! Qu'on me fusille à l'instant même, et tout sera dit!

— Bravo! dit le chef, allant à Paul et lui frappant sur l'épaule, ce langage me réconcilie avec toi. Mais, avant que je renonce à mes mesures de prudence, il faudra que tu fasses tes preuves de patriotisme. Ainsi donc, prends que ce ne soient pas deux gardiens, mais deux amis que je te donne, deux braves qui te conduiront toujours au plus fort de la mêlée. Quant à ceux qui oseraient t'appeler traître avant d'en avoir la certitude, ils ne le prononceront pas ce mot deux fois, je te le jure sur mon épée. Donc, assez là-dessus. En avant, marche!

Il n'y avait plus de réplique possible.

Les deux acolytes de Paul l'accompagnèrent au milieu des rangs, et ne le quittèrent pas plus que son ombre.

On alla coucher à Meaux le premier jour.

Bras-de-Fer, qui avait le sommeil dur, et qui n'entendait pas que son pupille désertât pendant la nuit, s'avisa d'un expédient très-simple: ce fut d'attacher avec un cadenas une chaîne assez forte à la jambe de Paul et de fixer l'autre bout à la sienne. La nuit suivante, Culotte-de-Peau devait prendre à son tour la même précaution, de sorte qu'il était impossible au comte de faire une tentative de fuite sans réveiller sur-le-champ l'un ou l'autre de ses cerbères.

Il voulut se plaindre à diverses reprises; mais le capitaine lui fit cette invariable réponse:

— Fusilier Perruchot, je t'attends au premier combat. Tue-moi quelque émigré, rapporte-moi sa tête, et je te nomme caporal sur le champ d'honneur, et je te rends mon estime avec ta liberté.

La condition paraissait dure à Paul, qui se promit bien de ne pas la remplir.

Patienter jusqu'à ce qu'on eût franchi la frontière était le seul parti raisonnable à prendre.

Une fois la troupe réunie à l'armée du Rhin, ses gardes seront habiles s'ils peuvent l'empêcher d'avertir de sa présence M. de Feuillanges, et, par contre-coup, le général Pichegru, dont l'autorité saura, d'un mot, réduire à néant les ordres du capitaine.

Le malheureux jeune homme ne pouvait connaître ni la mort de mon père, ni l'infernale rouerie de mon oncle.

Il repoussa même les soupçons qui se présentèrent d'abord à son esprit, au sujet de l'avertissement donné au chef des volontaires, et préféra croire que sa figure, son langage ou ses façons d'agir, ayant fait naître des doutes, on s'était servi d'un prétexte pour l'empêcher de mettre à exécution les desseins qu'on lui supposait.

Cependant les recrues, déjà façonnées pendant le voyage au métier des armes, atteignirent le camp républicain.

La première nouvelle que Paul apprit des soldats fut la *grande trahison* du général Pichegru, lequel, accusé de s'entendre avec les émigrés et les Bourbons, venait de se voir enlever le commandement.

Des membres du comité de salut public arrivaient tout exprès de Paris pour faire reconnaître par les troupes le général Moreau.....

Qui depuis... mais alors il était patriote!

Au nombre de ces délégués de gouvernement se trouvait le doux et pacifique Saint-Just.

Il ne manqua pas cette occasion d'expliquer aux soldats ses théories humanitaires, et leur fit comprendre, avec un langage très-calme et très-modéré, que la France serait la plus heureuse des nations quand on aurait seulement abattu encore deux ou trois cent mille têtes!

Il cita les noms de plusieurs ennemis de la République, tout récemment tombés sous le couteau de la guillotine, et n'oublia pas d'apprendre à l'armée du Rhin de quelle manière on avait payé son fournisseur.

Jugez l'effet que dut produire sur le jeune comte un pareil coup de foudre.

Ainsi le but de son noble dévouement ne sera pas rempli!

M. de Feuillanges est mort, Pichegru est suspect; plus de protecteurs, plus d'appui, plus d'espérance! Il faut qu'il reste cloué dans les rangs de l'armée républicaine, entre ces deux troupiers inflexibles qu'on lui a donnés pour satellites.

Bras-de-Fer et Culotte-de-Peau n'étaient cependant pas cruels.

Souvent il leur arrivait de compatir aux souffrances cachées du jeune soldat. Ils essayaient, par leurs plaisanteries de caserne et leurs tours de corps de garde, d'éloigner la sombre tristesse qui siégeait sur le front du comte.

Mais, fidèles à leur consigne, ils ne le perdaient pas de vue et ne s'écartaient en aucune sorte de la règle de conduite qu'on leur avait tracée.

Vous devez le comprendre, cette éternelle surveillance faisait le désespoir de Paul.

Il n'avait plus alors qu'une pensée, celle de la fuite.

Peu lui importait de s'exposer à la condamnation des déserteurs: il voulait avant tout me rejoindre, me consoler par sa présence, et surtout éclaircir cette trame odieuse, dont il voyait bien alors qu'il avait été le triste jouet.

Sur ces entrefaites, Moreau passa le Rhin et se dirigea vers le Danube.

Paul dissimulait.

Il résolut d'avoir recours à la ruse pour tromper ses infatigables espions.

Aucune circonstance propice ne s'était encore offerte, que déjà l'armée républicaine était rangée en bataille dans les plaines de Nereshiem.

La moindre hésitation de la part du comte lui eût été fatale. Combattre et combattre avec courage était la seule perspective au bout de laquelle il pût entrevoir encore une chance de salut.

Déjà la fusillade était engagée, le canon grondait sur toute la ligne.

Moreau, qui s'exposait comme le dernier de ses soldats, venait d'enfoncer le centre des troupes de l'archiduc Charles. Il courut ensuite au secours de son aile droite, foudroyée par une artillerie formidable que l'ennemi servait sur une hauteur voisine.

Le général envoya, pour s'emparer de cette position, un régiment d'infanterie légère, qui, décimé bientôt par la mitraille, ne tarda pas à plier.

Trois hommes seuls s'avançaient intrépidement sous le feu meurtrier de la redoute.

C'était Paul, accompagné de Bras-de-Fer et de Culotte-de-Peau.

Le capitaine, son premier persécuteur, avait eu la tête emportée par un boulet.

— Vous qui ne m'avez point encore lâché d'un pas, s'était écrié le jeune comte, voyons si vous oserez me suivre !

Ce défi ne pouvait manquer d'être accepté par de vieux soldats qui, depuis longtemps, avaient fait leurs preuves, et les fuyards se rallièrent pour marcher sur les traces de Paul et de ses compagnons.

En ce moment, la redoute fit feu de toutes ses pièces.

Culotte-de-Peau tomba, la jambe fracassée par un biscaïen.

— Vengeons-le ! s'écria le comte.

Il avançait toujours et n'était plus qu'à vingt pas de l'ennemi quand une nouvelle décharge renversa Bras-de-Fer à ses côtés.

Paul, qui n'était pas atteint, s'élança, la baïonnette en avant, sur les artilleurs. Ceux-ci n'eurent pas le loisir de recharger leurs pièces, et ce qui restait du régiment seconda si bien l'impétuosité du comte, que les ennemis furent précipités de la colline.

Dix obusiers et trente canons tombèrent au pouvoir des Français.

Après le combat, le général fit demander le jeune fantassin, dont il avait admiré lui-même les prodiges de valeur.

Mais, on eut beau chercher le comte, il ne se trouva pas.

Paul, qu'on voulait nommer officier, s'inquiétait médiocrement de venir réclamer le prix de sa bravoure.

Délivré de ses gardiens, et laissant tous ses autres compagnons d'armes se livrer à la poursuite des fuyards, il sauta sur un cheval qui se trouvait sans maître et courut ventre à terre au milieu des plaines de l'Allemagne.

Il galopa toute la nuit et la moitié du jour suivant.

Lorsque son cheval tomba mort de fatigue, Paul arrivait aux portes d'Erfurt.

Seulement alors il réfléchit qu'il était sans argent et sans ressources dans un pays hostile à la France. Que va-t-il devenir ? A qui s'adressera-t-il pour obtenir les moyens de regagner la terre natale ?

Agité par une foule de réflexions désespérantes, il s'enfonça dans un petit bois qui se trouvait à peu de distance de la ville.

On était au milieu de septembre, époque où les universités d'Allemagne envoient les étudiants en vacances.

Au détour de l'une des avenues ombreuses de la forêt, Paul se trouva face à face avec un jeune homme qui se promenait, un livre à la main.

C'était une de ces têtes germaniques, blondes et roses, aux grands yeux bleus, au front chargé de rêveries. Le promeneur portait une redingote de camelot de Hollande, boutonnée jusqu'au-dessus de la poitrine. Son col de chemise, d'une blancheur scrupuleuse, était rabattu sur ses épaules et de larges guêtres lui montaient à la hauteur du genou.

L'étudiant ferma son livre et parut surpris de voir un soldat français dans une contrée qui n'avait pas encore été envahie par les armées de la République.

— Dieu vous protège ! dit-il en adressant à Paul un salut plein de gravité.

Le comte se découvrit à son tour et répondit en allemand :

— Puissé-je obtenir, comme vous me le souhaitez, la protection du ciel, car j'ai peur que celle des hommes ne me fasse défaut.

— Vous n'avez rien à craindre, si vous ne venez pas en ennemi : l'Allemagne est la terre classique de l'hospitalité.

— Je ne viens pas en ennemi, répondit Paul.

— Cependant l'uniforme que vous portez semble démentir votre assertion.

Le comte regarda son interlocuteur avec cet air de méfiance qu'on a presque toujours vis-à-vis d'un étranger.

Néanmoins la physionomie franche et ouverte du jeune homme calma ses craintes. Il fallait bien, d'ailleurs, qu'il s'ouvrît à quelqu'un, sauf à courir la chance d'une dénonciation, si des troupes françaises cantonnaient aux alentours.

— Je suis déserteur, dit-il d'une voix ferme. J'ai quitté l'armée du Rhin pour des motifs que je crois honorables, et non par un sentiment de lâcheté.

L'étudiant considéra Paul, pendant quelques secondes, sans mot dire ; puis il le saisit par le bras et l'entraîna brusquement au milieu d'un taillis voisin.

— Tenez, dit-il après avoir ôté sa redingote, prenez ce vêtement et jetez le vôtre, qui pourrait vous trahir. Le soleil est chaud, ce matin : j'irai bras nus jusqu'à Erfurt, où je vous propose de m'accompagner. Je me nomme Frédéric Staps. Mon père est ministre luthérien : tous les malheureux, tous les proscrits, sont nos frères.

Une larme d'attendrissement brillait aux paupières du jeune homme.

Le comte lui prit les deux mains et les pressa dans les siennes avec une émotion profonde.

— Vous acceptez ? demanda Frédéric Staps.

— J'accepte, répondit Paul, et j'espère être un jour à même de reconnaître le service que vous me rendez aujourd'hui.

— Savez-vous quelle sera ma plus douce récompense ?

— Non.

— Votre amitié.

— Brave garçon ! s'écria le comte, qui serra l'étudiant contre sa poitrine, elle vous est acquise sans réserve ! Je vous promets que je suis digne de la vôtre, bien que vous ne me connaissiez pas et que...

— Je vous connais ! interrompit Frédéric Staps. Vous appartenez à une famille noble, je l'ai vu tout d'abord sur votre physionomie. De plus, quand vous m'avez dit : « Je suis déserteur, mais je n'ai pas quitté les rangs par lâcheté ! » j'ai compris que vous étiez franc, loyal, intrépide. Ce caractère est le mien ; donc, la sympathie qui m'entraîne vers vous ne doit pas vous surprendre.

Il s'empara du bras du comte, et tous deux se dirigèrent du côté de la ville, dont on apercevait, à une portée de fusil, les vieux remparts couronnés de verdure.

Erfurt est peut-être le seul lieu du monde où chaque demeure particulière se prélasse entièrement à l'aise et se donne les allures d'une villa florentine.

Tous les habitants ont leur jardin de plaisance.

Sans la cathédrale et la citadelle qui dominent les massifs d'ombrages, le voyageur, croyant passer près d'une forêt, ne songerait pas à saluer cette ville, qui a vu dans ses murs deux héros, dont le glaive a lourdement pesé sur l'Europe, à onze siècles de distance : Charlemagne et Napoléon.

Chemin faisant, Paul dit à Frédéric Staps :

— Vous ne vous êtes pas trompé, j'ai la triste avantage d'être noble, et j'ai vu de près la hache des niveleurs. Désirant sauver le père d'une femme que j'aime, et sachant, d'autre part, qu'une loi rigoureuse rendait impossible, au moment où j'ai quitté la France, toute tentative d'émigration, je me suis joint à une troupe de volontaires pour gagner plus facilement l'armée du Rhin. C'était là que je devais rencontrer le père de ma fiancée. Le but de mon voyage était de l'empêcher d'aller à Paris se heurter contre un échafaud. J'arrivai trop tard.

— Il était parti? demanda l'étudiant.

— Oui, répondit Paul, et des membres du comité de salut public se chargèrent de m'apprendre sa fin déplorable. En un mot, que vous dirai-je? J'avais compté sur la protection du général Pichegru pour rompre un engagement qui était loin d'être sincère : Pichegru n'était plus chef de l'armée du Rhin. Je me trouvais, malgré moi, soldat de la République. On me soupçonnait, on examinait de près chacune de mes actions. Hier seulement j'ai pu m'échapper et trouver passage à travers les boulets ennemis. Pour arriver jusqu'en ces lieux, j'ai crevé le cheval d'un dragon prussien.

— Vous allez gagner sans doute le camp des émigrés? demanda le jeune Allemand, qui fixa sur le comte ses grands yeux tout remplis d'une attente inquiète.

— Non, répondit Paul.

Un éclair de satisfaction brilla sur la figure de Frédéric Staps, et mon cousin poursuivit :

— Je ne servirai pas la République, mais je ne me battrai pas contre elle. Des compatriotes égarés n'en sont pas moins des frères, et je regarderais comme un crime de verser leur sang.

— Que je vous embrasse encore! dit le fils du ministre luthérien, qui jeta ses deux bras au cou de Paul. Vos idées sont grandes et généreuses. Oui, c'est un crime, un crime horrible, de verser le sang de ses frères! Mais, dites-moi, ne sommes-nous pas tous frères? Dans cette grande famille du monde, trouvez-moi ceux qui n'ont pas une même origine, un père commun, qui est Dieu. Pourrez-vous jamais me prouver que la guerre avec toutes ses horreurs, le meurtre, l'incendie, le viol, le pillage, entre dans les desseins de la Providence? Non, non! Le mal ne découlera jamais de la source de tout bien. Conquérants, fléaux de l'humanité, soyez maudits! En tous lieux où vous passez sur votre char de triomphe, le flambeau des sciences et de la civilisation s'éteint, les beaux-arts dépouillent leur auréole, les principes meurent, la religion gémit sur ses autels brisés. La haine et la discorde hurlent au coin du foyer domestique, et chassent les douces émotions, les paisibles entretiens, les saintes joies du cœur!

— Dans ce que vous avancez là, dit Paul, il y a beaucoup de vrai.

— Merci! s'écria l'étudiant. Vos paroles me font du bien; car jusqu'alors, toutes les fois que je me suis élevé contre le préjugé monstrueux qui pousse les hommes à s'entre-détruire, on m'a traité de rêveur; on m'a pris pour un enthousiaste, pour un illuminé, pour un fou. Oh! ma belle Allemagne! mon pays bien-aimé, poursuivit Frédéric Staps, dont les yeux se remplirent de larmes, si je te voyais un jour te débattre sous les serres de l'un de ces vampires qu'on appelle des héros; si j'entendais le cri de terreur troubler le calme de tes cités silencieuses; si tes champs fertiles, tes moissons, étaient foulés aux pieds; si la flamme dévorait tes bois, si tes enfants pleuraient sur leur demeure en ruines...

— Eh bien! que feriez-vous? interrompit Paul presque effrayé de l'expression terrible que lui offrait alors le visage du jeune homme.

— J'irais trouver le conquérant, répondit Frédéric d'une voix sombre, et je lui enfoncerais un poignard dans le sein! N'écrasez-vous pas la vipère qui vous mord au talon? le berger ménage-t-il un loup qui dévore son troupeau? J'aborderais cet homme, dis-je, et je le tuerais sans remords, en m'applaudissant de cette action. Qu'en résulterait-il? qu'on me tuerait à mon tour?... Eh bien, soit! J'aurais du moins délivré mon pays, et je marcherais à la mort avec allégresse en criant : Vive la paix! Vive l'Allemagne!

— Heureusement, dit Paul, nous ne sommes plus au temps des César et des Alexandre. Vous ne trouverez pas l'occasion de mettre en pratique un système aussi périlleux.

— Ecoutez, reprit le jeune Allemand d'une voix plus calme, la France est sans contredit la première des nations de l'Europe, et, pour la liberté des autres, elle est la plus dangereuse. Parcourez l'histoire, voyez ce que deviennent les grands peuples livrés à eux-mêmes et à l'anarchie : presque toujours arrive un conquérant qui se courbe sous son glaive et les éblouit par le prestige de la gloire. Or, la gloire des armes ne s'acquiert que par la défaite des peuples voisins. Je puis vous le dire, à vous, à vous seul : j'ai parfois d'étranges visions Le voile de l'avenir se soulève à mes yeux, et j'aperçois un homme au large front, au regard d'aigle, monté sur un coursier plus rapide que le vent d'orage. Il est suivi d'escadrons intrépides; il écrase des armées entières, foule aux pieds les diadèmes, et met l'Europe à feu et à sang. S'il était là, cet homme, je le reconnaîtrais, tant je l'ai vu de fois en rêve,.. Eh bien! c'est lui que je veux tuer!

Le comte regardait son guide avec un sentiment de compassion mêlé de crainte. Il craignait de s'être mis effectivement sous la conduite d'un fou.

Frédéric Staps devina sa pensée, et lui dit avec un triste sourire :

— Hélas! vous me jugez à votre tour comme les autres me jugent depuis longtemps!

— Permettez, dit Paul avec embarras; rien ne peut vous faire croire...

— Oh! n'essayez pas de me donner le change! Vous avez trop de franchise pour me tromper. Je commence à craindre moi-même que tout ceci ne provienne d'une imagination malade, et je ne reviendrai plus sur un pareil sujet.

La figure de Frédéric Staps, un instant animée de toutes les flammes de l'enthousiasme, reprit l'air de calme et de douce mélancolie qui lui était habituel.

Nous arrivons à Erfurt, dit-il. Vous allez voir mon père et mes deux sœurs qui vous recevront, soyez-en sûr, avec tous les égards possibles. Vous partagerez ma chambre, et, comme vous savez la langue allemande, nous vous donnerons pour un de nos parents de Berlin, qui vient passer l'hiver avec nous. Ce n'est pas de sitôt que vous pouvez songer à regagner la France.

— Oh! j'y songe dès aujourd'hui! s'écria Paul. Ma fiancée m'attend, ma fiancée pleure mon absence. Qui la consolera, si ce n'est moi, de la mort de son père? Le dévouement du vieux serviteur que j'ai laissé près d'elle suffira-t-il pour l'arracher aux dangers sans nombre auxquels le séjour de Paris l'expose.

— Dieu me préserve, dit l'étudiant, de vous empêcher de rejoindre ceux qui vous aiment! Cependant, voyons quels doivent être ici les conseils de la prudence. Impossible, soit que vous ayez l'intention de traverser la Belgique, soit que vous preniez le chemin de Francfort ou celui de Luxembourg, impossible, dis-je, de ne pas rencontrer des troupes françaises. Or, qu'elles vous prennent pour un déserteur ou pour un émigré, dans l'un ou l'autre cas c'est une balle qui vous arrivera dans la poitrine. Si vous voulez, au contraire, descendre sur Munich et gagner la Suisse par Inspruk, vous retomberez infailliblement au pouvoir de l'armée de Moreau.

— Ce n'est pas tout, dit Paul qui se frappa le front par un geste de désespoir, je ne puis traverser ces pays sans papiers, et surtout sans argent.

— J'allais vous faire encore cette observation, répondit Frédéric Staps. Par malheur, mon père est pauvre, et vous savez qu'en ce bas monde la bonne volonté seule produit peu de numéraire et ne s'escompte pas ordinairement dans les maisons de banque. Mais écoutez-moi : ne serait-il pas plus sage d'écrire d'abord à votre fiancée, pour lui mettre l'esprit en repos, et d'attendre ensuite que l'armée du Danube soit contrainte à battre en retraite, ce qui ne peut tarder, car elle n'est pas en force. D'ici là, qui vous empêche de professer dans cette ville la langue française et de gagner quelque argent pour hâter votre retour

S'il échappe à votre surveillance, je vous fais fusiller à sa place. — Page 29, col. 1re.

à Paris? Certes, il vous en faudra peu. Je m'engage, dès ce jour, à vous accompagner jusqu'à la frontière suisse, et vous n'ignorez pas que toutes les universités d'Allemagne sont sœurs. Ma qualité d'étudiant vous fera, je vous le promets, accueillir à bras ouverts sur cette route de Munich et d'Inspruk, qui sera la plus longue, mais en même temps la plus sûre.

Le comte fut obligé de se rendre aux raisons du jeune homme.

Il avait oublié les étranges discours qui lui faisaient craindre d'abord que son compagnon ne fût attaqué de folie.

Comme Frédéric Staps, pendant le temps que mon cousin fut obligé de passer à Erfurt, ne revint plus sur le sujet qui avait causé sa première exaltation, Paul se montra discret et ne l'interrogea point à cet égard.

Il fut accueilli par le ministre luthérien et ses deux filles avec un empressement et une candeur patriarcale qu'on trouve seulement encore aujourd'hui chez les peuples d'Allemagne.

Paul habita six mois cette demeure hospitalière.

Quand l'armée du Danube eut opéré sa retraite, il voulut partir à toute force, car deux lettres qu'il m'avait écrites étaient restées sans réponses, attendu que mon oncle Maxime, devenu secrétaire de Barras et chargé des fonctions du *Cabinet noir*, les avait interceptées sans honte.

Mais nous reviendrons là-dessus.

Le comte et Frédéric Staps, vêtus l'un et l'autre en étudiants, le sac sur le dos et le bâton de voyageur à la main, firent leurs adieux à la ville d'Erfurt par une belle matinée du mois de mars.

Ils traversèrent toute l'Allemagne, en gagnant d'abord Cobourg, qui leur montra son château ducal et ses fonderies de cloches et de canons; puis Nuremberg, qui se dresse orgueilleusement sur ses douze collines et déroule sa large ceinture de murailles, flanquée d'autant de tourelles qu'il y a de jours dans l'année.

Sortant de Nuremberg, ils se dirigèrent sur Ratisbonne, et de là sur la capitale de la Bavière, Munich, ville royale, deux fois brûlée de fond en comble et sortie de ses ruines plus belle et plus florissante que jamais.

Nos voyageurs furent obligés d'y passer deux jours en parties de plaisir et en festins, puis une députation d'étudiants les accompagna jusqu'à Tolz, en côtoyant les rives de l'Isser.

Après trois semaines de marche, ils aperçurent enfin les clochers d'Inspruck.

Là devait s'arrêter Frédéric Staps.

Mais le jeune Allemand, qui voyait approcher à regret l'heure de la séparation, voulut encore traverser la Suisse avec le comte, auquel il avait voué l'amitié la plus vive.

Ils franchirent ensemble les pics gigantesques des Alpes et descendirent à Genève qui était alors une république à l'eau de rose, s'inquiétant peu des hurlements démocratiques de ses voisins, fabriquant ses montres et se baignant les pieds dans son lac bleu.

Le surlendemain, après avoir traversé la frontière, ils entraient dans la seconde capitale de la France.

C'était là que Frédéric Staps, après quelques jours de repos, devait définitivement quitter Paul, pour retourner sur ses pas et recommencer ce long voyage que le dévouement de l'amitié lui avait fait entreprendre.

Le comte et Frédéric étaient descendus dans une modeste auberge de la Guillotière.

Un matin, ils furent réveillés au bruit du tambour qui battait le rappel dans tous les quartiers de la ville.

A nous deux, maintenant.

L'aubergiste leur apprit que le général Bonaparte, auquel le Directoire venait d'accorder le commandement en chef de l'armée d'Italie, passait une revue, ce jour-là sur la place Bellecour, avant de gagner le midi de la France et de tenter un passage par la vallée qui sépare les derniers mamelons des Alpes de la chaîne des Apennins.

Il paraît que le nouveau général en chef avait communiqué son plan de campagne à l'hôte de la Guillotière.

Tout cela, du reste, n'intéressait pas nos deux amis.

Frédéric Staps allait partir.

Leurs adieux furent expansifs et touchants. Ils jurèrent de se revoir et de s'entretenir, en attendant qu'il leur fût permis d'exécuter cette promesse, une correspondance active. Le comte se mit ensuite en devoir d'accompagner jusqu'au delà des faubourgs le jeune Allemand, qui avait repris son sac et son bâton de voyage.

Ils traversèrent la place Bellecour au moment où Bonaparte passait en revue quelques régiments de l'armée du Rhin, venus tout exprès pour renforcer l'armée d'Italie.

Tout à coup, le général et son état-major venant à déboucher près d'eux, Frédéric Staps saisit le bras de Paul et le serra de toutes ses forces.

— Au nom du ciel, qu'avez-vous? murmura le comte.

Il voyait le visage de l'étudiant s'animer d'une manière effrayante; le sang lui montait aux joues et au front; ses lèvres tremblaient, et ses yeux, démesurément ouverts, semblaient lancer des flammes.

— Tenez, dit-il à Paul en lui montrant Bonaparte, voilà l'homme de mon rêve !

Et comme le comte, qui avait oublié les discours tenus par le jeune étudiant sous les ombrages de la forêt d'Erfurt, ne comprenait pas et le regardait avec une surprise inquiète :

Oui, l'homme de mon rêve ! poursuivit Frédéric Staps, le conquérant, le nouvel Attila, qui doit ravager mon pays et nous broyer sous les roues de son char !... C'est lui, je le reconnais ! c'est lui, vous dis-je !... Adieu, mon ami ! Nous reverrons-nous jamais ? je l'ignore. Ma destinée m'entraîne. Cet homme marche plus rapidement que la foudre. Il faut que je sois là quand il mettra le pied sur la terre d'Allemagne......Alors, malheur à lui ! malheur à lui !

Frédéric Staps s'arracha des bras du comte, qui s'efforçait de le retenir, et s'éloigna dans un égarement inexprimable.

Paul s'élançait pour le rejoindre, quand, un bataillon d'infanterie venant à lui barrer le passage et un autre manœuvrant par derrière, il se vit entouré de soldats.

Au moment où il essayait de trouver une issue pour sortir de ce cercle de baïonnettes, il se sentit prendre au collet ; puis une voix rauque fit entendre à son oreille ces mots terribles:

— Fusilier Perruchot, déserteur de l'armée du Rhin, je vous arrête !

Cette voix était celle de Bras-de-Fer.

Lors de l'attaque de la redoute, le grognard avait été frappé d'un éclat de mitraille, mais beaucoup moins grièvement que son camarade Culotte-de-Peau, de sorte qu'il était alors sur ses jambes, parfaitement guéri de sa blessure.

On traîna le comte en présence du général Bonaparte, et le régiment tout entier n'eut qu'une voix pour appuyer l'accusation de Bras-de-Fer.

Montmartre. — Imp. Pillov frères, Viéville et Comp.

IX

QUI MONTRERA COMBIEN LES BOURREAUX SONT PEU FLATTÉS
DE SUBIR A LEUR TOUR LE SORT DES VICTIMES.

A présent, me dit la marquise, il nous faut revenir sur nos pas.

Si ma mémoire est fidèle, je me suis laissée presque mourante et en proie à une fièvre cérébrale tellement intense, que le médecin désespérait de me sauver.

Le jour suivant néanmoins, lorsqu'il me tâta le pouls, il recouvra quelque espérance.

Enfin, après avoir lutté plus d'un mois contre le mal qui me dévorait, il finit par le vaincre et répondit de ma guérison.

L'abbé Maury, qui n'avait pas voulu quitter Paris avant d'obtenir cette assurance, prit alors Mathurin à l'écart.

— Mon ami, lui dit-il, je vais bientôt retourner à Rome. Continuez de soigner votre jeune ma tresse avec ce dévouement qui vous honore, et rappelez-vous mes conseils au sujet des révélations contenues dans le portefeuille de M. de Feuillanges. De la prudence et de la ruse! Un fripon jette le masque, dès que vous le placez dans l'impossibilité de paraître honnête homme aux yeux du monde. Au contraire, il s'exécutera, si vous lui sauvez les apparences. Toutefois, ne commencez vos tentatives pour obtenir une restitution qu'après la chute des triumvirs. Ils sont au bord du gouffre et ne tarderont pas à y descendre, croyez-moi. La France, fatiguée d'horreurs, demande du calme et du repos; elle ne souffrira pas que l'on continue de répandre le plus pur de son sang. Je remercie Dieu, qui m'a jeté sur votre chemin pour vous préserver d'un péril et venir au secours d'Adèle de Feuillanges. Elle est la nièce d'une femme pour laquelle je professais la plus grande estime et l'admiration la plus sincère. Si j'ai le bonheur d'arriver sain et sauf en Italie, je vous promets d'écrire au camp des émigrés, afin d'apprendre si l'on y a vu ce pauvre jeune homme, victime de si odieuses manœuvres. Les plans de votre ennemi sont aussi clairs que le jour, il veut dépouiller l'orpheline; mais vous êtes encore trop heureux que son avidité coupable ait reculé devant une dénonciation qui vous eût inévitablement perdus tous.

— Et croyez-vous, monseigneur, qu'on ne doive pas l'accuser de la mort de M. de Feuillanges? dit Mathurin avec amertume.

L'abbé prit sur un bureau, placé près de là, ce même portefeuille que mon père avait remis au valet de l'exécuteur.

— Vous n'avez prêté attention, répondit-il à l'intendant, qu'à celles des notes écrites de la main de M. de Feuillanges qui justifient d'un dépôt fait entre les mains du chartreux; mais il en est d'autres qui nous défendent de regarder celui-ci comme un nouveau Caïn, taché du sang de son frère.

Il ouvrit les tablettes et lut ce qui suit :

« 5 juin 1794.

« J'ai quitté l'armée du Rhin avec un sauf-conduit du général Pichegru. Du pont de Kehl à Paris, mon voyage a duré trois jours.

« Je suis descendu, dans la soirée du 9, chez Maxime de Feuillanges, mon frère, à qui j'avais communiqué par une lettre mon projet de voyage. Dans cette lettre, je le questionnais sur le sort d'Adèle, et, comme je n'avais pas reçu de réponse, j'étais dévoré d'inquiétude. Il me donna d'excellentes raisons pour m'expliquer son silence, et m'apprit que ma fille, la comtesse et Paul, avaient été condamnés par le tribunal révolutionnaire, mais qu'ils avaient réussi à s'enfuir des prisons du Luxembourg.

« Avec l'aide de mon frère, je les retrouverai bientôt.

« Ce soir, avant de me reposer de mes fatigues, j'ai remercié Dieu qui m'a conservé mon enfant.

« Le 10, au matin, mon frère est entré dans ma chambre. Il a voulu me détourner du projet de réclamer à la Convention contre l'injustice qui m'était faite. Or qu'ai-je à craindre? N'ai-je pas un sauf-conduit du général? Ils auront bien envie de m'arrêter; mais ils ne l'oseront pas.

« J'ai là des bons au porteur pour quatre cent soixante mille livres sur les banques d'Angleterre et de Hambourg; je les confierai à mon frère, c'est une mesure de prudence. Si la République me fait banqueroute, il doit encore me rester plus de mille louis de revenu. Je donnerai pour dot à Adèle la moitié du capital.

« 12 juin.

« Hélas! mon frère avait raison! Les misérables ont tourné mon sauf-conduit en ridicule. Ils m'ont envoyé à la Conciergerie, en me disant que Pichegru viendrait bientôt m'y rejoindre.

« 13 juin.

« J'ai comparu devant Robespierre.

« — Dernièrement, m'a-t-il dit, trois traîtres de ta famille m'ont échappé. Tu payeras pour eux tous.... à moins que tu ne veuilles m'indiquer leur retraite.

« Oh! de quel monstrueux limon cet homme est-il pétri, pour croire que je serais capable, dans le cas où j'eusse connu cette retraite, de racheter mes jours par la plus indigne de toutes les lâchetés?

« Ma réponse fut ce qu'elle devait être.

« — Alors, me dit Robespierre, je vais consulter mes collègues, et tu recevras très-prochainement de nos nouvelles.

« Ils ne me jugeront pas, le geôlier me l'a donné tout à l'heure à entendre. Ils craignent le scandale, ils me tueront, sans que je puisse dire un mot pour ma défense!

« O mon Dieu! ne reverrai-je plus ma fille!

« Et mon frère connaît-il mon sort? Travaille-t-il à ma délivrance? Je n'en doute pas, mais tous ses efforts seront impuissants.

« C'est aujourd'hui le 15 juin, c'est aujourd'hui que je dois mourir!

« Je recommande mon âme au ciel, et je le prie de me pardonner mes fautes, car les infâmes ont refusé de m'envoyer un prêtre. Sur le chemin que je vais suivre pour aller à la mort, puissé-je rencontrer une personne compatissante qui veuille porter ces tablettes à mon frère! Il les remettra lui-même à Adèle.

« On ouvre les portes de mon cachot.

« C'en est donc fait!... Adèle, ma fille, adieu!... Ce papier, que j'arrose de mes larmes, te portera mon dernier baiser, ma dernière bénédiction!... »

L'abbé Maury, très-ému, ferma le portefeuille et le rendit à Mathurin.

— Vous le voyez, dit-il, on ne peut pas accuser Maxime de Feuillanges d'avoir causé la perte de son frère. Il a laissé froidement la destinée s'accomplir; il a profité d'un épouvantable malheur pour satisfaire ses penchants cupides... Ce crime est assez grand, mon Dieu! ne lui en cherchons pas d'autre.

Il se leva pour ouvrir un meuble et prit une bourse, qu'il vint déposer entre les mains de l'intendant.

— Vous trouverez là, dit-il, quatre-vingts louis. Cet argent m'est inutile, et j'ai gardé plus qu'il ne faut pour mon voyage. Que rien ne soit épargné pour rétablir votre chère malade. Conservez, en outre, mon logement. Le propriétaire de cette maison m'a fait payer une année d'avance, précaution fort sage par le temps qui court. La République une et indivisible peut couper, du jour au lendemain, la tête à un locataire, sans lui demander s'il a sa quittance en poche. Vous êtes également libre de me succéder dans mon cabinet de procureur : ce sera pour vous un moyen d'écarter les soupçons, si, contre mon pressentiment, il vous reste encore à passer beaucoup de mauvais jours. Vous n'avez pas de titres pour exercer, me direz-vous ; je n'en avais pas davantage. Lorsqu'un client se présentait, je le priais de m'expliquer son affaire, et je lui accordais une consultation gratuite. Sans avoir fait de la jurisprudence une étude spéciale, on peut donner d'excellents conseils, dont personne n'a le droit de se plaindre, attendu qu'ils ne coûtent rien.

— Monseigneur, dit le vieillard, vous recevrez un jour les remercîments d'Adèle de Feuillauges, si le ciel permet qu'avec la santé du corps elle recouvre la raison ; car, vous ne l'ignorez pas, sa tête, sa pauvre tête...

— Ne désespérons jamais de la Providence, répondit l'abbé. Déjà ne vous a-t-elle pas fourni des preuves évidentes de sa sollicitude ? Ce portefeuille, qui vous a fait connaître la trahison de l'ancien chartreux, devait-il tomber entre vos mains ? Qui m'a conduit sur votre passage ? qui m'a donné le sang-froid au moyen duquel je me suis arraché des griffes du peuple, en vous tirant vous-même ? Le doigt du Seigneur est là, mon ami. Soyez sans crainte, l'œuvre d'en haut ne restera pas imparfaite.

L'abbé Maury achevait à peine ces mots, qu'un grand tumulte se fit entendre au dehors.

J'étais dans une chambre voisine, étendue sur une chaise longue, et la vieille gouvernante du cardinal travaillait à côté de moi.

Quelles pouvaient être alors mes pensées ? dans quel nuage flottait mon intelligence ? Je n'ai pas là-dessus le moindre souvenir.

A de rares intervalles, il m'était arrivé de reconnaître Mathurin.

Quand il me parlait de Paul, ce nom me faisait tressaillir ; je m'emparais avec ivresse du portrait du jeune comte que l'intendant me présentait, je l'approchais de mes lèvres, mais presque aussitôt je retombais dans une mélancolie sombre et morne, que rien ne pouvait plus dissiper.

De rares lueurs de raison ne venaient éclairer les ténèbres de la folie que pour disparaître presque aussitôt et me les rendre plus profondes.

Ainsi ma santé physique se rétablissait, tandis que le moral restait chez moi frappé d'anéantissement.

Une seule chose avait le pouvoir de m'arracher à cette stupeur éternelle où mon âme était plongée.

Si je venais à entendre, ce qui n'était pas rare à cette époque, le bruit lointain de la foule qui se rassemble ; si mes oreilles percevaient cette rumeur indéfinissable qui précède les orages populaires, mes yeux éteints se ranimaient, ma poitrine battait avec force ; je me croyais encore sur cette place où j'avais vu mourir mon père, au milieu de cette multitude qui entourait l'échafaud ; je criais, je sanglotais, je me meurtrissais le front, je revenais à tous les transports de mon premier délire.

Le soleil éclairait la matinée du 9 thermidor, et le tumulte qui avait interrompu le cardinal était produit par les sections, qui se portaient en masse sur la Commune.

Mathurin et le prélat, connaissant la fâcheuse influence que ces sortes d'événements exerçaient sur mon imagination malade, s'empressèrent d'accourir dans la pièce où je me trouvais.

Malgré les efforts de la gouvernante, je m'étais élancée déjà du côté de la fenêtre.

Ils me retirent au moment où, la tête perdue, l'œil en feu, la chevelure en désordre, j'allais, pour rejoindre la foule dont les clameurs m'attiraient, me précipiter du troisième étage et me briser les membres sur le pavé de la rue.

L'appartement que nous occupions alors avait son entrée, comme je vous l'ai dit, dans une petite rue voisine du Palais-de-Justice ; mais nos chambres donnaient sur la Seine, et nous découvrions toute la ligne des quais, depuis le Louvre jusqu'à la Grève.

En face était le pont Notre-Dame, et sur la droite on apercevait l'Hôtel de Ville.

Ce jour-là, tout Paris était dehors.

Les têtes grouillaient par milliers sur les trottoirs, le seuil de chaque demeure était encombré de curieux. Il y avait du monde aux fenêtres, il y en avait sur les toits ; les parapets des ponts étaient chargés de spectateurs.

Chacun accourait pour assister à la lutte suprême, qui avait lieu depuis la veille, et dont le résultat n'était plus douteux.

Du côté du pont Neuf, on voyait déboucher les Sections armées, traînant après elles une artillerie formidable.

A cinquante pas en avant, courait à cheval un homme ivre que le peuple accueillait avec des huées et couvrait de fange.

C'était le séide enragé de Maximilien, l'énorme et stupide morceau de chair qu'on appelait Henriot.

Il arrivait de la place du Carrousel.

Là, son autorité avait été méconnue ; les artilleurs, refusant de pointer leurs pièces sur le palais national des Tuileries, où siégeait la Convention, s'étaient mis à rire au nez de ce général des ruisseaux, qui leur commandait le feu dans un langage hébété par l'ivresse.

Écumant de colère et blasphémant comme un damné, Henriot reprenait le chemin de la Commune, asile jusqu'alors inviolable de ses complices.

Irrité de l'obstacle que la foule mettait à son retour, il sabrait à droite et à gauche pour se frayer un passage.

Ce fut ainsi qu'il arriva jusqu'à l'Hôtel de Ville.

Cependant les Sections approchaient, excitées par des encouragements unanimes.

De toutes parts s'élevaient ces mêmes cris que, six semaines auparavant, j'avais entendus déjà retentir à mes oreilles :

« A bas le tyran ! »

« Mort à Robespierre ! »

Et, de ma fenêtre, d'où le cardinal et Mathurin n'avaient pu m'arracher, je mêlais ma voix à cette terrible voix du peuple, et je criais comme lui :

« Mort à Robespierre ! »

Mes deux mains crispées s'accrochaient énergiquement à la grille du balcon. La sueur découlait à grands flots de mon visage, et les trois personnes occupées à me retenir allaient être impuissantes contre la force surhumaine que me donnait l'accès dont je venais d'être saisie.

En ce moment entra le médecin qui, depuis un mois, me prodiguait les soins les plus assidus.

L'abbé Maury le connaissait de longue date et l'avait mis au courant de tous nos secrets.

C'était un fort honnête homme, ami de l'ordre, et qui plus d'une fois avait joué sa vie en blâmant les actes des maîtres passagers de la France.

Mais il arrivait presque toujours, quand sa franchise l'avait par trop compromis, qu'une bienheureuse colique ou une fièvre protectrice le rendaient tout à coup nécessaire à ceux qui allaient le condamner.

Couthon, le paralytique, opina très-souvent pour laisser vivre cet éternel censeur et ne pas se priver des ressources de son art.

Robespierre et Saint-Just faisaient aussi partie de la clientèle du docteur, et jamais, je vous l'assure, membre de la Faculté ne fit paraître une joie si vive, à la veille de perdre ses meilleures pratiques.

En pénétrant dans la chambre, il débuta par jeter son tricorne au plafond et par frapper le parquet de sa canne, en s'écriant :

— Victoire ! Les terroristes sont mis hors la loi ! La Commune expire, et la France est sauvée !

S'apercevant alors de l'empressement qu'on mettait

a me retenir, et devinant de quoi il s'agissait, le docteur fut aussitôt saisi d'une idée lumineuse.

Il s'approcha de la fenêtre, me prit la main, qu'il pressa vivement dans la sienne, et me dit d'un ton bref :

— Adèle de Feuillanges, veux-tu venir assister au châtiment des bourreaux qui ont tué ton père?

Un frisson me parcourut de la tête aux pieds.

Je lâchai la fenêtre pour regarder le docteur.

— Oui, poursuivit-il, étendant le bras et me désignant la Commune, où sonnait le tocsin d'alarme, le peuple se charge de les punir : tu vas être vengée !... viens !

Il m'entraîna.

Le cardinal avait compris la pensée du docteur.

Une émotion terrible ayant bouleversé mon esprit, une autre émotion de la même nature pouvait anéantir l'effet causé par la première.

Dix minutes après, l'abbé Maury, Mathurin, le docteur et moi, nous étions au milieu de la foule qui encombrait les abords de l'Hôtel de Ville.

On entendait toujours résonner le lugubre tocsin qui annonçait à la capitale l'agonie des triumvirs.

La Commune était au pouvoir des sections. Tous les passages étaient gardés, toutes les salles envahies. D'épouvantables rumeurs s'exhalaient de ce repaire, où l'on traquait des tigres. Leurs hurlements n'effrayaient plus le peuple. Il battait des mains, il poussait des cris joyeux.

J'étais là, pâle, immobile, les yeux fixes et la poitrine haletante.

— Regarde! me dit le docteur.

Et je vis un homme qu'on précipitait du haut des fenêtres sur un monceau d'ordures.

C'était le général Henriot, dont le premier soin, en arrivant à la Commune, avait été de boire une bouteille d'eau-de-vie tout entière pour se donner du courage. On n'avait pas à craindre qu'il se relevât de son fumier pour prendre la fuite : le porc était ivre mort.

Un autre tomba bientôt à ses côtés et se cassa la jambe dans sa chute : c'était le frère de Maximilien.

La foule, implacable dans sa vengeance, ne manifestait nul sentiment de pitié.

Pourquoi, d'ailleurs, eût-elle plaint de tels monstres? Chacun d'eux mérite mille trépas au lieu d'un.

Ne se vautrent-ils pas, depuis quinze éternels mois, dans la fange et dans le sang? De quels forfaits ne sont-ils pas coupables? Devant quelle horreur les a-t-on vus reculer?

Point de grâce!

Ils ont étendu sur la France un sombre voile de deuil; ils ont brisé les autels d'une religion miséricordieuse et pure, pour en élever au meurtre et à l'infamie.

Non, point de grâce!

Car là-haut planent les ombres des victimes, ombres inquiètes et gémissantes, qui demandent s tant de crimes resteront impunis et si le sang versé ne fera pas naître des vengeurs.

— Robespierre! Robespierre! criait le peuple.

Et Robespierre ne paraissait pas encore.

L'Hôtel de Ville était ébranlé jusque dans ses fondements. On sondait les murs, on brisait les portes; mais on eût dit que le noir édifice voulait garder son maître.

Soudain une détonation se fit entendre.

Voyant qu'il allait tomber au pouvoir de ceux qui s'acharnaient à sa poursuite, et jugeant sa perte certaine, Maximilien résolut de s'épargner la punition publique de ses crimes.

Il dirigea contre sa personne le canon d'un pistolet.

Mais, au lieu de se brûler la cervelle, il ne fit que se fracasser la mâchoire.

On le descendit tout saignant sur la Grève.

Alors le docteur fendit les rangs de la foule et me conduisit près du tombereau sur lequel on venait de charger les triumvirs et leurs complices. Il ne prononça pas une parole; mais il me désigna Robespierre, dont un linge taché de sang couvrait à demi la figure.

Mes yeux rencontrèrent ceux de Maximilien.

Le lâche pleurait!

A ses côtés, je reconnus Saint-Just et Couthon.

Derrière ceux-ci gisait la masse inerte de l'ignoble Henriot, sur lequel on avait entassé pêle-mêle le reste des terroristes.

La Convention les attendait pour les juger, séance tenante, et les jeter ensuite comme dernière pâture à la guillotine.

— Mon Dieu! m'écriai-je en tombant à genoux, vous êtes juste, et je n'ose vous prier de leur pardonner!

— Du haut du Calvaire, ma fille, le Christ a demandé le pardon de ses bourreaux, dit l'abbé Maury, que je reconnus alors, et dans les bras duquel je me précipitai tout en larmes.

X

OU L'ON DONNE ENFIN LE DÉNOUMENT DE CETTE INTÉRESSANTE ET VÉRIDIQUE HISTOIRE.

Nous avons perdu de vue mon oncle Maxime, depuis le jour fatal qui éclaira le départ de Paul et la mort de mon père.

L'ancien chartreux croyait n'avoir plus le moindre ménagement à garder avec moi. Son but, en m'adressant les cruelles paroles dont vous devez avoir conservé le souvenir, était de blesser à un tel point ma fierté, que je renonçasse à tout projet de le revoir.

Il avait lieu d'espérer que j'ignorerais longtemps encore, et peut-être toujours, la triste fin de M. de Feuillanges.

Après m'avoir séparé de Paul, de celui qu'il croyait être mon plus ardent défenseur, qu'avait-il à redouter d'une faible femme et d'un vieillard, contraints l'un et l'autre à se dérober aux recherches, et, de plus, exposés à toutes les angoisses de la misère?

Dans ses coupables calculs, mon oncle n'avait oublié qu'une chose : c'est que la Providence se plaît à venir en aide à l'orphelin qu'on dépouille, au malheureux qu'on opprime.

L'intention formelle du chartreux était de s'épargner à l'avenir toute espèce de relations avec moi.

Poussée par l'indigence, je pouvais me résoudre à faire un sacrifice à l'orgueil et me présenter tôt ou tard à la maison du quai des Tournelles : en conséquence, il changea de domicile et s'arrangea de manière que je ne pusse découvrir sa nouvelle adresse.

Tout ceci se passait au moment où j'étais étendue sur un lit de souffrance, dans l'appartement que nous devions à l'hospitalité généreuse de l'abbé Maury.

Comme l'avait prévu le docteur, les terribles circonstances dont fut entouré le 9 thermidor me rappelèrent à la raison; mais je repris avec mes souvenirs une poignante et mortelle inquiétude.

Où était Paul?

Qui me rendra mon cousin, mon fiancé, le compagnon de toutes mes infortunes, mon premier, mon seul amour?

A quel destin funeste a pu le vouer la trahison de mon oncle?

Je tombai suppliante aux genoux du bon cardinal, et je le conjurai de m'emmener avec lui hors de France, afin qu'il me fût possible de me livrer à la recherche de Paul.

Il eut beaucoup de peine à me dissuader de ce projet.

— Ou le comte, me dit-il, fait à cette heure partie de l'armée républicaine, ou il a eu recours à la désertion. Dans l'un et l'autre cas, il faut attendre qu'il vous donne de ses nouvelles. Irez-vous donc, ma pauvre enfant, vous jeter au milieu du tumulte des armées?

Vous exposerez-vous aux outrages d'une soldatesque furibonde ? Et si votre fiancé n'est plus dans les rangs, où le rencontrerez-vous ? Tandis que vous le chercherez au delà des frontières, il se pourra qu'il ait trouvé moyen de regagner Paris ; alors il vous chercherait vainement à son tour. Aujourd'hui, ma fille, vous avez à songer à autre chose, dans votre intérêt et dans celui du comte. L'hôtel du quai Voltaire, ainsi que toutes les propriétés de madame de Rocheboise, ont été confisqués au profit de la nation. Je doute fort que le nouveau gouvernement, quel qu'il soit, se décide à restituer ce qu'a jugé convenable de prendre l'ancien. Ne comptez pas non plus sur la dette contractée par la Commune vis-à-vis de votre père. Si vous voulez être un jour à l'abri des atteintes du besoin, faites rendre gorge au chartreux. Ce brave Mathurin a reçu mes conseils à cet égard, et son affection pour vous ne lui fera négliger aucun moyen de réussite. Enfin, quand le comte reviendra, vous aurez la joie de lui offrir cette fortune, et je demande à Dieu qu'un heureux hymen vous console de tous vos malheurs.

L'abbé Maury réussit à me convaincre, et me renouvela la promesse qu'il avait déjà faite à l'intendant, d'écrire au camp des émigrés.

Il partit ensuite ; je ne devais le revoir qu'en 1804, lorsqu'il plut à Napoléon de le rappeler en France.

Je restai de nouveau sans autre protecteur que Mathurin.

Le digne homme se mit aussitôt à l'œuvre et dressa ses batteries contre mon oncle Maxime.

Ne le trouvant plus au quai des Tournelles, il ne se découragea pas et se livra, pour le découvrir, à des recherches qui n'obtinrent toutefois de résultat que six mois après.

De mon côté, n'ayant plus rien à craindre, puisque le temps des proscriptions était passé, je me faisais accompagner de la vieille gouvernante de l'abbé Maury, laissée par lui à notre service, et je me rendais tous les matins à notre ancien logement de la rue Culture-Sainte-Catherine.

C'était là que devaient nécessairement arriver les lettres de Paul ; c'était là qu'il devait se présenter, en cas de retour.

Le logement se trouvait alors occupé par d'autres personnes ; mais nous avions donné le mot d'ordre au concierge de la maison, qui nous avait promis, soit de conserver les lettres à notre adresse, soit de retenir mon cousin, dans le cas où il arriverait à une heure différente de celle que nous avions choisie pour notre visite.

Deux raisons très-graves m'engageaient à cacher ma nouvelle demeure.

Tout dévoué qu'il nous parût, le portier pouvait se ranger sous les drapeaux du plus offrant ; je tremblais que mon oncle ne vînt le séduire et à tramer contre nous quelque nouvelle perfidie. D'autre part, si Paul revenait en déserteur, il était prudent de lui conserver un refuge que personne ne pût indiquer à la police du Directoire.

Il y avait longtemps déjà que je faisais chaque jour cette course matinale.

De sinistres pressentiments me traversaient l'âme.

Toute l'Europe connaissait la chute de Robespierre, la fin de la Terreur : il était impossible que Paul n'eût pas appris qu'il pouvait m'écrire en toute sécurité.

Je résolus d'aller chercher des informations au ministère de la guerre.

Mathurin m'y accompagna.

Nous apprîmes, en interrogeant les bureaux, qu'un fusilier, du nom de Paul Perruchot, s'était distingué d'une manière éclatante à la bataille de Neresheim, et qu'il avait disparu le jour même, au moment où le général en chef se disposait à récompenser sa valeur.

— On suppose, ajouta l'employé qui nous fournissait ces détails, que ledit Perruchot, s'étant mis à poursuivre l'ennemi vaincu, se laissa trop vivement emporter par son courage et tomba dans quelque embuscade, où on le fit prisonnier. Le fait est que sur le champ de bataille on ne l'a pas retrouvé parmi les morts.

Tout cela nous laissait encore dans une pénible incertitude.

Mais du moins nous avions des nouvelles du comte, et je ne sais pourquoi j'aimais mieux le croire en la puissance de l'archiduc Charles que de me le figurer combattant au milieu des troupes républicaines.

Cette opinion, mon ami, vous paraîtra sans doute antinationale.

Il faut bien nous pardonner quelque chose, à nous autres, pauvres nobles, qui avons eu tant à souffrir !

Le drapeau révolutionnaire ne nous semblait pas être celui de la France.

Nous avions tort, je l'avoue ; mais, pour ne pas établir une distinction pareille, il fallait être calme et raisonner sans esprit de parti, sans passion politique :

Mathurin me dit, en revenant du ministère :

— Adèle, je suis sur les traces de votre oncle.

Ce laconisme de l'intendant me fit tressaillir et je n'en tirai pas bon augure.

— Oh ! fit-il en réponse au regard plein d'inquiétude que j'attachais sur lui, tranquillisez-vous, mon enfant ; nous devons avoir de l'espérance, beaucoup d'espérance. M. le comte ne nous retrouvera pas dans la misère, et je vous promets que vous lui apporterez en dot quatre cent soixante mille livres.

— Tu as vu le chartreux ? lui demandai-je.

— En vérité, me dit Mathurin sans sourire, je ne vois pas, Adèle, pourquoi vous persistez à donner à Maxime de Feuillanges une qualification qu'il a reléguée depuis longtemps aux vieilles archives avec les lettres de prêtrise. Le général de la Grande Chartreuse de Grenoble n'existe plus : vous aurez affaire à l'homme politique, au roué du Directoire, au secrétaire de Barras.

— Quoi ! m'écriai-je, il se pourrait......

— Oui, ma chère enfant. Ce n'est pas la première fois que la fortune vient en aide aux fripons audacieux. Jadis votre cher oncle avait connu Barras. Comme la Provence et le Dauphiné se donnent la main, le collège de Gap, avant la Révolution, se trouva longtemps fréquenté par la jeunesse des deux provinces, et l'ex-chartreux y fit ses premières études avec l'homme qui possède aujourd'hui le tiers de la puissance. Vous devinez que, depuis l'installation du Directoire, votre oncle s'est empressé d'aller faire sa cour à Barras. Il est, dit-on, son âme damnée, son plus intime confident. Nous aurons aujourd'hui l'honneur d'offrir nos hommages à Maxime de Feuillanges au sein même du palais du Luxembourg.

Je fis un nouveau geste de surprise.

— Trouvez donc un individu qui se cache dans une pareille retraite ! poursuivit Mathurin. Depuis tantôt six mois que je me livre à des courses perpétuelles, jamais, sur mon âme, je ne me serais avisé de le chercher là. Mais, grâce à notre brave docteur, qui continue de tâter le pouls à nos sommités républicaines, j'ai pu savoir enfin que votre oncle logeait auprès de son ancien compagnon de classe.

— Lequel sans doute, interrompis-je, lui accordera sa protection envers et contre tous, ce qui nous laisse fort peu d'espoir d'obtenir justice ?

— Allons donc ! fit Mathurin, me prenez-vous pour un sot ? Est-ce que nous irons nous jeter aux pieds de Barras, pleurer, supplier, faire de la tragédie ? Non pas, ma chère enfant, non pas ! Ce serait de la maladresse, et Maxime de Feuillanges trouverait moyen de nous donner tort. J'ai dressé sous ses pas une trappe couverte de fleurs, et dans laquelle il se prendra sûrement. Je n'entre là-dessus dans aucun détail. Qu'il vous suffise de savoir qu'il y a fête aujourd'hui dans les salons du Luxembourg. Le docteur se charge de nous introduire au milieu d'une réunion composée de presque toutes les notabilités de l'époque.

Je pressai vivement Mathurin de me dire quel plan il avait conçu pour amener mon oncle à une restitution.

— Cela, me dit-il en riant, n'est plus votre affaire; occupez-vous seulement d'être jolie.

Le visage du vieux serviteur resplendissait d'une satisfaction si vive, il paraissait tellement convaincu de la réussite de son projet mystérieux, que je n'insistai pas davantage.

Dès que nous fûmes rentrés, je me mis à ma toilette. Je me parai d'une simple robe blanche, et je plaçai quelques fleurs dans mes cheveux.

Mathurin, qui avait hérité de la garde-robe du procureur Marcellus, y trouva un habit noir fort passable et, le soir venu, nous nous fîmes conduire au Luxembourg dans le plus modeste des sapins.

Les salons de Barras étaient encombrés déjà de cette multitude oublieuse et folâtre, qui n'avait trouvé rien de mieux à faire, après les angoisses de la Terreur, que de jeter ses vêtements de deuil pour se réjouir et danser.

C'était, je vous assure, un triste spectacle que ces fêtes splendides au milieu des ruines de la nation, que cette orgie sur les tombes.

On était surpris de vivre encore, on ne savait comment exprimer son ivresse; on se félicitait, on s'embrassait, on se livrait à toutes les joies, à tous les délires.

Et que vouliez-vous qu'elle fît autre chose, cette société dont on avait flétri les croyances et qu'on avait perdue si longtemps sur la voie ténébreuse de l'athéisme? Pouvait-elle diriger vers le ciel les élans de sa reconnaissance? pouvait-elle aller remercier Dieu dans les temples fermés ou abattus?

On dansait donc, au lieu de prier pour soi-même et pour les victimes.

Les femmes avaient retrouvé leur sourire et les hommes leur galanterie.

Mais il y avait dans tout cela quelque chose de galvanique et de forcé, quelque chose hors nature pour ainsi dire, qui se trahissait jusque dans le costume et dans le langage.

Ce n'était plus l'ancienne société française avec ses mœurs coquettes et parfumées, avec son esprit plein d'enjouement et de grâce.

L'esprit du Directoire sentait les ruelles et changeait l'amour en débauche.

On avait traversé trop de fange pour ne pas en être sali.

Notre entrée chez Barras produisit un effet extraordinaire; mais il faut que vous sachiez d'abord quelles circonstances avaient précédé notre apparition.

Maxime de Feuillanges était non-seulement le secrétaire intime du principal directeur de la République, il était aussi le *factotum* du logis, l'intendant suprême sur lequel le maître se déchargeait de la plus grande partie des fatigues de la réception.

Donc, mon oncle, vêtu de son costume d'incroyable, accueillait, ce jour-là, les invités.

Celui qui se présenta le premier dans les salons fut notre serviable docteur.

J'ai déjà dû vous dire que c'était un homme tout rond, tout jovial et qui professait un merveilleux sans-gêne.

— Ah! parbleu, monsieur le secrétaire, cria-t-il en abordant mon oncle, je ne vous connais que depuis trois jours, encore le dois-je à cette prétendue gastrite dont vous vous croyez menacé.... N'importe, il faut que je vous embrasse!

Cela dit, il donna trois ou quatre accolades à Maxime de Feuillanges stupéfait.

— Voyez-vous, continua le docteur, le remède le plus efficace aux maladies du corps est le contentement qu'éprouve notre âme après une belle action. Vous devez être guéri, ce soir, vous devez l'être, vous dis-je! En lisant le récit de votre noble conduite, je me suis senti ému jusqu'aux larmes.

— Quel récit? demanda mon oncle, ouvrant de grands yeux écarquillés par la surprise.

— Diable! je m'aperçois que les préparatifs de la fête ne vous ont pas laissé le temps de lire le journal. Cependant vous devez me comprendre?

— Ma foi, docteur, je ne sais en vérité pas ce que vous voulez dire.

— Ah!... de la modestie?... Bien! très-bien! Mon estime pour vous ne fait que s'accroître... Et, tenez, voici d'autres félicitations qui vous arrivent! Je ne serai pas aujourd'hui votre seul admirateur.

En effet, un cercle nombreux se formait autour de Maxime de Feuillanges.

Comme si chacun se fût donné le mot, un concert de louanges retentissait à ses oreilles.

Rewbeel, le collègue de Barras, vint frapper amicalement sur l'épaule de mon oncle.

— Vraiment, lui dit-il, c'est un trait qui vous honore, et dont bien peu d'hommes seraient capables de nos jours; car, chez le plus grand nombre, la conscience est un meuble de luxe.

— Hélas! oui, s'empressa d'ajouter un courtisan. (Le Directoire avait aussi les siens, et celui-ci parlait dans l'espoir que l'écho des salons ne laisserait pas échapper une flatterie sans la reproduire.) Mais disons bien vite que le citoyen Feuillanges est à l'école de toutes les vertus républicaines. « Loyauté, probité, désintéressement », voilà sa devise et celle de son noble patron.

Les femmes surtout accablaient mon oncle d'éloges affectueux et de questions empressées.

— Où se cachait-elle donc, cette chère petite?

— Comme elle a dû vous bénir!

— Pauvre jeune fille! on dit qu'elle se trouvait dans la plus profonde misère.

— Ne l'amenez-vous pas aujourd'hui? nous voulons la voir et l'embrasser.

L'ex-général des chartreux tenait sous son bras le claque exorbitant qui servait de coiffure aux incroyables. Son visage était d'une pâleur extrême, et, de la main qui lui restait libre, il essuyait avec un mouchoir de fine batiste les larges gouttes de sueur qui perlaient sur son front.

— Expliquez-vous, disait-il. Sur ma parole, je ne vous comprends pas.

— Bon! fit madame Tallien, qui venait d'entrer, vêtue de son adorable et trop léger costume de Romaine, voilà comme ils sont, tous ces gens vertueux! Leurs plus belles actions paraissent à leurs yeux si naturelles et si simples, qu'ils ne comprennent pas l'enthousiasme qu'elles excitent chez les autres. Çà, voyons, monsieur le secrétaire, résignez-vous à subir nos louanges! Je déclare que, si les conventionnels n'avaient pas aboli le prix de vertu, fondé par le ci-devant baron de Montyon, vous seriez couronné demain par l'Académie française... N'est-il pas vrai, citoyen directeur? ajouta-t-elle en prenant le bras d'un gros homme qui venait de pénétrer jusqu'au milieu du cercle, et devant lequel chacun s'inclinait respectueusement.

C'était Barras.

Il tenait à la main un journal déployé.

— Vous avez raison, dit-il à madame Tallien.

Puis, s'adressant à toutes les personnes qui composaient le cercle:

— Quelques-uns d'entre vous, poursuivit-il, ne connaissent peut-être pas encore l'article inséré dans le *Moniteur* de ce jour? Je vais le lire à haute voix, afin de prouver à tous que je sais dignement choisir les hommes auxquels j'accorde ma confiance.

En parlant de la sorte, il serra cordialement la main de mon oncle, qui jetait autour de lui des regards de plus en plus effarés.

Maxime de Feuillanges avait beau questionner sa conscience, il ne devinait pas quel pouvait être l'acte de vertu qui lui valait de si grands éloges, et se croyait le jouet d'une mystification dont il ne prévoyait pas l'issue.

Pendant que toutes ces choses se passaient dans les salons, nous étions arrivés au palais, et nous attendions le docteur dans les antichambres.

Il s'éclipsa pour nous rejoindre, tandis que Barras faisait la lecture d'un article du *Moniteur*, ainsi conçu :

« Nous regardons comme un devoir pour nous de signaler un noble exemple de délicatesse et de probité.

« Le citoyen Feuillanges, secrétaire du gouvernement au Luxembourg, avait autrefois reçu de son frère, exécuté depuis, près d'un demi-million, qu'il pouvait s'approprier sans courir aucun risque, attendu que rien ne justifiait de ce dépôt.

« D'ailleurs, le citoyen Feuillanges, victime, comme tant d'autres, de l'absurde système du droit d'aînesse, n'eût pas été le moins du monde répréhensible en conservant une somme, qui n'était, à tout prendre, qu'une restitution bien légitime ; mais cet homme vertueux repoussa loin de lui ce raisonnement, qui eût calmé bien des consciences moins scrupuleuses que la sienne.

« Il savait que son frère laissait orpheline une fille, âgée de dix-neuf ans à peu près. Nuit et jour, il se mit à la recherche de sa nièce, et réussit enfin à la découvrir.

« La malheureuse était dans la plus complète indigence, et la proscription l'avait séparée d'un jeune cousin, qu'elle aimait de toute son âme, et auquel son père l'avait promise.

« Or, le premier soin du secrétaire fut d'entourer l'orpheline de tout le bien-être imaginable, afin de lui faire oublier ses jours d'infortune.

« Il se livre, en ce moment, à des démarches actives pour réunir les deux fiancés, auxquels il donnera pour dot le dépôt tel qu'il fut remis entre ses mains. Alors, le citoyen Feuillanges restera pauvre ; mais un pareil homme devrait être soutenu, le reste de ses jours, aux dépens de la République. »

A peine cette lecture s'achevait-elle, au bruit d'unanimes applaudissements, que je fus annoncée par les domestiques de l'antichambre.

Le docteur m'introduisit avec Mathurin, et nous mena jusqu'au milieu du cercle.

— J'ai l'honneur, dit-il, de présenter au citoyen Barras la nièce de son digne et vertueux secrétaire.

Ce serait en vain que j'essayerais de vous peindre l'étonnement, la stupéfaction et la rage concentrée de Maxime de Feuillanges. Il faisait sur lui-même des efforts inouïs pour ne pas éclater, car on m'entourait, on me questionnait, on me faisait fête.

Madame Tallien s'était emparée de ma personne et me promenait, comme une merveille, d'un bout à l'autre des salons.

Quant au trouble de mon oncle, on l'avait mis sur le compte de l'émotion, de la modestie, que sais-je ?

Ceux des invités qui ne pouvaient s'approcher de moi lui formaient une espèce de cour.

Alors Mathurin, se glissant derrière lui, prononça ces mots à voix basse :

— Il est bon que Votre Révérence sache à qui elle doit tous ces compliments dont on l'accable. J'ai rédigé moi-même l'article du *Moniteur*, et, convenez-en, je vous ai fait jouer un rôle superbe ! Cela valait beaucoup mieux, j'imagine, que de vous perdre de réputation... ce que, toutefois, je me réserve de faire si vous vous écartez de la ligne honorable qui vous est tracée. Voici notre adresse. Adèle de Feuillanges attendra demain Votre Révérence, ainsi que les quatre cent soixante mille livres... J'ai bien l'honneur de vous saluer.

Maxime n'y tint plus.

Il sortit en nous laissant triompher sur le champ de bataille, et chacun se figura qu'il avait voulu se soustraire aux félicitations qui lui pleuvaient de toutes parts.

Nous ne tardâmes pas à quitter nous-mêmes les salons, et nous remerciâmes affectueusement le docteur, qui nous promit jusqu'à nouvel ordre un secret inviolable.

Le lendemain, vers le milieu de la journée, mon oncle nous fit dire qu'une indisposition subite l'empêchait de se rendre auprès de nous.

Cela nous parut assez naturel, après les émotions diverses qu'il avait ressenties à la soirée de Barras ; mais une semaine s'écoulant ensuite sans nous apporter l'honneur de sa présence, Mathurin furieux se préparait à courir au Luxembourg quand enfin le secrétaire arriva.

Son visage était presque joyeux, il avait le sourire moqueur.

Je devinai sur-le-champ qu'il se trouvait en mesure d'établir une contre-mine, et de renverser tout ce que je devais à l'habileté de Mathurin.

— Monsieur, dit-il à l'intendant, veuillez m'expliquer d'abord comment il est venu à votre connaissance qu'une somme considérable m'ait été remise par mon infortuné frère ?

— En voici la preuve évidente, répondit Mathurin, qui lui présenta le portefeuille.

Le secrétaire de Barras parcourut froidement les notes que vous savez.

Quand il en fut à ce passage, écrit de la main de M. de Feuillanges :

« J'ai là des bons au porteur pour quatre cent soixante mille livres sur les banques d'Amsterdam et de Hambourg, je les confierai à mon frère... »

Il leva les yeux sur nous avec impudence, et nous dit :

— Qu'est-ce que cela prouve ?

— Cela prouve, monsieur, s'écria Mathurin indigné, que vous êtes tout au moins un voleur !

— Non pas, dit Maxime avec un flegme imperturbable. Sans doute il est positif que M. de Feuillanges a eu l'intention de me confier ce dépôt ; mais qui vous assure que mon frère n'ait pas changé d'avis ? Les billets de banque ont fort bien pu devenir la proie de Robespierre ou autres.

— C'était dans les salons de Barras qu'il fallait tenir un pareil langage ! m'écriai-je ; aujourd'hui, mon oncle, il est trop tard !

— En effet, ma nièce, vous comprenez parfaitement la position difficile dans laquelle je me trouve. Sans doute il n'est plus temps de nier ; convenez toutefois que j'aurais pu le faire, si je n'eusse complètement perdu la tête en présence des habiles manœuvres de votre conseil. Il était impossible de mieux forcer un homme à s'exécuter. Puisque vous avez eu la délicatesse de soigner si bien ma réputation, je veux reconnaître cette obligeance en avouant que la somme dont il s'agit est en mon pouvoir.

— Eh bien ! dis-je, finissons-en sur l'heure ! Donnez-moi cette fortune qui m'appartient ; car il faut que je parte pour l'Allemagne, afin d'aller délivrer le malheureux que vous avez trahi si lâchement, et qui est sans doute prisonnier de guerre.

— Vous parlez du comte, votre cousin, ma nièce ? J'ai sur lui des nouvelles toutes récentes. Certain article de journal est venu me consoler du vôtre, et m'offrir l'occasion de prendre une assez jolie revanche. Mais, avant de vous le communiquer, je tiens à prouver à M. l'intendant que je ne suis point un voleur, et à vous que je ne suis point un traître. Si les raisons que je vais avoir l'honneur de vous présenter ne vous paraissent pas satisfaisantes, libre à vous de conserver sur moi votre opinion première... dont, au reste, je m'inquiète fort peu, je vous assure.

A ces mots, il s'étendit sur ma chaise longue, croisa les jambes et poursuivit, en jouant avec son jabot de dentelles :

— En ma triste qualité de cadet de famille, je me suis vu dépouillé, vous ne l'ignorez pas, au profit de mon frère. Or, l'homme qui cherche à récupérer ce qu'on lui a pris, en exécution de lois injustes, peut être un voleur aux yeux d'une société pervertie, mais aux yeux de la saine morale, jamais ! S'il n'est pas le plus fort, il lui est permis d'employer la ruse, et voilà pourquoi j'ai fait enfermer jadis M. de Feuillanges à la Bastille.

— Misérable ! criai-je en me levant toute frissonnante, et tu oses l'avouer devant moi !

On le traîna en présence du général. — Page 33, col. 2.

— Je vous prie, ma nièce, de ne pas vous livrer à des exclamations aussi peu respectueuses. Oui, la captivité de M. de Feuillanges était mon ouvrage, et peu s'en fallut qu'en vendant alors le manoir héréditaire, je ne récupérasse une bonne partie de ce qui m'était dû.

— Mais, dit Mathurin, si ce n'était pas là de la trahison, qu'était-ce donc, monsieur?

— C'était de la justice. On avait enfermé le cadet dans un séminaire, pour lui prendre son héritage : l'aîné pouvait bien à son tour passer quelques mois sous les verrous. Prison pour prison. Ma mauvaise étoile voulut que le peuple s'avisât de délivrer mon frère avant que mes mesures ne fussent entièrement prises, et je me vis, bien à contre-cœur, obligé d'attendre une autre occasion plus favorable. Celle-ci se présenta d'elle-même, sans que je la fisse naître ; car, sous Robespierre, l'emprisonnement n'était plus une plaisanterie, et conduisait droit à l'échafaud. J'ai profité du crime des autres, mais je n'y ai pas donné la main. Que me reprochez-vous encore? d'avoir retenu le dépôt de M. de Feuillanges? C'était ma part d'héritage. De vous avoir fait un secret de l'emprisonnement de mon frère? c'était de la pitié. D'avoir éloigné le comte, votre futur? c'était de l'adresse. Vous ne devez pas vous en prendre à moi si l'imprudent a déserté l'armée républicaine et s'il a reçu la punition que méritait cet acte d'inconcevable folie.

A ces dernières paroles de Maxime, je fis entendre un cri douloureux.

Mathurin, pâle et tremblant de fureur, s'élança vers mon oncle.

— Tu mens, lâche! s'écria-t-il.

— Je vous prie, monsieur l'intendant, d'avoir la bonté de vous tenir en place et de ne pas m'approcher d'aussi près, dit le secrétaire de Barras, qui démasqua subitement un pistolet de poche tout armé, dont il tourna le double canon vers Mathurin. Je me suis souvenu qu'une fois déjà vous aviez eu dessein d'employer contre moi les voies de fait, et j'ai pris mes précautions. Au moindre geste, à la moindre menace, je presse la détente et je vous envoie quatre balles dans la tête.... Est-ce bien compris?

Atterré d'une si grande audace, Mathurin retomba sur son siège.

Quant à moi, joignant les mains, et poursuivie par une seule pensée, je dis à Maxime d'une voix presque éteinte :

— Parlez, monsieur, parlez! Jusqu'à ce jour, mes malheurs ont été votre ouvrage; ne craignez pas de m'annoncer le plus grand, le plus terrible de tous, la mort de Paul.

— D'abord, il est bien essentiel, ma nièce, dit-il, que vous ne doutiez pas de mes révélations; autrement il serait difficile de nous entendre.

Sans lâcher son pistolet, il fouilla de l'autre main dans sa poitrine et prit deux lettres qu'il me présenta.

Reconnaissant l'écriture du comte, je déployai ces lettres avec la vivacité que donne le retour subit de l'espérance.

Tandis que j'en parcourais avidemment le contenu, le chartreux fit un pas vers Mathurin.

— Je suis désolé, monsieur l'intendant, lui dit-il, d'employer avec vous un argument aussi péremptoire que celui d'une arme à feu. Vous défendez les droits d'Adèle, je défends les miens. J'accepte une discussion, mais je ne veux pas de lutte. Donnez-moi votre parole d'honneur que vous n'aurez pas recours à la violence, et je désarme mon pistolet.

— Monsieur, répondit le vieillard, je ne vous promets rien, je n'entre avec vous dans aucune espèce d'arrangement. Libre à moi de me faire tuer, si bon me semble !

— Alors, dit Maxime, je reste sur la défensive.

Paul frémit en reconnaissant... — Page 44, col. 2.

S'apercevant que j'avais achevé ma lecture et que j'attachais sur lui des regards pleins de reproche et de douleur, il reprit :
— Comme vous avez dû le voir, ma nièce, la dernière de ces lettres a trois mois de date?
— Vous les avez interceptées, monsieur, murmurai-je... C'est indigne !
— Eh ! mademoiselle, je ne vous avais pas séparée du comte pour vous laisser entretenir ensemble une correspondance qui vous eût donné les moyens de vous réunir ! Chez Barras, j'étais chargé du cabinet des dépêches, et, si je vous montre aujourd'hui celles que j'ai cru convenable de décacheter avant vous, c'est afin de vous prouver que je ne mens pas en affirmant que Paul de Rocheboise a déserté son drapeau. Pendant tout l'hiver, ainsi qu'il vous l'annonce, il a trouvé refuge dans une ville d'Allemagne. La seconde lettre vous dit qu'il espère bientôt gagner la frontière de France. Or, si je ne me trompe, nous sommes au 19 avril ; votre fiancé, ma nièce, est arrivé le 8 à Lyon.
Je compris que cet homme éprouvait une atroce jouissance à me déchirer l'âme avec ses lenteurs calculées.
— Monstre ! lui dis-je, incapable de maîtriser plus longtemps mon indignation, avoue donc enfin que tu l'as fait arrêter, condamner peut-être?
Mathurin se leva, me fit rasseoir et me dit d'une voix frémissante :
— Du courage, mon enfant ! Laissez-le poursuivre, nous devons l'entendre jusqu'au bout.
— Parfaitement raisonné ! s'écria Maxime. J'ajouterai, ma nièce, une observation que j'ai déjà eu l'avantage de vous adresser tout à l'heure ; c'est que vous employez à mon égard certaines expressions qui ne sont pas de bonne compagnie et qui sentent le mélodrame d'une lieue. Vous ferez bien de vous défaire de cette habitude... Mais parlons un peu de votre article du *Moniteur*.
— Mon Dieu ! mon Dieu ! m'écriai-je, il y a de quoi mourir !
L'intendant jetait sur Maxime de Feuillanges des regards où brillait un feu sombre ; mais le secrétaire de Barras ne semblait pas s'en apercevoir.
Il poursuivit en s'adressant à Mathurin :
— Cette petite s'entend fort mal à causer d'affaires. Heureusement, elle possède en vous un homme extrêmement adroit. Peste ! je me souviendrai longtemps encore de la figure piteuse que j'avais, la semaine dernière, au Luxembourg. Ah ! ma foi, monsieur l'intendant, pour la ruse et la finesse, à vous la palme ! C'était un véritable coup de maître. Savez-vous que les préjugés sociaux et le soin de mon honneur allaient me forcer à restituer le tout si les circonstances ne m'étaient venues en aide ? Supposez un instant que Paul de Rocheboise soit de retour à Paris et que l'hymen projeté s'accomplisse : voilà ma nièce émancipée de fait par le mariage, et je rends mes comptes à un denier près... fort bien ! Supposez au contraire que ledit mariage soit dorénavant impossible : je reste le tuteur d'Adèle, et, non-seulement je ne rends point de comptes, mais, d'ici à ce qu'elle soit majeure, j'ai tout le temps de dissiper la fortune en litige ou de me réfugier à l'étranger avec les quatre cent soixante mille livres. Donc, il est dans votre intérêt d'accepter ce qu'il me plaira de vous offrir... Est-ce clair?
— Parfaitement clair, dit Mathurin, qui croisa les bras sur sa poitrine pour en comprimer les battements.
— Sachez, poursuivit le chartreux, que vous ne serez cru d'âme qui vive en essayant de détruire la réputation de probité que vous m'avez faite. Elle est solidement établie, grâce à l'idée merveilleuse qui vous a germé dans le cerveau. Rétracter vos louanges et vos

phrases aimables devient désormais impossible. Je déclare à tous ceux qui veulent m'entendre que je suis réellement dépositaire de la fortune de ma nièce et que mon plus grand désir est de rendre ce dépôt, en mariant Adèle à celui qu'elle aime.

— Oh! m'écriai-je en tombant à genoux dites-moi que Paul n'est pas mort! dites-moi cela, mon oncle, et je vous laisse tout, et j'oublie ce que vous me faites souffrir!

Maxime de Feuillanges ne daigna pas m'honorer d'une réponse.

Il continua à s'adresser à Mathurin.

— Vainement, dit-il, soutiendrez-vous que telles ne sont pas mes intentions, vos clameurs et vos plaintes ne seront point entendues. Ami des hommes du pouvoir, protégé par eux, il me sera facile de déjouer toutes vos tentatives et de vous faire passer pour un intrigant de bas étage, pour un suborneur de jeunes filles.

— C'est vrai, répondit Mathurin avec un calme étrange.

— J'étais sûr, monsieur l'intendant, de me faire comprendre de vous, car je vous tiens pour un homme de sens. Douze ou quinze cents livres de rente suffiront à Adèle de Feuillanges pour vivre honorablement dans quelque province lointaine. N'est-ce pas votre avis?

— Vous pourriez avoir raison, dit Mathurin.

Malgré toute son adresse et son génie pour la ruse, le chartreux commençait à s'enferrer.

Les réponses de l'intendant lui paruret naturelles. Il s'imagina qu'il avait réussi à le convaincre.

Alors il se tourna vers moi, me fit quitter la posture suppliante que je conservais encore, et me dit avec une hypocrite bonté :

— Çà, vous le voyez, ma chère enfant, on songe à votre avenir. Je n'ai pas un cœur de roche, après tout. Que ne puis-je vous épargner une inconsolable douleur et changer l'arrêt accompli du destin! Vous l'avez deviné, je vous apporte une triste nouvelle. Il faut me promettre de surmonter le désespoir qu'elle vous causera... Calmez-vous, et ne me regardez pas ainsi! Puisque vous avez conservé vos principes religieux, c'est le moment de les appeler à votre secours... Paul de Rocheboise n'est plus.

Je m'appuyai contre un meuble pour ne pas tomber à la renverse, et j'eus le courage de dire à mon oncle :

— D'où savez-vous cela? Je ne vous crois pas, monsieur.... je ne veux pas vous croire!

Il tira de sa poche un numéro de journal et le déploya sous mes yeux.

— Le lendemain de la fête de Barras, cit-il, le *Moniteur*, qui vous avait si bien secondés d'abord, insérait les lignes suivantes :

« Lyon, le 27 ventôse 1795.

« Pendant une revue qui eut lieu sur la place Bellecour, lors du passage du général Bonaparte dans notre ville, un déserteur, nommé Paul Perruchot, fut reconnu par un régiment tout entier de l'armée du Rhin. Soumis à l'instant même à un conseil de guerre, il fut jugé, condamné et fusillé dans les vingt-quatre heures. »

— Or, ma pauvre enfant, reprit Maxime, il n'y a que vous, M. l'intendant et moi, qui sachions bien au juste le nom de ce malheureux. Je n'ai dit à personne et je ne dirai jamais que le déserteur était le comte de Rocheboise. La chose n'est que trop sûre, hélas! Vous eussiez pu vous figurer que j'avais eu recours à quelque moyen de publicité menteur, analogue au vôtre, et je n'ai pas voulu vous annoncer cette nouvelle avant d'avoir en main toutes les pièces propres à vous convaincre. Veuillez donc aussi jeter un coup d'œil sur cet extrait mortuaire, que j'ai fait venir de Lyon.

Il remit l'acte entre mes mains.

Un nuage voilait ma paupière, et je ne pus lire ce papier, qui constatait un épouvantable et dernier malheur.

Maxime de Feuillanges, me voyant chanceler, fit quelques pas et voulut me soutenir.

Mais, au même instant, Mathurin, dont l'apparente tranquillité n'était qu'une feinte au moyen de laquelle il espérait détourner l'attention de mon oncle, se précipita violemment sur lui et le renversa sur le parquet.

S'emparant ensuite de l'arme qui, dans le premier moment de surprise, s'était échappée des mains de notre ennemi :

— Traître! cria-t-il, à nous deux maintenant!

Cette brusque action de Mathurin, le bruit de la lutte, le cri de rage que poussa mon oncle, tout cela me rendit au sentiment que je commençais à perdre et m'empêcha de m'évanouir.

Je vis le vieux serviteur, qui, malgré son âge, était encore doué d'une force musculaire à briser trois individus comme le chartreux, saisir celui-ci, le traîner vers un bureau placé dans un coin de la pièce, l'asseoir de force sur une chaise, et l'y retenir d'un bras vigoureux, tandis que, de l'autre main, il lui appuyait le pistolet sur le front.

— Tu vas écrire sous ma dictée, cria-t-il d'une voix foudroyante, ou les quatre balles que tu menaçais de m'envoyer dans le crâne feront jaillir ta cervelle contre ces murailles!

— Au secours! à l'assassin! criait mon oncle.

Tous ses membres étaient agités d'un tremblement convulsif, et son visage offrait une pâleur de cadavre.

— Malheur à toi, si tes cris attirent les voisins! dit l'intendant, car leur présence deviendra le signal de ta mort. Puisque les lois sont impuissantes pour châtier un infâme de ton espèce, il faut bien que je venge cette jeune fille de toutes les tortures que tu lui as fait subir!

Je me tenais à distance, immobile et glacée d'horreur.

Tout coupable que le chartreux était envers moi, je voyais en lui le frère de M. de Feuillanges.

— Grâce! m'écriai-je en étendant les bras vers Mathurin ; ne le tue pas, je lui pardonne!

— Et moi, s'écria le vieillard, je ne lui pardonne pas ses ténébreuses machinations! Je ne lui pardonne pas l'emprisonnement de mon noble maître, notre fuite, la vente du château de Feuillanges, notre séjour à Paris, nos dangers sans nombre, nos désespoirs, nos malheurs! Je ne lui pardonne pas la trahison, le vol, l'hypocrisie! Je ne lui pardonne pas la mort du comte! C'est lui qui l'a séparé de nous, c'est lui qui l'a tué!

— Que faut-il écrire? demanda le chartreux éperdu.

— Prends une plume, et commence par ces mots : « J'ai voulu m'enrichir en employant des moyens infâmes.... »

— Après? murmura mon oncle.

— « J'ai séparé par la plus odieuse des perfidies deux pauvres jeunes gens qui s'aimaient; je suis la seule cause de la mort du comte de Rocheboise; je suis un lâche et un voleur.... »

— Non! non!.... c'est impossible, je n'écrirai jamais cela! dit Maxime de Feuillanges en jetant la plume.

— Eh bien! soit! dit Mathurin, tu l'auras voulu!

Je me cachai le visage, en poussant un cri terrible.

L'intendant me regarda.

Deux larmes de regret, deux larmes brûlantes, jaillirent de sa paupière.

— Oui, vous avez raison, Adèle, murmura-t-il : c'est votre oncle... un misérable!.... mais n'importe! Je ne dois pas descendre au rôle de l'assassin. Le meurtre souille et déshonore. C'est au ciel que je confie le soin de punir Maxime de Feuillanges.... et le ciel m'entend, je l'espère!

Mathurin envoya le pistolet rouler à l'autre extrémité de la chambre.

Puis, indiquant la porte au secrétaire de Barras :

— Va-t'en! lui dit-il. Garde avec tes remords une fortune volée. Nous aimons mieux la misère avec l'honneur!

Mon oncle se leva, dans un égarement inouï.

Ses yeux avaient un regard morne et sans intelligence.

A sa démarche, on eût juré qu'il était ivre. Toutes les transes de la lâcheté se reflétaient sur son visage.

Il se dirigea vers la porte.

Mais, à peine l'eut-il ouverte, qu'il recula saisi d'épouvante.

Nous vîmes ses bras s'agiter convulsivement; on eût dit qu'il essayait de repousser un fantôme. Des cris étouffés s'échappaient de sa gorge haletante, et ses genoux se dérobant sous lui, il tomba de sa hauteur, comme s'il eût été frappé de la foudre.

C'est que, juste au moment où il se disposait à sortir, un homme se montrait au seuil de la chambre.

Le regard méprisant de cet homme terrassa Maxime de Feuillanges. Il crut voir une ombre menaçante, envoyée tout exprès par la vengeance du ciel, qui venait de lui être prédite.

. . . .

Quelle est cette apparition soudaine? Puis-je en croire mes yeux?

C'est Paul, c'est mon fiancé!

Le voilà qui s'approche, je me sens presser contre son cœur; je reconnais sa voix, sa voix chérie!

O Seigneur! si c'est un rêve, ne me réveillez pas!

Le comte me dévore de caresses. Il me quitte pour embrasser Mathurin; puis il revient à moi, me parle, me rassure, me prodigue de nouveaux baisers...

Merci! merci, mon Dieu! Paul existe, ce n'est point un rêve

CONCLUSION.

Maintenant, mon jeune ami, continua la marquise, il me reste à vous expliquer le retour providentiel du comte, et à vous remercier ensuite de l'attention pleine de bienveillance que vous avez accordée à mon histoire.

Une autre, à ma place, aurait ménagé peut-être les incidents et soigné davantage les péripéties; mais, comme je vous l'ai fait comprendre tout d'abord, à quoi bon donner des allures romanesques à un récit véritable?

Mon but a été de vous prouver que la Providence ne laisse pas toujours, ici-bas, triompher le crime au détriment de la vertu.

Plus la justice du ciel est tardive, plus elle est éclatante.

Le secrétaire de Barras ne devait pas se relever de sa chute.

Il nous était impossible de pleurer un trépas qui terminait toutes nos infortunes.

Nous eûmes soin, pour nous-mêmes et pour notre propre honneur, de ne pas flétrir la mémoire de Maxime de Feuillanges.

Le lendemain de l'arrivée de Paul, toutes les feuilles publiques annonçaient « que le secrétaire de Barras, ayant retrouvé, contre tout espoir, le fiancé de sa nièce, avait été victime d'un excès de joie, et qu'une attaque d'apoplexie foudroyante l'avait enlevé à ceux dont il venait d'assurer le bonheur. »

Mathurin déposa sur un lit le corps inanimé du chartreux.

Il nous rejoignit ensuite dans une pièce voisine, où Paul m'avait conduite pour m'épargner un lugubre spectacle.

Après les premiers instants donnés à l'effusion de la tendresse, le comte nous expliqua son arrivée miraculeuse.

Vous voudrez bien vous rappeler que nous avons laissé mon cousin sur la place Bellecour, en face du terrible grognard qui l'accusait de désertion.

Paul n'essaya pas de repousser les témoignages accablants de ses anciens frères d'armes, qu'une destinée funeste semblait avoir conduits sur sa route.

Il se laissa jeter dans un cachot.

A peine y était-il depuis une heure, que le geôlier vint le prendre pour le mener en présence du général Bonaparte.

— Monsieur, lui dit ce dernier, votre conduite offre des contradictions étranges, et je viens de recueillir sur votre affaire des renseignements incroyables. Comment! vous vous battez avec courage, vous enlevez presque seul une redoute ennemie; chacun vous admire, on vous met à l'ordre du jour de l'armée pour ce beau fait d'armes... et vous choisissez ce moment pour vous couvrir de honte en désertant avec armes et bagages? Il y a là-dessous une énigme que je vous prie de vouloir bien m'expliquer, monsieur: je n'admets pas que le même homme soit tout à la fois courageux et lâche!

La voix du général de vingt-six ans était brève et solennelle.

Sous la sévérité qui couvrait ce pâle visage, le comte pouvait lire un sentiment de compassion généreuse, et le désir positif de le sauver.

Paul répondit avec la plus entière franchise aux questions de Bonaparte.

Il lui avoua son véritable nom, le motif de son départ avec une troupe de volontaires, son désappointement, sa répugnance de servir sous le drapeau de la République, et enfin sa fuite après la bataille de Néresheim.

— C'est bien, lui dit le général · je vois que vous ne cherchez pas de détours; votre aveu sincère vous gagne ma protection. Mais il faut un exemple, monsieur! Le conseil de guerre n'appréciera pas vos moyens de défense, et tout déserteur, vous le savez, doit passer par les armes. Vous allez retourner dans votre cachot. Vos juges s'assemblent. Quand vous paraîtrez devant eux, ne leur dévoilez rien de tout ce que vous venez de me dire; écoutez avec sang-froid votre arrêt, puis laissez marcher les choses. Aux yeux du régiment dont vous faisiez partie, Paul Perruchot doit être châtié: je me charge de sauver Paul de Rocheboise. Mais rappelez-vous, monsieur, que vous serez dorénavant à moi corps et âme.

— Je vous le jure! s'écria le comte, qui, dans le transport de sa reconnaissance, voulut se précipiter aux genoux de Bonaparte.

Mais, d'un geste impérieux, le général lui indiqua la porte, de l'autre côté de laquelle attendait le geôlier.

— Vous me remercierez plus tard, dit-il, quand j'aurai tenu ma promesse. Allez, monsieur, comptez sur moi!

Le soir même, Paul était condamné par le conseil de guerre, et, le lendemain, au point du jour, on vint le prendre pour le conduire sur la promenade des Terreaux.

C'était là qu'il devait être fusillé.

La crainte commençait à s'emparer de son âme, en dépit des assurances formelles qu'il avait reçues de Bonaparte.

On lui enleva son habit, on lui attacha les mains derrière le dos, on lui banda les yeux, et il put entendre, à trente pas de distance, résonner les armes du détachement, qui allait exécuter l'arrêt du conseil.

En ce moment suprême, l'officier choisi pour commander le feu s'approcha de Paul, sous prétexte de savoir de lui s'il n'avait pas à réclamer l'accomplissement de quelque volonté dernière.

Il murmura ces mots, qui rendirent au pauvre condamné l'espérance prête à s'enfuir de son cœur.

— On ne vous a pas oublié. Les cartouches n'ont point de balles. Aussitôt après la détonation, laissez-vous choir la face en avant; faites le mort, et n'ouvrez les yeux qu'à l'hôpital militaire, où vous recevrez les instructions du général.

L'officier rejoignit ses soldats.

Bientôt un feu de peloton, très-bien nourri, put apprendre au régiment tout entier de l'armée du Rhin que le déserteur avait subi sa peine.

Deux hommes, s'approchant alors du prétendu cadavre, le placèrent sur un brancard, le couvrirent d'un drap pour le dérober aux regards des curieux, et dix minutes ne s'étaient pas écoulées que le comte se vit seul dans une salle déserte de l'hôpital militaire.

Il trouva d'autres vêtements à ses côtés, plus un passeport au nom de Paul de Rocheboise.

Des poches de son nouveau costume il tira une bourse contenant vingt louis, avec un billet sur lequel ces mots étaient laconiquement tracés :

« Prenez la poste et soyez à Nice avant trois jours. »

Le comte n'eut garde de désobéir à son libérateur.

Il sortit de l'hôpital sans rencontrer d'obstacles, et courut bientôt à grandes guides vers le midi de la France. Il arrivait au quartier général de l'armée d'Italie avant le terme qui lui avait été désigné.

Déjà Bonaparte était à son poste.

— Monsieur de Rocheboise, dit-il à Paul, vous êtes au nombre de mes aides de camp. Je me charge de vous apprendre qu'on peut toujours suivre avec honneur le drapeau de la France. Si quelques misérables ont imprimé des souillures au front de la patrie, nous les effacerons par le baptême de la gloire.

— Général, répondit le comte, je suis prêt à vous suivre, si vous l'exigez, sur les champs de bataille ; mais il est à Paris une pauvre jeune fille qui va mourir de désespoir à la fausse nouvelle de ma condamnation.

— Écrivez-lui, monsieur.

— J'ai la certitude que mes lettres ne lui parviendraient pas.

— Alors, je vous donne un mois pour faire le voyage de la capitale. Prenez sur la caisse militaire un trimestre de vos appointements.

Le matin même de la visite tardive du chartreux, Paul descendait de voiture à la porte de notre ancien logement du Marais.

Il trouva chez le concierge la vieille gouvernante, que, depuis la soirée de Barras, j'envoyais seule exécuter notre course journalière.

Ceci vous explique assez l'apparition subite du comte, à l'instant où Maxime de Feuillanges allait s'enfuir.

Encore une fois, mon ami, la Providence avait dirigé tous ces événements.

Barras nous mit en possession de la somme déposée par mon père entre les mains du chartreux, et Paul, Mathurin et moi nous prîmes le chemin de l'Italie.

A Florence, un prêtre bénit mon hymen avec le comte.

Je n'ignorais pas le serment qui liait mon époux à Bonaparte, et je ne devais ni murmurer ni me plaindre en voyant Paul suivre la brillante carrière du héros.

A Vienne, Napoléon, qui avait déjà placé sur sa tête la couronne impériale, fit un jour appeler le comte et le mit en présence d'un étudiant, venu d'Erfurt, et qu'on avait saisi, le poignard à la main, sur le passage de l'empereur.

Paul frémit en reconnaissant Frédéric Staps.

— Monsieur le comte, dit Napoléon, vous m'aviez parlé déjà du fanatisme de cette tête allemande, et je ne croyais vraiment pas qu'il pût se rencontrer un être capable de considérer l'assassinat comme un acte de vertu. Pourtant je m'intéresse à ce jeune homme. Essayez, je vous prie, de le faire changer de résolution, car je ne puis le laisser vivre, s'il ne doit profiter de ma clémence que pour renouveler ses tentatives de meurtre.

Paul eut la douleur d'échouer devant le caractère inflexible de l'étudiant.

— Mon ami, lui dit Frédéric, je ne vous donnerai jamais une parole que je ne tiendrais pas. Je remercie Dieu, qui m'a permis de vous revoir encore une fois en ce monde. Embrassons-nous, et laissez-moi remplir ma destinée.

Frédéric Staps marcha sans pâlir au supplice, en criant, ainsi qu'il l'avait prédit : « Vive la paix ! vive l'Allemagne ! »

L'esprit de mon époux resta longtemps frappé de la triste fin de son hôte d'Erfurt.

En 1807, une blessure empêcha le comte de poursuivre la carrière des armes, et nous allâmes vivre en repos dans le vieux manoir de Feuillanges, racheté par nous, et que Napoléon, pour reconnaître les services de Paul, voulut ériger en marquisat.

Mathurin reprit ses anciennes fonctions d'intendant.

Lorsque le brave homme mourut, accablé de vieillesse, nous versâmes des pleurs sur sa tombe, comme nous en eussions versé sur la tombe d'un père.

Après la mort de Mathurin, nous revînmes à Paris, dans cet hôtel, que la Restauration jugea convenable de nous rendre.

Quarante années d'un bonheur pur et tranquille nous firent oublier nos infortunes. Il y a deux ans que j'ai perdu mon époux, et j'attends avec impatience l'heure qui doit nous réunir au ciel.

FIN DE LA DERNIÈRE MARQUISE.

UN COUP DE BOURSE

PAR EUGÈNE DE MIRECOURT

I

Nous pénétrons avec nos lecteurs dans une mansarde étroite et sombre, dans un de ces logements d'hôtel garni, dont les murailles couvertes d'un papier livide, le plafond noir, les meubles éclopés, la porte mal close, attristent les yeux et jettent dans l'âme un indicible dégoût de l'existence.

On entend le vent d'hiver courir, en mugissant, sur les toits.

La neige, poussée par les rafales de la tempête, vient s'attacher aux vitres de la mansarde, et rend plus épaisse encore la couche de givre qui dessine du haut en bas de l'unique fenêtre mille arabesques glacés.

Ce misérable réduit se trouve au sixième étage d'une maison de la rue de l'Arbre-Sec.

Son locataire actuel est un jeune homme de vingt ans, d'une organisation frêle et maladive. Rarement on le voit sortir. Il travaille tout le jour et prend à peine, la nuit, quelques heures de sommeil.

Maurice Hermann est son nom.

Notre héros, disons-le, ne semble pas trop malheureux de se voir dans ce pauvre asile, entre ces quatre murs froids et dépouillés. Où ne se plaît-on pas à vingt ans, quand l'Illusion, cette fée gracieuse, entourée de son cortège d'espérances, vous conduit par la main dans les régions fantastiques où l'idéal vous berce et vous enivre?

Maurice était poète.

Et qui de nous, hélas! ne l'a pas été comme lui!

Pendant les jours sans nuage de la jeunesse, nous avons entendu plus d'une fois résonner au fond de nous-mêmes des cordes harmonieuses. Notre âme s'est prise à chanter tout naturellement, comme chante l'oiseau des bois, comme chante le fleuve en caressant la verdure de ses bords, comme chante la brise lorsqu'elle balance la cime des grands ormes et le calice des fleurs.

Puis ces voix célestes, ces chants intérieurs ont cessé tout à coup de se faire entendre.

La société nous a rendus sourds à tout ce qui ne ressemble pas au tintement de l'or, au cliquetis sordide des écus. Nous sommes tombés dans l'ornière du positif et de l'égoïsme, veufs de nos saintes croyances, froids, sceptiques, railleurs, traînant de fous et de niais ceux qui ne sacrifient pas sur l'autel de la matière, méprisant les âmes d'élite qui s'élèvent au-dessus des bruits du monde pour écouter les échos lointains du ciel.

Avant d'habiter la mansarde de la rue de l'Arbre-Sec, Maurice n'avait jamais quitté son père.

M. Jacques Hermann, riche banquier de Francfort, amené à s'établir à Paris, avait vu, grâce à l'indigne trahison d'un homme comblé de ses bienfaits, s'écrouler entièrement l'édifice de sa fortune.

Il s'était réfugié à Lenoncourt, modeste hameau de Lorraine, situé à un quart de lieue de Châtel-sur-Moselle.

Là se trouvait une petite maison de campagne à laquelle attenait une ferme d'un rapport annuel de douze cents livres de rente.

C'était l'unique débris de l'ancienne opulence de M. Hermann.

Sa femme, qu'il avait choisie dans une riche famille de la Chaussée-d'Antin, n'avait pu supporter cette ruine imprévue. Habituée à vivre dans une atmosphère de luxe et de splendeur, les privations, pour elle, devenaient de la gêne, et la médiocrité prenait l'aspect de la misère.

Elle mourut pendant les six premiers mois de la retraite de son époux en province.

Maurice, enfant, n'eut aucune des joies de son âge. De pénibles circonstances ayant étendu sur ses jeunes années un voile de tristesse et de deuil; la mélancolie devint la base de son caractère et lui fit aimer de bonne heure la solitude et le silence.

Jacques Hermann voyait peu de monde. Trop pauvre pour payer la pension d'un collège, et trop fier pour solliciter une bourse, il dirigea seul l'éducation de son fils.

Toutes les matinées de Lenoncourt étaient invariablement consacrées à l'étude.

De midi à huit heures du soir, pendant la belle saison, l'ancien banquier s'occupait de jardinage, et Maurice allait promener ses rêveries sous l'ombre des forêts voisines.

Là, n'ayant pas d'autre ami, d'autre compagnon de sa solitude qu'un volume de Lamartine ou de Victor Hugo, le jeune homme passait de longues heures en tête à tête avec cette belle nymphe de la poésie, qui se déguise sous tant de formes ravissantes, et dont la voix est toujours pure, mélodieuse et suave. Il écoutait le murmure du vent dans les rameaux, les chansons de la fauvette au bord de son nid, les plaintes de la cascade qui tombait de rochers en rochers et courait sous l'herbe.

Il regardait les nuages, et, pour lui, les nuages se transformaient en une infinité de radieux fantômes : il voyait des sylphes aux ailes d'or, des jeunes filles aux cheveux flottants, à la robe de gaze, courant et folâtrant au milieu de prairies aériennes; des fées assises sur des trônes de saphirs, agitant pour lui leur baguette magique et créant des palais enchantés, des villes entières peuplées d'anges.

Maurice donnait un corps à tous ces fantômes; il traduisait dans le langage des hommes tous ces chants, tous ces murmures, toutes ces plaintes; en un mot, il avait composé déjà un recueil très-volumineux de poésies fugitives.

Un beau soir d'automne, ayant poussé sa promenade plus loin que de coutume, il aperçut au milieu d'une clairière un fort joli pavillon, de construction toute récente, et qu'il n'avait jamais remarqué jusque-là dans cette forêt silencieuse.

Presque au même instant, il vit déboucher du sentier le plus proche un homme d'une cinquantaine d'années environ, vêtu de noir et portant le ruban rouge à sa boutonnière.

Ce personnage fut rejoint, quelques secondes après,

par une jeune fille qui vint lui offrir un bouquet de petites pâquerettes cueillies sur la berge du chemin.

Tous les deux s'assirent à quelque distance du poète, qui n'osait plus ni avancer ni reculer.

— Eh bien! mon père? demanda la jeune fille d'une voix tremblante d'émotion.

— Eh bien! ma chère Ernestine, il ne m'a pas reconnu. Cela m'étonne peu. De longues années de remords doivent terriblement changer le visage de celui qui les éprouve.

— Quand on a la ferme volonté de réparer une faute, le remords prend un autre nom, mon père, et s'appelle repentir.

— Oui... mais quand cette faute est irréparable?

— Que dites-vous? s'écria la jeune fille.

— Je crains qu'il ne repousse mes propositions et que sa fierté ne m'enlève tout espoir d'obtenir enfin la paix du cœur, le calme de la conscience. Et puis, te l'avouerai-je, mon enfant? je n'aurai jamais le courage de me nommer devant lui, je redoute l'expression de son mépris et de sa haine.

— Alors, il faut en revenir à notre premier projet, pour lequel, vous savez, j'avais éprouvé quelque répugnance.

— Oh! tu es un ange! s'écria l'inconnu, qui pressa tendrement la fille dans ses bras.

Il y eut un instant de silence.

Caché derrière le tronc d'un chêne, le poète craignait de froisser le gazon, d'agiter une branche. Il était impossible qu'il s'éloignât sans faire remarquer sa présence, et bien certainement alors, on aurait le droit de lui demander compte d'une indiscrétion qui devait paraître volontaire.

Le dialogue recommençait entre le personnage décoré et sa compagne.

— Tu crois, Ernestine, que ce jeune homme a du talent?

— Je vous ai lu sa pièce de vers intitulée *Rêves et Fleurs*, répondit la jeune fille: n'est-ce pas un chef-d'œuvre?

Un bruit léger partit du voisinage.

Elle tourna la tête vers l'endroit où Maurice venait de tressaillir; puis, se penchant à l'oreille de son père, elle murmura quelques mots à voix basse.

Le pauvre poète ne remarqua pas ce manège. Il se blottissait derrière son arbre protecteur, pâle et respirant à peine, car cette pièce de vers, dont on venait d'énoncer le titre, était de sa composition. Pour la première fois il entendait son éloge, dans la bouche d'une femme.

Oh! qu'il maudissait ce petit chapeau de paille de riz, posé coquettement sur la tête de l'étrangère, et ce voile de gaze, qui lui dérobe sans doute le plus charmant visage!

Mais comment celle qu'on nomme Ernestine a-t-elle entre les mains un de ses manuscrits? Pourquoi cette jeune fille, pourquoi son père, dont l'extérieur annonce un rang élevé dans le monde, s'occupent-ils de lui, triste et solitaire, jusque-là méconnu de tous, oublié par tous?

— En effet, reprit l'homme au ruban rouge, ce début annonce une vocation véritable, et, si je connaissais M. Maurice Hermann, je l'exhorterais chaudement à venir à Paris essayer ses ailes de poète.

— J'ai mis en musique plusieurs passages de *Rêves et Fleurs*, voulez-vous les entendre, mon père? demanda la jeune fille.

Pour toute réponse, l'inconnu se leva du tertre de gazon sur lequel il était assis. Ernestine passa gaiement son bras sous le sien, et Maurice les vit entrer dans le pavillon.

Le jeune homme se croyait le jouet d'un songe.

Bientôt les accords d'un piano se firent entendre. Un savant prélude jeta ses notes joyeuses au milieu du silence de la forêt. Des cadences plus graves, les trilles moins rapides succédèrent à ces gammes bruyantes, et l'instrument trouva ses plus douces mélodies pour se marier à la voix céleste qui chantait les vers de Maurice.

Lorsque les sons du piano s'éteignirent, lorsque Ernestine eut fini de chanter, le poète, en proie à toutes les émotions réunies du bonheur et de la surprise, voulut d'abord courir au pavillon pour se jeter aux genoux de l'adorable musicienne; mais il était trop timide pour obéir à cette première impulsion.

Maurice craignit d'être ridicule.

D'ailleurs on pouvait admirer ses vers et professer pour sa personne la plus complète indifférence.

Il revint sur ses pas, presque honteux de son enthousiasme, et se mit en devoir de regagner la demeure de son père.

Au sortir de la forêt, il se trouva face à face avec un jeune homme de son âge, qui débuta par se jeter à son cou et lui donner trois ou quatre accolades.

— Ce cher Maurice! cria-t-il. Embrassons-nous encore!... J'ai une fameuse nouvelle à t'apprendre. Depuis deux heures je te cherche, je m'égosille, je te demande à tous les échos d'alentour. Il paraît que tu continues ton existence de garde champêtre?

— Oui, mon cousin, répondit Maurice en souriant.

— Ton cousin!... Quoi! ce mot ne t'écorche pas la bouche? tu ne m'appelles plus, comme autrefois, M. Émile Aubry?... C'est bien, mon cher Maurice; bravo! tu te civilises... Ah! mon Dieu! tu n'as pas besoin de rougir comme une jeune fille: la chose n'est pas de rigueur.

En effet, le poète était devenu pourpre.

Il se rappelait qu'il avait jadis accueilli sans empressement les amitiés de son cousin. Pendant leurs jours d'enfance ils s'étaient peu vus, et toutefois ces courtes relations avaient été plus que suffisantes pour montrer le manque de sympathie de leur caractère.

Maurice était mélancolique et rêveur.

Émile était fou, bruyant, expansif.

Lorsqu'ils passèrent à l'adolescence, le premier devenait chaque jour plus grave, et l'éternelle gaieté de son cousin le fatiguait au delà de toute expression.

Du reste, Émile employait un moyen infaillible de s'aliéner l'esprit du poète: c'était de l'humilier dans son amour-propre et de critiquer ses vers.

Néanmoins il s'en fallait que les deux jeunes gens éprouvassent de l'antipathie l'un pour l'autre. Il y avait entre eux gêne et défaut de confiance; mais il existe chez les natures les plus opposées un point de réunion possible. Les extrêmes se touchent, dit-on: nos deux cousins vont être une nouvelle preuve de la vérité de cet axiome.

Voyant le front du jeune poète s'assombrir, Émile fit lui-même un retour sur le passé. Peut-être se trouvait-il répréhensible, car sa naïve et riante physionomie devint tout à coup sérieuse.

Il prit la main de Maurice et la pressa dans la sienne.

— Mon cousin, dit-il, j'ai eu de grands torts envers toi. Souvent tu as dû souffrir de l'inconcevable légèreté de mes paroles.

— Oublions tout cela, répondit Maurice avec candeur.

— Non, morbleu! je n'oublierai jamais que je me suis conduit vis-à-vis de toi comme un Ostrogoth, comme un Vandale, comme un véritable Huron! Sans prendre la peine de lire tes poésies, je les ai tournées en ridicule, j'ai méconnu ton beau talent.

— Émile, en vérité, tu me rends confus, dit Maurice, qui s'était cru d'abord victime d'une mystification.

Mais l'accent de franchise de son cousin, son émotion, les grosses larmes qui roulaient sous sa paupière, tout lui prouva qu'une pareille crainte était mal fondée.

— Par tous les diables! reprit Émile, c'est moi qui dois être confus... moi, stupide oison, qui voulais arrêter le vol de l'aigle! Écoute, Maurice: il y a six mois, lorsque je partis pour Épinal, afin de continuer au musée de cette ville mes travaux de peinture, j'avais déjà le pressentiment de ma sottise; car, en te faisant mes adieux, je pris dans ta chambre une pièce de vers, intitulée....

— *Rêves et Fleurs?* interrompit le poëte, pour qui cet aveu de son cousin fut un trait de lumière.

— Précisément, répondit Emile. Je voulais enfin juger de ton mérite, et j'ai lu tes vers.

— Eh bien? demanda Maurice avec trouble.

— Admirables!... Là! vrai, d'honneur, sans exagération, sans flagornerie, je les ai trouvés sublimes!

— Et.... ne les as-tu communiqués à personne? ajouta vivement le poëte.

— Mon petit cousin! mon petit cousin! vous avez rôdé dans le voisinage du pavillon! dit Emile, qui leva l'un de ses doigts à la hauteur du front de Maurice et le menaça doucement par ce geste amical et familier.

— Quoi! tu connaîtrais ce monsieur décoré? tu connaîtrais sa fille, cet ange...

— Fort bien, tu as vu l'adorable Ernestine ; tu as pu juger de ses traits gracieux, remarquer la divine expression de son sourire; tu connais sans doute la finesse de son esprit, la douceur de son caractère, en un mot les qualités sans nombre qui la distinguent?

— Non, mais...

— Alors pourquoi viens-tu me dire que c'est un ange?

— Oh! j'en suis sûr!

— Chût! ne t'enflamme pas si vite, mon cher, c'est dangereux. Voici maintenant la nouvelle que j'avais à t'apprendre : demain nous partons ensemble pour Paris.

— Est-ce possible?

— J'entre à l'école des Beaux-Arts. De ton côté, tu travailleras à te faire un nom dans les lettres, et nous aurons un protecteur, un Mécène, qui nous aplanira les obstacles. J'ai vu M. Hermann, il veut bien que je t'accompagne, et même il te donnera cinquante écus pour suffire à tes premiers besoins. Ce n'est pas lourd; mais ton brave homme de père est peu riche, tu le sais. Pourtant, sois sans inquiétude, nous avons de magnifiques espérances. Seulement, il y a défense expresse de les communiquer à l'auteur de tes jours. Ne me demande pas le motif de cette défense, je me garderais de te le dire. D'ailleurs, M. Bompard n'ayant pas une confiance illimitée dans la carrière de ton choix, il faut lui laisser tout le plaisir de la surprise. Est-ce convenu?... Oui?... Eh bien! je te jure que l'incrédulité paternelle s'enfuira bientôt devant la trompette de nos succès. Fais ta malle, mon cher. A demain

Les deux jeunes gens touchaient au seuil de la demeure de M. Hermann.

Emile prit le chemin de Chatel, et le poëte entra tout rayonnant dans la chambre de son père.

Mais il s'arrêta, frappé de l'air de solennelle tristesse qui se peignait sur la figure du vieillard.

Pour la première fois, l'ancien banquier lui raconta par quelle manœuvre infâme il avait été dépouillé de sa fortune.

L'homme qui s'est enrichi de sa ruine est aujourd'hui considéré, puissant; on l'a vu briller dans les plus hautes sphères. Il a été ministre, et le roi vient de le nommer pair de France.

— Jusqu'à ce jour, continua le vieillard, je n'ai pas voulu jeter le trouble dans ton âme et te donner des regrets inutiles. Mais tu vas à Paris, le hasard pourrait te jeter sur les pas de cet homme. Il fallait que tu apprisses comment il a traité ton père.

Le lendemain de cette confidence, le jeune homme partit, le cœur brisé, se reprochant de laisser ainsi M. Hermann seul avec l'amertume de ses souvenirs.

Mais Emile parla de gloire et de fortune, et l'esprit du poëte abandonna bientôt une réalité douloureuse pour se lancer de nouveau dans le pays des chimères.

Il demanda le nom du protecteur, dont Emile continuait de l'entretenir.

Celui-ci refusa positivement, comme la veille, de donner à son cousin le mot de l'énigme.

Une fois arrivé à Paris, le jeune peintre s'empressa d'installer Maurice dans la mansarde que nous avons dépeinte au commencement de cette histoire.

Emile alla se loger ensuite de l'autre côté de la Seine, dans le voisinage du palais des Beaux-Arts.

Il faisait au poëte de rares visites, sous prétexte de ne pas le déranger de ses travaux littéraires, et, chose étrange, il ne parlait plus de ce protecteur dont la main puissante devait les guider sur le chemin de la gloire et leur épargner les obstacles que l'artiste rencontre toujours au début de sa carrière.

Un voyage de cent lieues en diligence, quelques frais indispensables d'installation, et surtout un loyer de deux mois dans un hôtel, ont depuis longtemps épuisé les cinquante écus de Maurice.

L'hiver est venu; le froid se fait sentir dans toute sa violence.

Cependant le poëte ne perd pas courage.

Quelques jours encore, et il aura terminé un volume de poésies, qu'il espère vendre à un éditeur.

Mais, d'ici là, comment avoir du bois et du pain?

Le pauvre garçon se dirige vers un meuble problématique, que la maîtresse d'hôtel ose appeler du nom fastueux de commode; il ouvre les tiroirs, prend son dernier vêtement passable, l'habit qu'il a toujours conservé précieusement, dans le cas où il eût fallu se présenter chez ce mystérieux protecteur, dont l'existence lui paraît dès à présent un peu douteuse, grâce à l'incompréhensible discrétion d'Emile.

Il fait nuit.

La neige tombe, les rues sont désertes et l'escalier de l'hôtel est sombre.

Personne ne l'apercevra portant son habit en gage.

Mais, au moment où Maurice se disposait à sortir, il vit tout à coup paraître son cousin, vêtu d'un costume de bal, les mains parfaitement gantées, la figure heureuse et souriante.

— Fais ta toilette la plus splendide! s'écria le jeune peintre : nous allons en soirée chez le comte d'Alfort. Voici ta lettre d'invitation.

Maurice fit un soubresaut violent en arrière.

— Tu as dit le comte d'Alfort! cria-t-il avec un accent terrible.

— Ah çà, quelle mouche te pique? Tu me roules des yeux comme un traître de mélodrame. Si tu as l'intention de débuter à l'Ambigu, mon cher, il faut le dire.

— Le comte d'Alfort! répéta Maurice, voilà le protecteur que tu m'as trouvé?

— Certainement.

— Eh bien! va dire à cet homme que je le méprise et que je le maudis!

Le poëte accablé tomba sur l'unique chaise de sa mansarde. Son visage ruisselait de sueur, ses yeux étaient fixes, et ses lèvres pâlies s'agitaient par un tremblement nerveux.

Bientôt néanmoins il parut plus calme et prit affectueusement la main du jeune peintre.

— Ami, lui dit-il, ne me cache rien, je t'en conjure : est-ce ce comte que j'ai vu dans la forêt de Lénoncourt?

— Oui, répondit Emile. Ladite forêt n'est qu'une faible partie des immenses propriétés que M. d'Alfort possède actuellement dans notre pays. Il a fait bâtir, pour y passer l'automne, ce pavillon, près duquel tu l'as rencontré, la veille de notre départ, avec sa fille, la ravissante Ernestine... que tu appelais un ange, il m'en souvient encore.

— Oh! tais-toi! tais-toi!

— M'expliqueras-tu par quel mystère le nom du comte te fait tomber en syncope?

— Ne m'interroge pas. Celui qui te protége a des droits à ton estime et à ta reconnaissance. Dieu me préserve d'effacer de ton cœur ces louables sentiments! Emile, mon cher Emile, ne viens plus m'attrister dans ma pauvre mansarde, laisse-moi seul avec mes ennuis et mes chagrins.

Que dites-vous s'écrie la jeune fille? — Page 46, col. 1re.

— Voilà de jolies idées! je t'en fais mon compliment sincère. Alors, tu refuses de m'accompagner chez le comte? tu refuses les offres bienveillantes d'un protecteur que tu aurais là, près de toi, sous la main, car l'hôtel de M. d'Alfort touche à cette maison même.
— Grand Dieu!... je déménage aujourd'hui! cria le poëte avec épouvante.
— Ma foi, tu auras grandement raison : je te conseille d'aller chercher un asile à Bicêtre.
Cela dit, Émile quitta la mansarde et ferma la porte avec un mouvement de colère.
Resté seul, Maurice put enfin donner un libre cours aux larmes qu'il s'était efforcé de contenir en présence de son cousin.
Le malheureux sanglota longtemps avec désespoir.
Un seul mot avait brisé tous ses rêves; car, il faut le dire, Maurice était amoureux de la jeune fille du pavillon.
Sa plus douce espérance était de la rencontrer un jour dans le monde.
Il n'avait pas vu le visage de la musicienne; mais il avait vu sa taille svelte et dégagée, son pied mignon, sa main blanche; il savait qu'elle s'appelait Ernestine... Et puis, ne la reconnaîtrait-il pas aux battements de son cœur?
Hélas! hélas! Ernestine est la fille de l'homme qui a ruiné son père!
Cette pure et sainte image, qu'il se plaisait à parer de mille charmes séduisants, il faudra désormais la flétrir et la chasser de son esprit. Et cette voix, dont il se rappelle les tons suaves, cette voix toute d'amour et d'harmonie, comme doit être, là-haut, celle des archanges, cessera-t-il de l'entendre le jour, la nuit, à chaque heure?
Tenez... c'est une illusion de l'enfer, sa tête s'égare : voilà qu'il entend Ernestine chanter encore!

En effet, une voix de jeune fille, fraîche et limpide, lui arrivait distinctement et semblait partir d'une mansarde voisine de la sienne.
Il s'approcha de la cloison, marchant sur la pointe du pied et retenant son souffle. C'étaient les mêmes accents qui avaient éveillé jadis les échos de la forêt, c'étaient les mêmes passages de *Rêves et Fleurs*.
Le pauvre jeune homme posa la main sur sa poitrine, leva les yeux au ciel et s'écria :
— Mon Dieu! mon Dieu! je deviens fou... Prenez pitié de moi!
Puis ses genoux chancelèrent, un nuage couvrit ses yeux, et sa tête alla frapper lourdement sur les carreaux de la mansarde.

II

Lorsqu'il revint à lui, Maurice se trouvait entouré de plusieurs personnes de l'hôtel accourues à son secours.
Une jeune ouvrière, tout récemment installée dans une chambre adjacente, avait entendu le cri perçant du poëte, le bruit de sa chute, et s'était empressée de donner l'alarme.
Ce fut sur elle que tombèrent d'abord les regards de Maurice.
La jeune fille était vêtue d'une simple robe de toile peinte, sur laquelle tranchait un tablier de couleur claire. Un petit bonnet de tulle, à rubans roses, dégageait son front et laissait voir ses cheveux en bandeaux.
Son charmant visage était rouge encore de l'émotion

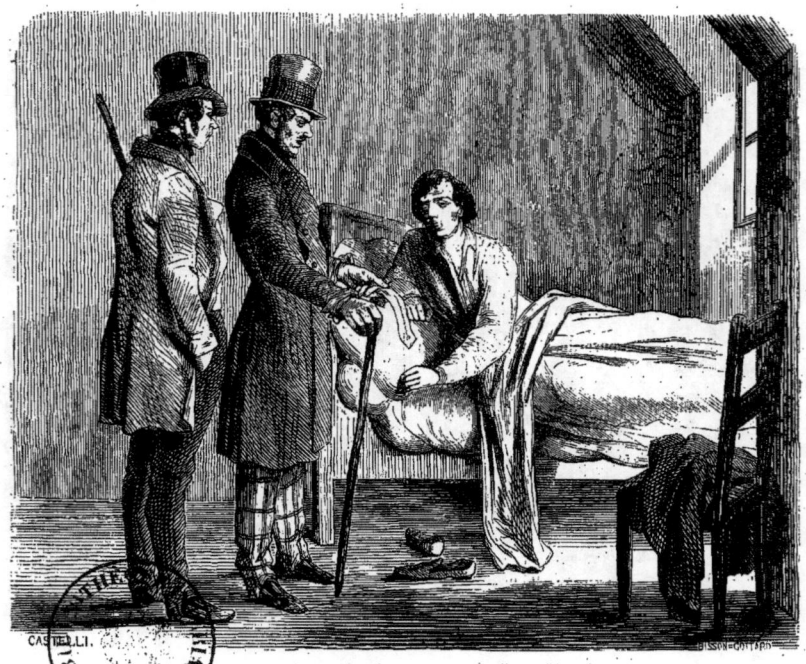

Nous sommes des gardes du commerce. — Page, 51, col. 2.

qu'elle venait d'éprouver. Deux larmes tremblaient au bord de sa paupière.
— Oh! monsieur, dit-elle à Maurice, combien vous m'avez effrayée tout à l'heure! J'étais ici près, dans ma chambre...
— Ciel!... Est-ce vous que j'aurais entendue? murmura le jeune homme d'une voix tremblante. Non, non... c'est impossible... ce n'était pas vous qui chantiez cette romance?
— Est-ce que vous ne la trouvez pas jolie? demanda la jeune fille avec un doux accent de naïveté. Pourtant, on la chante du matin au soir dans le magasin où je travaille.
— Sa voix, mon Dieu! je reconnais sa voix! dit Maurice, qui fondit en larmes et se cacha le visage de ses deux mains.
— Ce jeune homme a sûrement le délire, fit observer l'une des personnes présentes; il faut envoyer chercher le docteur.
Maurice s'efforça de reprendre du calme.
Il affirma qu'il n'était point malade, que son évanouissement n'aurait aucune suite fâcheuse, et remercia tous ceux qui lui avaient apporté du secours.
La jeune ouvrière sortit avec les autres et regagna sa chambre.
Collant de nouveau son oreille à la cloison, le poëte écouta les pas de sa voisine, qui allait et venait, remuant quelques meubles et se préparant sans doute à se coucher, car dix heures sonnaient à Saint-Germain-l'Auxerrois.
La fièvre qui lui brûlait le sang donnait à Maurice une finesse d'ouïe inconcevable.
Il distingua le bruit mat d'une personne qui se met à genoux, le murmure d'une prière, le froissement de la robe qui se détache et du corset qui tombe; puis les rideaux glissèrent sur le tringle d'une alcôve, et,

cinq minutes après, il entendit la paisible respiration de la jeune fille endormie.
A-t-il donc été le jouet d'une illusion? Son esprit malade s'est-il créé des fantômes? En effet, il faudrait avoir perdu tout jugement pour croire à tant d'invraisemblances réunies.
Mais un doute lui reste encore.
Sans plus de retard, il descend, se fait ouvrir la porte de l'hôtel et court au magasin de musique le plus proche.
On allait fermer.
Maurice demande si l'on n'a pas une romance ayant pour titre : *Rêves et Fleurs*.
— Oui, monsieur, répond le commis, déroulant quelques liasses.
Puis il ajouta presque aussitôt, en présentant une feuille au poëte :
— « Musique de mademoiselle Ernestine d'Alfort, paroles de M. Maurice Hermann... Prix : deux francs. »
Le jeune homme rougit jusqu'au blanc des yeux et fit mine de fouiller à sa poche, uniquement pour la forme, attendu qu'il savait très-bien ne pas posséder un centime.
— Excusez-moi, dit-il; mais je suis l'auteur des paroles, et je désirerais savoir...
— Puisque vous êtes l'auteur, dit, en s'approchant, le maître du magasin, vous n'ignorez pas que mademoiselle d'Alfort a publié votre romance à ses frais. Bien certainement, elle ne me blâmera pas si je vous en offre quelques exemplaires.
— Non! non!... je ne veux rien d'elle! cria Maurice s'élançant aussitôt hors du magasin.
Il rentra chez lui, délivré de toutes ses craintes.
L'événement de la soirée n'avait plus rien qui dût le surprendre.
Une autre que la fille du comte ayant pu chanter

cette romance, il devait nécessairement attribuer les folles hallucinations de tout à l'heure à l'égarement de son esprit et au trouble où l'avait jeté la révélation de son cousin.

Le parti de Maurice est irrévocable.

Il ne verra jamais le comte. Ce serait une lâcheté, qu'il ne se pardonnerait pas à lui-même, en supposant qu'elle ne fût point du crime aux yeux de M. Hermann.

Si la fille du perfide ami de son père a longtemps occupé sa pensée, dorénavant, il chassera de son esprit cette image séduisante, et, pour mieux y réussir..... eh bien! il s'efforcera d'aimer une autre femme!

Ne sent-il pas déjà battre son cœur en pensant que là, tout près de lui, repose une douce enfant, dont il croit voir encore le frais visage et le gracieux sourire? C'est une simple fille du peuple, pauvre comme lui. S'il pouvait en être aimé! quelle délicieuse existence serait la sienne! quel palais serait préférable à sa mansarde!

Oh! maintenant, cette mansarde, il ne veut plus la quitter!

Peu lui importe le voisinage du comte et de sa fille. D'un seul mot il peut les faire rougir et mettre un terme à leurs poursuites.

Il s'endormit en faisant des rêves enchanteurs.

Mais, le lendemain, à son réveil, il s'aperçut, aux cris de son estomac, qu'il n'avait pas dîné le jour précédent.

O maigre démon de la faim! spectre pâle et décharné, quand cesseras-tu de faire la guerre à nos illusions, et d'effaroucher par ton approche le riant cortège de nos joies et de nos plaisirs? N'es-tu pas honteux de nous montrer, au milieu d'un rêve d'amour, ta face blême et tes canines dévorantes?

Maurice quitta son lit pour aller ouvrir un placard, où il serrait d'ordinaire ses modestes provisions.

Le placard était vide.

Au dehors, la bise sifflait, glaciale et piquante, et pas le moindre fagot pour ressusciter l'âtre.

Sans doute, l'habit noir est là, tout empaqueté, prêt à être mis en gage; mais le jeune homme a décidé qu'il ferait, le matin même, une visite à sa voisine. Il doit la remercier de l'empressement qu'elle a mis, la veille, à lui amener du secours, et il ne peut se présenter chez la jeune ouvrière avec sa redingote de travail, quasi-percée au coude et montrant, hélas! la corde en plus d'un endroit.

L'infortuné poète regagna son lit, le découragement dans l'âme, les entrailles affamées et les membres grelottants.

Il envisagea d'un coup d'œil toute l'horreur de sa situation.

Sur qui peut-il, dorénavant, compter en ce monde? M. Hermann est pauvre, et, certes, son fils se gardera bien de le priver de ses médiocres ressources. Emile, d'autre part, abandonne son cousin, qu'il regarde comme un maniaque et comme un fou.

La misère arrive, la hideuse misère, avec les haillons et la faim.

— Plus d'espoir, se dit Maurice, il faut mourir!

— Mourir, jeune homme, y songez-vous? dit, tout près de là, une grosse voix bienveillante et bourrue. Corbleu! vous changerez d'opinion. De pareilles idées sont malsaines, et vous allez me faire le plaisir de les remplacer par d'autres.

En même temps, les rideaux s'écartèrent, et le poète se vit en face d'un énorme individu aux joues rubicondes, et dont la physionomie respirait un air de bonté joyeuse, de cordiale franchise.

Ce personnage, entièrement inconnu de notre héros, avait ouvert sans bruit la porte de la mansarde, s'était approché du grabat de Maurice et venait de le prendre en flagrant délit de désespoir.

— Allons, allons, poursuivit-il, sortez de vos draps. Je vous invite à déjeuner.

— Monsieur, balbutia Maurice d'une voix timide, je n'ai pas l'honneur d'être connu de vous, et je ne sais vraiment si je dois...

— Bon! nous ferons connaissance. Est-ce que l'appétit n'irait pas, ce matin?

— Pardonnez-moi, répondit le poète en rougissant.

— Alors, habillez-vous.

— Mais pourtant je voudrais savoir...

— Oui, je comprends, mes noms, prénoms et qualités? c'est trop juste : Jules Wilfrid-Coquebert, éditeur, domicilié rue Jacob, bon vivant de sa nature et véritable ami des artistes... Allez donc! Quand il n'y a pas de laquais à la porte, on est bien obligé de s'annoncer soi-même.

— Oh! monsieur, dit Maurice en se précipitant hors de son lit, sans réfléchir que le vêtement principal lui manquait, j'ai entendu parler de vous avec éloge, et je me proposais d'aller, un de ces jours...

— Me rendre visite? Eh bien! morbleu, je vous ai prévenu! Mais il n'y a pas, ce me semble, un nombre suffisant de degrés de chaleur pour que vous restiez dans une pareille toilette... hein, n'est-ce pas votre avis?

Le jeune homme s'empressa de passer un pantalon et d'endosser l'habit noir.

Puis il alla prendre sur sa table de travail un manuscrit qu'il présenta gravement à l'éditeur.

— Bon! dit celui-ci, vous tenez à parler d'affaires avant le déjeuner?... soit. Que me présentez-vous là, des vers?.. Ah! mon pauvre garçon, le siècle est à la prose! Je ne donnerais pas cinquante centimes de tout ce fatras de dithyrambes et de sonnets.

— Cependant, monsieur, dit le jeune homme très-pâle...

— Je n'en veux pas! vous dis-je! Laissez-moi vos poésies moisir en portefeuille, ou vendez-les à l'épicier du coin. Vous allez, au lieu de cela, me confectionner un roman en deux volumes. C'est trois mois de travail. Je vous achète cet ouvrage quinze cents francs, payables à la livraison du manuscrit. Mais comme, d'ici à cette époque, vous pouvez avoir besoin d'espèces, je vous prête vingt-cinq louis.

A ces mots, M. Coquebert mit un rouleau d'or entre les mains de Maurice.

Celui-ci, muet de surprise, osait à peine croire à ce bonheur inattendu.

— Ça, voyons, mon brave ami, continua l'éditeur, vous pâlissez, vous rougissez... Que diable! êtes-vous malade?

— Excellent homme! dit Maurice avec effusion, vous me sauvez la vie!

— Je ne vous sauve rien du tout; je fais une affaire, et voilà l'histoire! Or, comme je me dépossède de mes fonds, et que, dans le commerce, on n'en a jamais en suffisance, prenez ce timbre et souscrivez-moi une lettre de change à quatre-vingt-dix jours. Portez, je vous prie, cinq cent dix francs. Ce n'est pas moi qui dois payer l'escompte.

Quand Maurice eut fini d'écrire, M. Coquebert le prit gaiement sous le bras et le conduisit chez Véfour.

Deux heures après, le poète, parfaitement restauré, sans qu'il lui en coûtât un centime, frappait à la porte de la jeune ouvrière.

Il avait les joues empourprées d'une teinte assez vive, et nous n'oserions pas affirmer que son éditeur ne lui eût pas fait boire quelques verres de champagne au delà des bornes de la stricte tempérance.

Du reste, après un bon repas, arrosé d'Aï, rien ne donne de l'aplomb comme un gousset garni de pièces d'or.

Maurice fut avec la jeune fille d'une gaieté de bon goût et d'une amabilité charmante.

Il apprit qu'elle se nommait Jeanne et qu'elle travaillait pour une marchande fleuriste de la rue Saint-Honoré.

L'assiduité de Jeanne à l'ouvrage et de sa bonne conduite lui avaient acquis la confiance de ses patrons, qui, depuis la veille, lui laissaient emporter des fournitures et lui permettaient de travailler dans sa chambre. Tous ces détails enchantèrent le poète.

A partir de ce jour, les relations de voisinage devinrent de plus en plus amicales.

Maurice était au comble du bonheur; il ne craignait plus la misère; le comte d'Alfort et sa fille étaient entièrement effacés de son souvenir. Emile lui-même, son joyeux cousin, continuant à lui garder rancune du refus de paraître à la soirée du pair de France, notre héros finit par ne plus songer à lui.

Le premier amour est un sentiment égoïste qui s'empare tout à fait du cœur et y règne en maître.

Cependant le mot d'amour n'a pas été prononcé entre Jeanne et le poète. Les amants ont-ils besoin de parler pour se comprendre? Mille fois le regard de Maurice a dit à la jeune ouvrière qu'elle est aimée, mille fois le sourire de Jeanne a laissé voir à son voisin qu'il est payé de retour.

Le printemps était revenu, les deux mansardes avaient pris un air de fête.

Un matin, Maurice et Jeanne allèrent ensemble au quai aux Fleurs.

Bientôt des festons entrelacés de chèvrefeuille et de vigne sauvage coururent d'une fenêtre à l'autre ; ils unissaient les deux chambres par des liens de verdure; puis des rosiers, des myrtes, des seringas s'épanouirent au bord du toit, mariant leurs branches, mélangeant leurs parfums.

Souvent la jolie tête de Jeanne se montrait au milieu de ce parterre aérien, comme une rose parmi ses sœurs.

D'autres fois, la gentille ouvrière entonnait la romance favorite, et le poète radieux accourait l'entendre.

Et le soir, quand l'œil indiscret du voisinage se fermait avec les contrevents d'alentour, c'étaient de longues causeries au clair de la lune, doux murmure mêlé de la grande ville, à cette heure où elle éteint ses becs de gaz et ne fait plus entendre qu'un léger bourdonnement, pareil à celui d'une mère assise auprès de son enfant qu'elle endort.

Malgré ces douces préoccupations, Maurice travaillait avec courage.

Trois mois s'étaient écoulés depuis la visite de l'éditeur, et M. Coquebert revint à jour fixe demander si les deux volumes étaient finis.

Les voilà, dit Maurice, présentant un manuscrit monstre.

— Peste! mon jeune auteur, on s'aperçoit que vous êtes à vos débuts: vous me donnez trop bonne mesure, et cet excès de conscience mérite une gratification. Voici deux mille francs. Commencez sans plus de retard un autre livre, et n'oubliez pas que vous avez une lettre de change à payer demain.

M. Coquebert sortit.

Le jeune homme s'empressa de courir chez sa voisine, afin de lui montrer les deux billets de banque.

Ne fallait-il pas qu'elle partageât sa joie?

Mais il trouva l'ouvrière abattue, les yeux rouges; elle était tristement assise dans un coin de la mansarde.

— Au nom du ciel, qu'avez-vous, Jeanne? dit Maurice effrayé.

— Mon ami, répondit la jeune fille, je viens d'assister à un triste spectacle. Les personnes pour qui je travaille ont essuyé des pertes nombreuses et n'ont pu faire honneur aux obligations de cette fin de mois. Demain on vend les meubles et les marchandises, on chasse ces pauvres gens, on les met sur le pavé. Figurez-vous un homme au désespoir qui veut se jeter à la Seine, une femme qui sanglote à fendre l'âme et deux petits enfants qui pleurent au berceau... J'en suis encore toute émue et toute tremblante.

— Et vous voilà sans travail, Jeanne? dit Maurice.

— Oh! je ne songe pas à moi, répondit-elle. Que ne suis-je assez riche, mon Dieu, pour venir en aide à ces honnêtes commerçants? Il me semble qu'il y aurait du bonheur pour le reste de mon existence dans cette pensée : J'ai sauvé toute une famille de la misère, toute une famille me doit l'espérance et la vie.

— Vous avez raison! s'écria vivement le jeune homme. Combien faut-il à ces braves commerçants, Jeanne?

— Une somme trop forte, hélas! pour mes ressources et pour les vôtres... près de deux mille francs, je crois.

— Ils sont sauvés! dit Maurice avec transport. Venez, Jeanne! vous serez leur Providence. Je veux qu'ils vous bénissent comme un ange libérateur.

Et le poète entraîna la jeune ouvrière.

Il ne songeait plus à l'échéance du lendemain.

III

En revenant du magasin de la rue Saint-Honoré, dans lequel ils avaient ramené l'espoir et la joie, Jeanne dit à Maurice qui la suivait dans sa chambre:

— Mon ami, vous êtes un noble cœur! Votre plus douce récompense doit être dans les témoignages de gratitude que vous venez de recueillir. Si quelque chose peut ajouter encore à cette récompense, eh bien! apprenez, Maurice, que votre action généreuse vous acquiert pour la vie mon estime et mon affection : je vous aime!

— Oh! merci! merci!... c'est trop de félicité!... je voudrais, en ce moment, mourir à tes genoux! s'écria Maurice, le visage inondé de douces et heureuses larmes.

La nuit tombait. Il quitta Jeanne pour rentrer chez lui.

Séparé de son ange d'amour, il avait encore le bonheur du souvenir. L'image de la gentille ouvrière le suivit au milieu de son sommeil, et les rêves agitèrent autour de lui leurs ailes brillantes.

Mais quel réveil, hélas! devait suivre cette nuit délicieuse!

Deux hommes, à figure sinistre et porteurs d'énormes gourdins, entrèrent avec le jour dans la mansarde.

— Que désirez-vous, messieurs? demanda Maurice.

— Nous sommes des gardes du commerce, répondirent-ils, et nous exigeons le payement immédiat de cette lettre de change.

— Je ne suis pas en mesure, balbutia le jeune homme épouvanté.

— En ce cas, mon petit monsieur, vous allez nous suivre, et sans résistance, ou sinon...

— Plus bas! plus bas! je vous en conjure! dit Maurice, tremblant que ces paroles ne fussent entendues de sa voisine.

Il ignorait que les prétendus recors faisaient tout simplement de l'arbitraire, et qu'ils n'avaient pas le droit de saisir un homme, le jour même de l'échéance, avant de remplir les formalités de rigueur.

Voulant épargner à Jeanne le chagrin de cette scène, il descendit avec ses inflexibles acolytes, et pensa qu'une fois rendu à la prison pour dettes, il pourrait écrire à la jeune fille et la supplier de ne pas le condamner sans l'entendre.

Ce n'était pas le fiacre traditionnel qui stationnait en bas : c'était un coupé magnifique, avec un attelage à l'anglaise et des armoiries sculptées le long des panneaux.

Un valet galonné sur toutes les coutures abaissa le marchepied et se retira respectueusement pour laisser monter Maurice.

Le jeune homme hésitait à prendre place dans cette riche voiture.

— Que veut dire tout ceci? demanda-t-il en se tournant vers les recors.

— Parbleu! ceci veut dire que votre créancier roule carrosse! Il a supposé sans doute que vos moyens ne vous permettaient ni d'acquitter la lettre de change, ni de solder une course de fiacre. Allons, allons, montez, mon gaillard ! Vous nous avez tout l'air, avec ces observations, de guetter une circonstance propice pour jouer des jambes et nous priver de nos honoraires ?

Maurice monta dans le coupé.

Les recors s'assirent en face de lui, et l'un d'eux glissa quelques mots à voix basse à l'oreille du laquais.

Celui-ci les transmit au cocher, qui fouetta ses chevaux et partit ventre à terre.

Mais, au bout de quelques minutes, le jeune homme s'aperçut que la voiture suivait la grande avenue des Champs-Elysées, et se dirigeait vers la barrière de l'Etoile.

— Où me conduisez-vous ? s'écria-t-il. Ce n'est point là le chemin de Clichy.

— Seriez-vous tenté de vous en plaindre, jeune homme ?

— Non, mais encore faut-il m'apprendre...

Les recors se mirent à siffler très-impoliment, et lui tournèrent le dos, en se penchant aux portières.

Toujours lancée au galop, la voiture roula près d'une demi-heure, traversa le bois de Boulogne, et s'arrêta tout à coup au milieu du village d'Auteuil, à la grille d'une superbe maison de plaisance, dans laquelle les recors introduisirent le poëte, après l'avoir fait descendre du coupé.

Le premier visage que Maurice rencontra sous le vestibule de cette demeure aristocratique fut celui de M. Coquebert.

— Mon jeune ami, dit l'éditeur avec un ton de reproche, je devine, à la société qui vous accompagne, que vous n'avez pas payé la lettre de change. Diable ! diable ! qu'est devenu notre argent ?

— Oh ! monsieur, dit Maurice, tremblant comme un coupable, je serais désespéré que vous pussiez croire...

— Que vous en avez fait un mauvais usage ?... Hum ! rien ne me prouve le contraire. Après tout, ce n'est plus moi que cela regarde ! J'ai passé la lettre de change au maître de cette propriété. Consentira-t-il à un arrangement ? vous fera-t-il coffrer ?... je n'en sais rien. Toujours est-il que vous vous êtes placé dans de fort vilains draps... Diable ! diable !

M. Coquebert se frappa le front à plusieurs reprises et quitta brusquement le jeune homme.

Encore ému de cette rencontre, Maurice fut introduit par les gardes du commerce dans une espèce de salon d'attente, orné de peintures à fresque.

Un artiste, en veste blanche, était en train d'achever la décoration de cette pièce.

Perché tout en haut d'une échelle double, il fumait et tenait sa palette à la main.

Les recors eurent soin d'avertir le poëte qu'ils allaient rester à la porte, et que, par le fait même, toute tentative d'évasion serait immédiatement réprimée.

Au bruit de leurs voix, l'artiste se retourna.

— Emile !
— Maxime !

Ces deux exclamations partirent en même temps.

— Ma foi, oui ! Je ne rêve pas ! continua le jeune peintre, descendant avec précipitation de son échelle. C'est bien lui, ce cher cousin... je me trompe, ce bouder de cousin ! Tu n'es pas honteux d'être resté pendant trois mois sans me rendre visite ? Enfin, n'en parlons plus. Tu viens me dire que tu reconnais tes torts... Soit, je consens à les oublier... Donne-toi donc la peine de t'asseoir.

— Mon pauvre cousin, dit Maurice, je ne savais pas avoir le plaisir de te rencontrer ici.

— Bah ?

— C'est une circonstance pénible qui m'y amène.

— Comment, une circonstance pénible ?... Tu radotes, mon cher. Tous les hôtes de céans nous arrivent joyeux et en retournent de même. On professe dans ce riant séjour une hospitalité digne de l'âge d'or, et les héros des festins d'Homère n'étaient que des paltoquets auprès de notre amphitryon. Sois tranquille, tu m'en diras des nouvelles quand tu auras sablé le vin de sa cave et goûté le gibier de son parc. A propos, tu as donc changé d'avis à son égard ?

— A l'égard de qui ?
— Du maître de ce château.

— Je ne l'ai jamais vu, et je te jure que je me serais fort bien passé de faire sa connaissance.

— En attendant, puisque tu ne viens pas pour moi, tu viens pour lui... c'est parfaitement clair : donc, tu acceptes maintenant ses invitations ?

— Les invitations de qui ?
— Du comte, parbleu !
— Je serais ici chez le comte d'Alfort !

— Bien ! voilà de nouveau que tu t'exclames, à l'instar d'un acteur tragique. En vérité, tu es d'une inconvenance...

— Malheur ! s'écria Maurice, qui se tordait les bras au milieu d'une crise effrayante de rage et de désespoir. Je suis le prisonnier de cet homme, il va me forcer à subir son odieuse présence... Non ! mille fois non ! Cette fatale lettre de change lui donne le droit de m'enfermer à Clichy... Qu'il m'y fasse conduire à l'instant même, je le veux !

— Non, vous êtes libre, dit une voix triste et solennelle, qui retentit tout à coup au fond de la pièce.

Emile se hâta de sortir, et le comte d'Alfort s'avança lentement vers Maurice atterré.

— Voici le titre qui me donnait prise de corps sur vous, poursuivit le père d'Ernestine : je le déchire et je l'anéantis. Maintenant vous pouvez quitter ma demeure, vous pouvez fuir, comme vous le disiez, mon odieuse présence... à moins pourtant, jeune homme, qu'il ne vous reste un peu de pitié dans l'âme et que vous n'exauciez ma prière... ma prière, entendez-vous ? Veuillez, je vous en conjure, m'accorder quelques minutes d'entretien et me pardonner la ruse dont je me suis servi pour vous attirer chez moi. Je n'avais pas d'autre ressource, car vous eussiez repoussé mes invitations, et je ne pouvais employer la violence.

Le comte parlait avec une émotion profonde.

Maurice, à l'aspect de ce vieillard qui courbait le front devant lui, sentit tomber toute sa colère.

C'était bien le même personnage qu'il avait rencontré sous les arbres de la forêt ; seulement, comme si le pair de France avait voulu rendre son humiliation plus grande encore, il se montrait, cette fois, aux yeux du fils de M. Hermann, avec les insignes de la haute position qu'il occupait dans le monde : le revers de son habit se trouvait chargé de plaques, de croix, de décorations étincelantes, et l'on voyait sur sa poitrine le grand cordon de la Légion d'honneur.

S'apercevant de l'effet produit par ses dernières paroles, M. d'Alfort pria le jeune homme de prendre place sur un divan et s'assit lui-même à quelque distance sur un fauteuil.

— Autrefois, commença-t-il, j'étais le plus intime ami de votre père...

— De grâce, monsieur, dit Maurice, ne rappelez pas ces pénibles souvenirs.

— Il le faut pourtant ! reprit le comte d'une voix frémissante ; il faut que vous entendiez de ma propre bouche l'aveu de ma lâche conduite. Votre père m'avait secouru généreusement à l'heure de la détresse ; il m'avait fait obtenir, dans l'un de nos premiers ministères, une place à la fois honorable et lucrative ; il m'accueillait chez lui comme si j'eusse été son frère. Or, tous ces bienfaits, je les ai reconnus par la plus insigne perfidie, par la plus noire ingratitude.

— Assez ! n'achevez pas ! dit Maurice, devinant les souffrances inouïes que cet homme devait ressentir en s'accusant ainsi lui-même.

— J'étais possédé, continua M. d'Alfort, d'une soif ardente des richesses, et je contemplais d'un œil avide celles que votre père amassait avec honneur et probité. Jamais il n'avait abordé la Bourse : je mis en usage tout ce que la fièvre de l'or me suggérait de fourberie pour le décider à se risquer sur cette mer orageuse. Dès ce moment, je tenais ma proie. Après quelques opérations couronnées de succès, la fièvre le saisit à son tour. Un matin, je le vis prêt à exposer la majeure partie de sa fortune sur des rentes, alors courues, mais qui ne devaient pas tarder à tomber dans le plus complet discrédit. Je l'engageai traîtreusement à mettre ce projet à exécution.

— Taisez-vous! taisez-vous! s'écria le jeune homme, quittant le divan sur lequel il était assis : ne voyez-vous pas, monsieur, que vous me faites un mal horrible?

La pitié que Maurice avait éprouvée d'abord commençait à s'éteindre, et la haine reprenait son empire.

Il lui sembla voir se dresser devant lui l'image irritée de son père, et le souvenir de sa mère, morte de chagrin, vint, en outre, s'offrir à son esprit.

N'était-ce pas le comte qui avait causé tous les malheurs de sa famille?

Et voilà que cet homme vient porter la main sur une blessure qui saigne encore! Il attire auprès de lui le fils de sa victime, il excite ses regrets, il étale effrontément sous ses yeux une opulence volée!

— Oui, cette histoire n'est que trop véritable, poursuivit Maurice, et je veux vous épargner la honte d'en achever le récit. Vous connaissiez une nouvelle importante, que le ministre tenait secrète; vous eûtes recours à un agent de change déloyal, qui vous trouva un prête-nom, et vous vendîtes à M. Hermann, à votre bienfaiteur, des rentes, — que vous n'aviez pas, — mais les marchés se font ainsi dans cet antre de voleurs qu'on appelle la Bourse! les rentes qu'une banqueroute allait réduire à néant... et, le lendemain, quand la nouvelle fut connue, mon père dut vous payer l'énorme différence ; vous réalisâtes un bénéfice net de... deux millions!

— C'est vrai, murmura M. d'Alfort, qui sentit une sueur glaciale découler de ses tempes.

— Et vous eûtes des richesses, monsieur le comte! vous eûtes un hôtel, des chevaux, un équipage! vous eûtes des croix, des honneurs, des rubans...

— Mais tu oublies, jeune homme, que j'ai eu aussi des remords.

— Oh! dit Maurice, le ciel est juste!

— Tu ne sais pas, poursuivit le comte, non, tu ne sais pas combien de nuits j'ai passées sans sommeil. Faut-il t'apprendre que mes cheveux ont blanchi avant l'âge, que la vie m'était à charge et que j'allais mourir, si ma fille, un ange! n'eût trouvé moyen d'arracher de mes lèvres un secret fatal. Elle appela la religion à son secours pour calmer mon désespoir et me montra, là-haut, l'asile toujours ouvert au repentir. Bien longtemps j'ai cherché M. Hermann, afin de réparer mes torts et de solliciter mon pardon. Quand je parvins à le découvrir, quand j'appris qu'il avait un fils, je remerciai le ciel... car, maintenant, jeune homme, je puis te dire : « La voilà cette fortune que j'ai prise à ton père! S'il te répugne de la recevoir de ma main, ce sera ma fille qui te l'offrira... sois aussi mon fils, et pardonne-moi! »

Nous renonçons à peindre l'émotion qui s'empara de l'âme de Maurice, à ces paroles solennelles du vieillard.

Il était impossible de mettre en doute la sincérité de M. d'Alfort.

Ainsi, Ernestine, cette jeune fille qui jadis a rempli tous les rêves du poète, cette douce musicienne, dont la voix a remué chacune des fibres de son cœur, Ernestine peut être à lui!

Par cette union brillante, Maurice rendra à M. Hermann le dont celui-ci fut si longtemps privé.

Mon Dieu! venez au secours du pauvre poëte! car sa tête brûle, son sang bouillonne à rompre le réseau de ses veines ! Il voit passer devant ses yeux le fantôme éblouissant de la richesse ; il n'a qu'un mot à dire, et la sphère du grand monde est ouverte pour lui.

Du premier coup, le destin l'emporte au sommet de l'échelle sociale, et lui révèle tout un avenir de luxe et de splendeur.

Il peut épouser la fille d'un pair de France!

Et pourtant... là-bas... dans sa pauvre mansarde est une autre jeune fille, qui l'attend, qui l'aime, qui croit en lui comme on croit en Dieu !

Trahira-t-il ce pur et candide amour?

Non ! non ! ce serait une lâcheté, ce serait un crime !

— Vous ne me répondez pas, mon ami, murmura M. d'Alfort avec inquiétude.

— Je refuse, dit Maurice.

— Qu'entends-je? Est-ce possible?

— Je ne connais pas votre fille, et j'en aime une autre. Adieu, monsieur le comte! Mais je ne dois pas vous quitter en vous laissant des paroles de haine : mon père apprendra votre noble conduite, il vous rendra son estime.

Le pair de France essaya vainement de retenir le jeune homme. Celui-ci consentira du moins à se laisser présenter à Ernestine, qui se trouve dans un salon voisin?

A cette nouvelle, Maurice éperdu s'enfuit de la maison de campagne, et reprit seul, à pied, le chemin de Paris.

Vers le milieu de la route, il entendit le claquement d'un fouet, et vit passer au galop deux jockeys en courriers. Ils précédaient de cinquante pas seulement une calèche découverte, traînée par quatre chevaux bais-bruns, dont plusieurs postillons, en frac vert et en culotte de chamois, pressaient la course rapide.

Maurice se rangea sur l'un des bas côtés du chemin.

Le comte et M. Coquebert occupaient le fond de la calèche, et sur le devant, Emile, en veste blanche, causait avec une jeune fille, coiffée d'un élégant chapeau de paille de riz.

Ce chapeau, le poëte le reconnut, hélas! pour avoir frappé ses yeux dans les bois de Lénoncourt, et, cette fois encore, le voile de gaze retombait sur la figure d'Ernestine.

Mais, lorsque la calèche passa près du poëte, la fille du comte rejeta son voile en arrière.

Un cri perçant s'échappa de la poitrine de Maurice.

Il voulut courir après le somptueux équipage ; déjà les chevaux l'avaient emporté trop loin pour qu'il fût possible de l'atteindre. Bientôt le jeune homme le vit disparaître au milieu d'un nuage de poussière.

Toutes les idées du pauvre poëte se confondent dans son cerveau, sa raison ne tient plus qu'à un fil.

Les circonstances fantastiques et bizarres parmi lesquelles il se trouve jeté depuis le matin deviennent simples et naturelles, en comparaison de ce dernier événement, qui bouleverse tout son être et le fait douter de lui-même et du témoignage de ses sens.

Après trois quarts d'heure d'une course haletante, il vint frapper à la porte de la jeune ouvrière.

Il trouva Jeanne calme et souriante ; elle travaillait à ses fleurs artificielles.

L'absence de la jeune homme n'avait pas été assez longue pour donner des inquiétudes à son amante.

D'où provient donc encore cette inconcevable hallucination qui s'est emparée de Maurice et lui a fait reconnaître les traits de Jeanne dans ceux d'Ernestine?

Son erreur était évidente, puisqu'il vient de prendre des renseignements à l'hôtel et d'acquérir la certitude que sa voisine n'est pas sortie de la matinée.

Maurice s'accusa de folie.

Les beaux yeux de la jeune fille s'arrêtaient sur les siens avec amour, et, dès ce moment, il ne vit plus qu'elle au monde.

Peut-il regretter son sacrifice? Quel trésor vaut un pareil regard? quelle fortune est comparable à ce sourire?

Il s'agenouilla devant l'ouvrière, prit sa main dans la sienne, et, avec une voix qui tremblait de crainte et de bonheur :

— Jeanne, voulez-vous être ma femme?

— Oui, répondit-elle, mais il me faut le consentement de mon père, mon ami...
— De votre père? s'écria le jeune homme, je vous croyais orpheline.

Elle l'entraîna vers un coin de la chambre et lui fit signe de déplacer un meuble.

Maurice obéit.

Aussitôt elle posa le doigt sur un ressort que ce meuble dérobait aux regards. Une porte s'ouvrit. Le poëte aperçut un escalier splendide, que le jour éclairait doucement au travers de vitraux coloriés, et dont chaque marche portait un vase de fleurs.

— Où sommes-nous? murmura-t-il, au comble de la surprise.

— Chez mon père, répondit la jeune fille, sa demeure touche à cet hôtel, où l'on nous a permis d'établir une porte de communication. Là, je m'appelais Jeanne... ici, je me nomme Ernestine; et, si vous consentez toujours à notre hymen, je serai la plus heureuse des femmes, car je suis sûre d'être aimée pour moi seule.

Maurice eût dès lors cessé d'exister, si le bonheur faisait mourir.

Ernestine le prit par la main; ils descendirent deux étages, et bientôt ils entrèrent dans le salon du pair de France, où une douce et dernière surprise attendait le poëte : M. Hermann, auquel on avait fait connaître l'amour des jeunes gens, avait quitté Lénoncourt pour revenir à Paris.

Il avait pardonné.

Non loin de là se tenait un notaire, dressant le contrat de mariage, dont l'unique clause était que M. le comte d'Alfort donnait toute sa fortune à son gendre.

— Voici l'ange auquel j'ai dû me repentir! dit le père d'Ernestine, présentant la jeune fille à M. Hermann.

M. Coquebert et notre joyeux peintre assistaient à la scène touchante qui suivit cette réconciliation.

— Tu sauras que j'étais à la fois le complice de Jeanne et de mademoiselle d'Alfort, dit Émile à l'oreille de son cousin : ceci te donne la clef de bien des mystères.

— Et moi, dit le gros éditeur, j'étais le complice financier du comte. Jeune homme, vous pouvez maintenant faire de la poésie, vous avez cent mille livres de rente!

FIN.

L'HÉROÏNE DU RAVIN

(ÉPISODE DE LA SAISON DES EAUX)

PAR EUGÈNE DE MIRECOURT

Spa, le 25 mai 1853.

Je suis de l'autre côté de la frontière de Belgique, et, depuis tantôt dix jours, je ne sais plus si je veille ou si je rêve. Mon histoire vous paraîtra folle, absurde, extravagante : n'importe, je commence.

Il faut vous annoncer avant tout que j'ai une cousine, la baronne Elise de Coulanges, veuve d'un officier d'état-major, tué dans un combat contre les Arabes.

Elise, à vingt-deux ans, est libre de sa main et de sa fortune.

C'est la plus étourdie, la plus capricieuse, la plus aimable et la plus mignonne créature que je connaisse, un ange aux yeux bleus, aux cheveux noirs, aux mains divines, aux pieds imperceptibles, au menton chargé de fossettes ravissantes.

J'en serais tombé mille fois amoureux fou si elle n'avait eu la précaution de m'apprendre qu'elle en aimait un autre.

Celui qu'elle me préfère est un petit avocat du barreau de Liège, nommé Julien Gonzalvi, charmant garçon du reste... mais n'anticipons pas sur mon histoire.

Le jeudi, onze de ce mois, j'étais encore à Paris, et j'allai rendre visite à ma belle cousine, logée rue de Rivoli au premier étage d'un hôtel meublé. Son époux, obligé par état à de fréquentes mutations, avait adopté ce mode de logement, et, depuis son veuvage, Elise n'avait pas voulu changer de domicile, malgré toutes les représentations que je lui adressai à ce propos. Le motif de cette opiniâtreté provenait d'un excès de bonté d'âme, car la maîtresse d'hôtel était son ancienne gouvernante, une vieille fille appelée mademoiselle Thérèse, sorte de pie-grièche dont je me défiais depuis longtemps.

Je n'avais pas tort, comme on pourra bientôt le voir.

En entrant chez Elise, je la vis très-occupée à s'exercer au tir.

— Au tir? me direz-vous... une femme, et dans sa chambre?

Oui, vraiment. Ma cousine n'est pas une femme timide, sujette aux maux de nerfs et aux vapeurs : c'est un vrai démon.

Toutefois, ma véracité d'historien me force de convenir qu'elle ne tirait pas à balle. On sait qu'une simple capsule produit un courant d'air capable de souffler une bougie à dix pas, lorsque le coup est bien ajusté. Je vous prie de croire que la baronne de Coulanges ne brûlait pas une capsule sans éteindre le flambeau qui lui servait de point de mire.

— Diable! lui dis-je, il paraît, ma belle cousine, que vous êtes aujourd'hui dans un de vos moments d'humeur belliqueuse?

— En effet, me répondit-elle avec un petit air mutin qui lui siéd à ravir, et qui la rendrait encore plus jolie si la chose était possible.

Serrant dans une boîte de palissandre la plus fine paire de pistolets qui fût jamais sortie des ateliers de Lepage, elle poursuivit en se jetant sur une causeuse et en m'indiquant une place à ses côtés :

— Décidément, je déclare la guerre à cette foule d'adorateurs, beaucoup moins épris de ma personne que de l'éclat des vingt-cinq mille livres de rentes qu'ils épouseraient nécessairement avec moi. Croiriez-vous que M. César Maupin est venu m'offrir sa tête chauve et sa croix d'honneur, volée je ne sais où?

— L'amant de mademoiselle Thérèse! m'écriai-je.
— Allons, fit-elle, voilà que vous accusez encore cette pauvre femme.
— Permettez, Elise, la chose est de notoriété publique, et j'espère que vous ne m'attribuez pas le mérite de la découverte. Je n'ai pas inventé non plus que ladite demoiselle, avant 1830, était au plus haut point dans les bonnes grâces de MM. les gardes du corps. Aujourd'hui les temps sont bien changés. Ne pouvant plus s'offrir à M. César que cinquante-deux ans et des charmes douteux, elle partage avec lui les recettes de son hôtel.
— Oh! mon cousin, ne vous faites pas l'écho de ces vilains bruits.
— Pourquoi me tairais-je? Sans doute, je comprends qu'une langue dorée, des protestations hypocrites, un air de parfaite innocence, le tout au besoin arrosé de larmes, vous cause une certaine impression; mais ce n'est pas un motif...

Elle me brisa sur les doigts son éventail d'ivoire.
— Là! cria-t-elle, vous tairez-vous enfin!
— J'ai bien envie de mériter une nouvelle correction, dis-je en baisant la main qui m'avait frappé.
— Fi, monsieur! je ne vous savais pas si mauvaise langue.
— Allons, je vous l'accorde, ma belle cousine, votre ancienne gouvernante est une *Lucrèce*. Je vous promets de la mettre sous verre et de l'envoyer le plus tôt possible à M. Ponsard, il sera flatté du cadeau. Maintenant êtes-vous contente? Quant à M. César Maupin, dont vous avez eu le mauvais goût de refuser les propositions de mariage, bien sûr il ne vous le pardonnera jamais.
— Vous l'avez dit, répliqua-t-elle. Tout à l'heure il a cru m'intimider en me déclarant qu'il provoquerait en duel celui de ceux dont j'aurais l'air d'accueillir les hommages. « Eh bien! lui ai-je répondu, sachez que je prendrai fait et cause pour les prétendants que vous voudrez éloigner. Grâce à feu M. de Coulanges, je suis de première force à l'épée et au pistolet. Ce sera contre moi seule que vous devrez vous battre. » Il s'en est allé penaud; mais, comme je crois sa menace sérieuse, j'ai voulu voir si je n'avais rien perdu de la sûreté de mon coup d'œil.
— Laissons de côté ce matamore, Elise. Avez vous enfin des nouvelles de notre jeune avocat de Liége?
— Pas une lettre, pas le moindre signe d'existence! dit-elle en se levant de sa causeuse et en frappant le parquet de son pied mignon. Voyez un peu comme c'est mal de la part de Julien! Je l'aimais avant d'épouser M. de Coulanges. Est-ce ma faute si une tyrannie de famille m'a forcée de contracter un hymen de convenance? Fidèle à mes devoirs, j'ai dû lutter contre mon propre cœur; j'ai dû repousser du vivant de mon mari toutes les tentatives que Julien a faites pour se rapprocher de moi. Et maintenant que je suis libre, maintenant que je puis sans crime lui accorder une place dans ma pensée, monsieur me boude, monsieur se figure que je vais mettre en oubli ma dignité de femme et faire les premières démarches?
— Après tout, ma cousine, ce jeune homme est marié peut-être?...
— Marié! s'écria-t-elle, marié!... Que me dites-vous là?... Vite, des chevaux, une chaise de poste!... Il faut que je m'en assure. Vous m'accompagnerez, mon cousin, car une femme ne voyage pas seule... mais courez, courez donc!

Elle me secouait le bras avec une impatience tout à fait adorable.
— Du moins me direz-vous, Elise, où vous allez me conduire, murmurai-je.
— Aux eaux de Spa, monsieur! La saison va s'ouvrir, et Julien, neveu du bourgmestre de la ville, ne manque jamais d'assister à l'inauguration des fêtes.
— Une simple observation, ma cousine: je croyais qu'il n'entrait pas dans votre dignité de faire les premières démarches.

— Dieu! cria-t-elle, que vous êtes insupportable!
Elle sonna de toutes ses forces.
Sa femme de chambre et deux domestiques de l'hôtel entrèrent effarés. Ils reçurent l'ordre, les uns de courir à la poste aux chevaux, et l'autre de préparer les malles.

Quant à moi, j'obtins à grand'peine une demi-heure pour vaquer à mes dispositions de voyage.

A mon retour, la chaise était prête, le postillon se trouvait en selle, et je vis à la portière la jolie tête de madame de Coulanges.
— Vite! me cria-t-elle, montez, nous vous attendons!

« Nous vous attendons. » Ces mots me firent dresser l'oreille.
Je ne serai donc pas seul avec ma cousine à faire ce voyage?
Presque aussitôt j'aperçus au fond de la berline mademoiselle Thérèse, la digne hôtesse... elle-même, en chair, et surtout en os. Peu s'en fallut que je ne prisse la fuite. Le magnétisme qui s'échappait des beaux yeux d'Elise me retint néanmoins et m'aida à franchir le marchepied.

Voici le portrait de mademoiselle Thérèse.
Elle compte de dix-huit à cinquante-cinq printemps; elle a le front bas, les yeux petits et fauves comme ceux d'une belette, les naseaux ouverts outre mesure, les pommettes saillantes, les lèvres bleuâtres et pincées. Joignez à la somme de ces agréments des cheveux d'emprunt, un teint chargé de couperose, un râtelier dont l'alignement est rompu par cinq ou six dents rétives, un cou lézardé par des rides nombreuses, une taille plus que problématique... et n'exigez pas, je vous en supplie, d'autres coups de pinceau.

Je sus que cette agréable personne, prétextant certaines affaires à Bruxelles, avait sollicité de madame de Coulanges une place dans la chaise de poste.

Or, ceci me louchait d'autant plus que je fus surpris, au moment où le postillon fouettait ses chevaux, des signes mystérieux échangés entre la maîtresse d'hôtel et un individu qui se dérobait sous l'enfoncement de la porte cochère.
Je reconnus, à son ruban rouge, M. César Maupin.
Evidemment ces deux personnes ourdissaient contre Elise quelque trame ténébreuse.
Mes soupçons s'accrurent encore pendant la route. Jusqu'au troisième relais, mademoiselle Thérèse parut inquiète. A chaque minute elle baissait les glaces pour tenir les yeux sur le chemin que nous venions de parcourir.

Enfin je l'entendis pousser un soupir de satisfaction. Regardant à mon tour, je vis une seconde berline courant derrière nous à quelque distance.
— Fort bien! pensai-je, nous sommes suivis par le ruban rouge.

Nous traversâmes au galop Valenciennes. Le lendemain, au point du jour, nous étions à Saint-Saulve. Elise m'ordonnait de payer doubles guides, et les postillons nous menaient ventre à terre, si bien que nous atteignîmes, en moins de vingt-quatre heures, Spa, la gracieuse et coquette ville, qui, tous les ans, donne le signal du plaisir aux étrangers accourus de tous les coins de l'Europe: Spa, qui ressemble à la naïade antique, et sourit au voyageur en l'invitant à se reposer au bord de ses fontaines.

Toutes les séductions vous environnent à votre arrivée dans ce charmant pays de cocagne.

On vous accueille à bras ouverts, on vous fête, on vous choie; chacun s'empresse autour de vous, il faut écouter le récit de tous les plaisirs qui vous attendent.

Les artistes du théâtre de Liége joueront trois fois par semaine!

M. et madame Ronconi se feront entendre!

Alexis Dupont a déserté le lutrin de Saint-Roch... Chut! soyez discret! il nous chantera, non le *Requiem* de Mozart, mais les plus beaux morceaux de *Guillaume*

Je la vis très-occupée à s'exercer au tir. — Page 54, col. 2.

Tell et de la *Juive*; la musique sacrée fera place à la musique profane.

On en revient toujours
A ses premières amours.

Puis on vous parle d'Achard, d'Hoffmann et de leurs délicieuses chansonnettes ; on vous promet l'opéra, la comédie, le drame, le vaudeville. Chaque heure doit être marquée par une nouvelle jouissance. Quand il n'y aura pas spectacle, il y aura bal, concert, aubade de nuit dans la montagne. Tout un avenir de fête et d'excursions joyeuses se déroule devant vous.

Impossible ici d'être misanthrope.

Cette société, composée d'éléments si hétérogènes, se rapproche et s'harmonise. On renoue les relations interrompues de la saison précédente ; on se cherche, on s'aborde : c'est un échange perpétuel de sourires et de paroles aimables. Vous n'avez pas encore secoué la poussière du voyage que déjà s'organisent autour de vous mille projets auxquels vous êtes obligé de prendre part. Les uns se lèveront, le lendemain, avec l'aurore, pour aller boire aux sources de la Géronstère et du Grœsbœch, ou visiter la grotte de Remouchamps, tapissée de stalagmites étincelantes. Les autres feront seller quelques-uns de ces petits chevaux ardennais, appelés *bidets de Spa*, si fringants dans leurs allures, si légers à la course, et qui les transporteront en un clin d'œil sous les frais ombrages de Juslenville, près des tours féodales de Franchimont, ou dans le voisinage de la cascade de Coo, qui se précipite avec fracas du sommet des Hautes-Fanges.

Le premier, je me laissai prendre à tous ces enivrements : j'oubliai les craintes que j'avais conçues pour Elise, et, chose étrange, au milieu de ces réunions musquées, parmi ces femmes éblouissantes de parure et de fraîcheur, je voyais, sans trop de déplaisir, mademoiselle Thérèse, qui ne parlait plus d'aller à Bruxelles.

Un reflet de bonne compagnie semblait être descendu sur ce laid visage.

Quant à la berline, qui devait, selon moi, contenir le ruban rouge, nous avions perdu ses traces de l'autre côté de Valenciennes.

J'avais appris des postillons que l'individu, qui d'abord semblait nous suivre et nous avait dépassés ensuite, se nommait le baron de Verneuil, et ce nom m'avait complétement dérouté.

D'ailleurs, ma cousine était heureuse.

Elle avait retrouvé Julien Gonzalvi, son premier amour; Julien toujours libre, et qui s'était cru lui-même oublié, car, depuis la mort de M. de Coulanges, il avait écrit trois lettres, qu'Elise n'avait point reçues.

Où ces lettres étaient-elles passées?

Voilà ce que nous ne cherchâmes à comprendre ni l'un ni l'autre.

Pour nous être endormis dans une fatale sécurité, pendant que deux êtres pervers machinaient autour de nous dans l'ombre, il fallut plus tard verser du sang.

Je me souviendrai toute ma vie de la soirée d'avant-hier, ainsi que de la matinée qui devait la suivre.

Madame de Coulanges et le jeune avocat venaient de partir pour le bal de la *Redoute*. Je les avais suppliés de se passer de mon aimable compagnie, ce qu'ils firent, je vous prie de le croire, sans trop combattre ma résolution, car il m'était arrivé plus d'une fois déjà d'effaroucher par ma présence leurs tendres entretiens.

Ils étaient donc partis tous deux; elle, parée, souriante; lui, tout fier d'être aimé.

— Pardieu ! me disais-je, les égoïstes seuls ne savent pas, en ce monde, sacrifier au bonheur des autres

Sors donc! m'écriai-je en ouvrant le placard. — Page 59, col. 1re.

quelques-unes de leurs espérances! Je ne veux pas être égoïste.

Drapé dans ma robe de chambre, j'allumai bravement un cigare, et j'envoyai de vigoureuses bouffées au nez du fantôme du regret, qui s'obstinait à me poursuivre.

Si Élise était devenue ma femme, j'aurais cessé peut-être de l'aimer un jour : le cœur de l'homme est si bizarre!

Mieux vaut rester son cousin, son ami, son frère.

Elle continuera d'être pour moi une fée gracieuse, une illusion ravissante, un beau rêve... et, quoi qu'on dise, c'est quelque chose, pour nous surtout, hommes d'imagination, beaucoup plus habitués à jouir par l'âme que par les sens.

Je crois avoir oublié de dire que nous étions descendus à l'hôtel d'York, un des plus confortables de la ville.

Assis sur le balcon de cet hôtel, je me livrais philosophiquement aux réflexions que je viens de vous communiquer.

Depuis une heure ou deux, je rêvais ainsi, au clair de la lune et aux accords de la musique du bal, qui m'arrivait, portée sur la brise du soir, et dont les trilles joyeux réveillaient les échos lointains de la montagne.

J'avais fumé bon nombre de ces excellents cigares belges, dont j'espère bien rapporter une caisse, en dépit de la douane, et j'allais rentrer dans ma chambre pour me coucher le plus prosaïquement du monde, lorsque j'entendis tout près de moi le frôlement d'une robe, puis une espèce de signal, auquel on répondit de la rue.

Surpris, je lève la tête, et j'aperçois, à l'autre bout du balcon, mademoiselle Thérèse fixant à la balustrade de fer un des bouts d'une échelle de corde, et préparant ce moyen d'escalade à une personne que je ne tardai pas à voir paraître.

C'était M. César Maupin!

Un cri fut sur le point de s'échapper de ma poitrine. Toutefois, j'eus assez de prudence pour maîtriser ma stupeur, et je me tins caché derrière la jalousie d'une porte-fenêtre, qui s'ouvrait de ma chambre sur le balcon.

A deux pas était l'appartement de madame de Coulanges.

La vieille fille occupait une pièce voisine de la chambre à coucher d'Élise, et ce fut là qu'elle introduisit M. César.

Certes, les misérables ne me croyaient pas si près d'eux.

Je sortis doucement de ma cachette, et je vins m'installer auprès de leur fenêtre, qu'ils avaient laissée entr'ouverte.

Ici, les expressions me manquent pour peindre toute l'horreur que je ressentis en écoutant la conversation de ces deux êtres dégradés. Je connus enfin leurs manœuvres honteuses. Mademoiselle Thérèse était d'accord avec ce vil intrigant et l'aidait de tout son pouvoir dans l'exécution d'un projet détestable, qui était, comme on le devine, d'épouser Élise, à quelque prix que ce fût.

— Je viens de porter le premier coup, disait César à sa digne compagne. Mes révélations, et les preuves irréfragables dont elles furent immédiatement appuyées, ont produit l'effet que je devais en attendre. Le bal est en rumeur. Jamais femme ne fut plus adroitement compromise.

— Et l'avocat? demanda la vieille fille.

— Terrassé, parbleu! complétement terrassé par la vue de ses trois lettres et de la miniature! Il est clair que madame de Coulanges m'a sacrifié la correspondance, et son portrait entre mes mains prouve sans réplique que j'ai possédé l'original.

A cet odieux discours, je ne sais qui m'empêcha de me précipiter à l'heure même sur l'infâme et de le broyer sous le talon de ma botte.

Je l'entendis ensuite se quereller avec sa complice; je prêtai de nouveau l'oreille.

— Non, César, non! cela ne sera pas, je le jure! s'écriait mademoiselle Thérèse avec un accent de colère.

— Pourtant, répondit l'autre, c'est le moyen le plus sûr de couper court aux dernières difficultés.

— Ingrat! dit-elle, tu veux me trahir, quand j'ai tout sacrifié pour toi!

— Allons donc! Est-ce que les vingt-cinq mille livres de rente de la baronne sont à comparer avec ce que tu appelles tes sacrifices? Ne partagerons-nous pas cette fortune?

— Mais elle est belle, cette femme... Tu l'aimeras.

— Sottise! Ne divaguons plus, ma chère, et tâchons de nous comprendre. J'arrive du bal, où j'ai levé le masque, où j'ai proclamé hautement ma conquête. Prenant ensuite mon rival en particulier, je lui ai déroulé mon histoire, et j'ai vu l'heure où le pauvre diable allait tomber en pâmoison. S'il reste maintenant des incrédules, ne vois-tu pas qu'il faut un coup d'audace pour achever de les convaincre?

— Oui, sans doute, balbutia Thérèse; mais...

César lui ferma la bouche.

— Mais, quand on me verra sortir de l'appartement auquel cette chambre communique, tout sera dit, ma chère! Voyons, sois raisonnable, ne négligeons rien de ce qui peut amener la réussite Une heure de tête-à-tête avec l'indomptable baronne, et je promets de la rendre souple comme un gant, douce comme un agneau. J'ai, pour cela, des moyens infaillibles. D'ailleurs, je t'aime, et nous sommes inséparables. En supposant que j'eusse assez peu de délicatesse pour garder ta part du demi-million, n'as-tu pas tous mes secrets? qui t'empêchera de me rappeler à l'ordre? Ainsi, voilà qui est convenu : j'entrerai chez madame de Coulanges.

— Soit! tu y entreras, dit Thérèse.

Et j'entendis très-distinctement résonner un baiser.

Je n'arriverai jamais à rendre ce qui se passait en moi. C'était un mélange de surprise inouïe, d'indignation furieuse et de profond dégoût.

La Providence, qui voulait sauver ma cousine, avait permis que j'assistasse à cette conférence du vice, à ce complot monstrueux, dont je connus dès lors tous les ignobles détails.

Et ces créatures perverses s'embrassaient là, sous mes yeux!

L'amour, cette fusion sacrée des âmes, ce rêve d'or, ce mystère de bonheur que les anges nous envient, deux démons osaient le parodier en ma présence!

Ma foi! je ne pus y tenir davantage, et, d'un vigoureux coup de poing, j'ouvris la fenêtre toute grande.

La tête de Méduse, de fabuleuse mémoire, ne produisit jamais effet pareil.

Troublés dans leurs ébats, les coupables me considérèrent, pendant quelques secondes, avec un égarement indicible; puis, obéissant bientôt à la terreur panique qui s'était emparée de leur esprit, ils coururent vers la première porte qui s'offrit à leurs yeux.

Cette porte était celle d'un placard assez profond et qui servait, au besoin, de cabinet de toilette.

Avant qu'ils aient eu le loisir de se reconnaître, je les poussai l'un et l'autre dans ce lieu sans issue, je fermai brusquement la porte, et je donnai double tour à la serrure.

Tout ceci se passa plus rapidement que la pensée.

Quel était mon dessein? Je n'en avais aucun de bien arrêté. Seulement, je tenais sous clef la chouette et le hibou.

Si mon histoire paraît folle, absurde, extravagante, je certifie de nouveau qu'elle est véritable et que je n'invente pas une syllabe de tout ce que je raconte.

Je n'ai pas dit encore ce qu'était M. César Maupin. Il ne manque pas, à Paris, de ces êtres dont l'existence est un problème, qui sortent on ne sait d'où, vivent on ne sait de quoi, et ressemblent à tout, même à un homme d'honneur, pour peu qu'ils portent le ruban rouge.

César avait, dit-on, ramassé le sien sur les barricades de 1830, lorsqu'elles furent abandonnées par leurs véritables défenseurs.

Depuis une minute à peine, j'avais pris au piége ce Mars aux exploits inconnus et sa Vénus demi-séculaire.

Ils m'adressaient du fond de leur cachot de lâches supplications.

Mais, comme Vulcain, je fus inflexible.

Je ne craignais pas qu'ils s'échappassent; la porte du placard était solide et valait bien les mailles du dieu boiteux.

Tout à coup, j'entendis du bruit dans l'appartement de madame de Coulanges. Ma cousine rentrait; j'eus hâte de me rendre auprès d'elle.

Pauvre Elise! comme elle était pâle!

Ses beaux yeux, noyés de pleurs, brillaient en même temps de l'éclat d'une juste colère; sa toilette de bal était en désordre; elle foulait aux pieds ses diamants et ses parures.

Julien l'avait reconduite jusqu'au seuil du boudoir. Il se tenait debout dans une attitude de consternation profonde.

— Voyez! dit Elise en me montrant le neveu du bourgmestre : je viens d'être calomniée d'une manière indigne, et pas un mot de consolation ne s'échappe de ses lèvres. Il me croit coupable!

— Oh! justifiez-vous! s'écria Julien qui éclatait en sanglots.

— Me justifier, monsieur! me justifier!.... Votre cœur aurait dû prendre l'avance. Est-ce que je le connais, ce baron de Verneuil? Comment se fait-il que vous ne l'ayez pas amené près de moi, pour que du moins il m'accuse en face? Les lettres qu'il vous a fait voir ont été volées, le portrait aussi! Mais pourquoi donc avez-vous souffert qu'il s'échappât, cet homme? était-ce pour m'empêcher de le confondre et de lui jeter une provocation au visage? Certes, je l'eusse fait... puisque vous n'avez pas osé le faire, vous, monsieur!

— Je saurai le retrouver, murmura Julien d'une voix sombre

— Et vous n'irez pas loin pour cela! dis-je en lui frappant sur l'épaule.

Tirant aussitôt de ma poche la clef du placard, je poursuivis, en m'adressant à madame de Coulanges:

— Le baron de Verneuil est tout bonnement César Maupin, votre adorateur de l'hôtel Rivoli. Rassurez-vous, cousine, je le tiens en ma puissance.

Elise me questionna vivement.

Je lui appris par quel heureux hasard j'avais découvert les honorables desseins de mademoiselle Thérèse et de son complice.

— Selon toute évidence, ajoutai-je, les lettres ont été soustraites par la maîtresse d'hôtel, qui, les recevant la première des mains du facteur, se les est appropriées sans honte. Quant au portrait, ce doit être le même que ce peintre, ami de M. César, est venu vous reprendre, il y a huit jours, sous prétexte de retoucher quelque chose à la coiffure.

— Oui, oui! dit Elise, tout s'explique enfin! Mais des propos ignobles ont circulé dans le bal; j'ai surpris des chuchotements injurieux, des sourires moqueurs. Il me faut une réparation solennelle, une vengeance éclatante!

Elle s'approcha pour me parler à voix basse.

Quand elle m'eut communiqué ce qu'elle avait à me dire, je m'écriai vivement :

— Quelle folie! ma cousine! Y songez-vous? C'est impossible, et je ne consentirai jamais...

— Je le veux! interrompit-elle en se redressant avec la majesté d'une reine.

Il n'y avait plus de réplique possible.

Je fus obligé d'avoir l'air de me soumettre à l'impérieuse volonté de madame de Coulanges; mais je me promis intérieurement de faire manquer son projet.

En ce moment, Julien confus s'avança et voulut demander grâce.

Mais Elise le repoussa froidement.

— Attendez, monsieur, dit-elle : mon innocence n'est pas encore reconnue. Je vous apprendrai de quelle manière une femme qui se respecte sait punir un calomniateur!

Nous quittâmes la baronne pour entrer dans la pièce où se trouvaient les prisonniers.

Là Julien rencontra son oncle; car, je crois avoir oublié de le dire, un garçon de l'hôtel d'York avait été chargé d'aller de ma part prévenir le bourgmestre.

Mon intention formelle était de livrer les coupables à la justice.

A peine eus-je donné quelques renseignements au magistrat, qu'il poussa une exclamation de joie et me serra les mains avec effusion.

— Merci! s'écria-t-il. Vous m'épargnez d'ennuyeuses recherches et vous venez de prendre d'un seul coup de filet deux individus qui, depuis hier, m'ont été signalés par la police française. Une demande d'extradition a été formée contre eux. Le sieur César Maupin est accusé d'avoir aidé la demoiselle Thérèse à dilapider les revenus de l'hôtel que la susdite avait en gérance. C'est une escroquerie dans toutes les règles.

Je regardai Julien.

Le pauvre avocat était pourpre de honte : il avait soupçonné madame de Coulanges sur la foi d'un homme que la justice réclamait pour le flétrir.

— Grâce à vous, ajouta le bourgmestre en me frappant sur l'épaule, nos deux fripons n'échapperont pas au châtiment.

Nous entendîmes alors une voix qui réclamait de l'intérieur du placard.

C'était celle du calomniateur d'Elise.

L'impudent le prenait sur un ton très-haut; il parlait de sa décoration, protestait de son innocence, et jurait qu'il saurait punir ceux qui osaient mettre en doute ses sentiments de probité.

— Sors donc! m'écriai-je en ouvrant le placard. Que tu sois ou non ce qu'on t'accuse d'être, je te ferai l'honneur de me battre avec toi!

Julien voulut à toute force revendiquer ce duel.

— Non, lui dis-je. Vous avez trop soupçonné madame de Coulanges : ce sera votre punition de la voir défendre par un autre.

— Hum! fit le bourgmestre, vous me placez là, mes jeunes amis, dans une singulière position. Ma qualité de magistrat me fait un devoir de condamner les duellistes et ceux qui leur prêtent assistance. Pourtant, continua-t-il en désignant César, sorti de son étroite prison, je me vois obligé de servir de témoin à monsieur pour ne pas le perdre de vue. Bast! j'en serai quitte pour me condamner moi-même!

Pendant cet intervalle, mademoiselle Thérèse poussait des cris aigus et simulait une attaque de nerfs, sous prétexte de nous attendrir.

Le bourgmestre la prit par la main, la fit rentrer dans le placard et posa gravement les scellés sur la porte.

Il en nomma gardien le domestique que j'avais député vers lui.

Le jour commençait à poindre.

Nous convînmes qu'on se battrait à la Sauvinière, sur le sentier du ravin.

En conséquence, nous prîmes des armes et je recommandai de faire, en quittant l'hôtel, le moins de bruit possible, afin de ne pas donner l'éveil à madame de Coulanges, dont je cherchais à esquiver, en ce moment, les ordres positifs.

Pour tout au monde, je n'aurais pas voulu qu'Elise apprît ce qui allait se passer, car je connaissais son indomptable caractère et sa fermeté de résolution.

Bientôt nous arrivâmes à la fontaine.

Je commençais à être délivré de mes craintes, lorsque tout à coup nous entendîmes le bruit d'un cheval qui galopait sur nos traces.

Exhortant les autres à suivre mon exemple, je me jetai dans le sentier du ravin, avec l'espoir que les arbres touffus qui l'ombragent, et dont la sombre voûte était à peine éclairée par quelques rayons du jour naissant, nous déroberaient à la poursuite que je redoutais.

Mais toutes ces précautions devaient être inutiles.

Madame de Coulanges tourna brusquement le sentier et mit pied à terre au milieu de nous.

— Vous deviez savoir, mon cousin, dit-elle, que je n'ai jamais reculé de ma vie devant une résolution prise! Ce duel me regarde, et me regarde seule.

Julien tomba suppliant à ses genoux; je joignis mes prières aux siennes, et le bourgmestre employa, pour la détourner de son dessein, toutes les ressources de la logique et de la persuasion.

Elise nous répondit sèchement :

— Je ne donne à personne le droit de venger mon insulte.

— Mais, chère cousine...

— Croit-on que je n'en aie pas le courage?

— Au nom du ciel, écoutez-nous!

— Je n'écoute rien. Faites charger les armes!

En même temps elle s'approcha de César, et, d'un air de souverain mépris, lui jeta son gant au visage.

L'amant de la maîtresse d'hôtel perdit contenance. Ses joues se couvrirent d'une pâleur hideuse.

Quant à Elise... si vous saviez comme elle était belle à ce moment suprême!

Vêtue de son costume d'amazone, elle ressemblait à la Diane antique. Ses longs cheveux noirs, dénoués par la rapidité de la course, flottaient en désordre sur ses épaules, et ses yeux lançaient des éclairs.

Il avait bien fallu nous résigner à lui obéir.

Mais, dès lors, chacun de nous était certain de l'issue du combat : nous avions le droit de compter sur la justice du ciel.

Au fond du ravin de la Sauvinière roulait le torrent descendu de la montagne.

Une pluie d'orage l'avait encore grossi, la veille, et les flots, en se heurtant contre les rochers, produisaient un bruit lugubre.

Sur le gouffre était jeté un pont fragile, garni seulement d'un côté par une balustrade.

Elise le traversa d'un pas ferme, après avoir pris l'arme que nous venions de lui offrir.

Placés d'abord à une distance de cinquante pas, les adversaires devaient marcher ensuite l'un contre l'autre et se joindre sur le pont.

Nos cœurs battaient avec force.

Le bourgmestre frappa trois coups dans ses mains pour donner le signal.

César semblait avoir repris courage.

Il s'avança résolûment à la rencontre de l'amazone et tira le premier. Sa balle emporta le chapeau d'Elise.

Nous respirâmes, elle n'était plus en péril.

— Tremble, maintenant, lâche calomniateur! cria-t-elle : c'est ainsi que j'aurais été châtié par cette même femme que tu avais choisie pour victime... Oh! tu conserves vainement de l'espérance! J'ai le coup d'œil sûr, et je vise à ce signe de l'honneur que tu es indigne de porter.

Cela dit, elle appuya sur la détente.

Le coup partit.

Son adversaire, atteint en pleine poitrine, chancela sur le pont comme un homme ivre; nous vîmes tomber ensuite du côté opposé à la balustrade et rouler dans le torrent.

Nous essayâmes en vain de retrouver le corps de ce misérable. Il disparut, entraîné par les flots écumeux.

D'ailleurs, nous dûmes nous occuper de madame de Coulanges, qui venait de s'évanouir.

Après avoir déployé, dans cette circonstance, une

énergie presque surhumaine, Elise n'avait pu supporter le spectacle de la mort de son ennemi.
La faiblesse de la femme avait eu son tour.
Je vous laisse à deviner l'effet que produisit la nouvelle de ce combat.
Notre retour dans la ville fut pour Elise une véritable ovation. Chacun voulut la voir et la féliciter. L'enthousiasme dure encore, et l'on appelle madame de Coulanges l'*Héroïne du ravin*.
Le surnom lui restera.
Notre brave bourgmestre leva les scellés du placard et tira de son cachot la maîtresse d'hôtel, que les gendarmes, au moment où je trace ces lignes, sont en train de reconduire à Paris, de brigade en brigade.

Mais un homme était mort; la justice devait nous en demander compte.
Elise se constitua prisonnière, et, le jour même, deux cents cautions furent offertes pour son élargissement. L'affaire passera très-prochainement aux assises. Julien plaidera pour son amante. C'est une cause gagnée : tous les juges sont amoureux de ma belle cousine.
Je crains d'être comme les juges et de ne me consoler jamais de n'avoir pas Elise pour femme.

FIN.

FEMME ET MAITRESSE

PAR EUGÈNE DE MIRECOURT

I

Remiremont est une petite ville coquette et gracieuse, que son titre de chef-lieu d'arrondissement n'enorgueillit pas le moins du monde.
Semblable tout à la fois à une dryade et à une nymphe des fleuves, elle baigne ses pieds dans les flots de cristal de la Moselle et secoue au-dessus de sa tête les sapins parfumés des Vosges. Jamais paysages plus enchanteurs, jamais horizons plus radieux ne se réunirent autour d'une même cité pour lui faire une ceinture pittoresque et verdoyante.
A quelques rares exceptions près, les habitants de ce paisible Eldorado de la montagne ont des mœurs douces et hospitalières que l'égoïsme de la civilisation a respectées jusqu'à ce jour.
Gardez-vous de conclure que la cité vosgienne n'ait pas marché, comme tout le reste de la France, sur la route du progrès.
On y respire seulement un air de calme et un parfum de tranquille philosophie peu communs à notre époque, et dont il ne faut pas chercher la cause ailleurs que dans l'aspect constant de cette riche et splendide nature qui l'environne.
Cependant, vers la fin de mai dernier, le calme habituel de la ville parut tout à coup troublé d'une manière étrange.
La population était en émoi. Des groupes se formaient dans les rues. On s'abordait, on se questionnait, on se livrait à de grands gestes étonnés, puis on se quittait pour aller dans un autre groupe échanger quelques mots rapides.
A quelle circonstance imprévue devait-on ce bouleversement? D'où provenaient ces rumeurs soudaines?
Il fallait que la nouvelle eût quelque chose d'heureux et d'inattendu, car tous les visages étaient épanouis, toutes les bouches souriantes.
Bientôt de fraîches toilettes de femmes se montrèrent aux jalousies entr'ouvertes et les hommes coururent mettre leur habit noir.
Mais on nous soupçonner de poser un logogriphe.
Ne prolongeons pas le mystère, et disons bien vite qu'une immense affiche bleu de ciel était collée à la mairie et à tous les principaux édifices de l'endroit.
On y lisait en lettres triomphantes :

« L'ENFANT PRODIGUE. »

Et, plus bas :

« A la demande unanime des citoyens de Remiremont, mademoiselle Irma, artiste de l'*Académie impériale de musique*, jouera pour la seconde fois le rôle de JEPHTÈLE. »

Voilà tout le secret de l'espèce de révolution qui agitait la ville.
Une de nos délicieuses diva parcourait la province. Elle venait d'essayer quelques roulades à l'ombre des Vosges, et, dans leur enthousiasme, nos montagnards l'avaient étourdie de bravos et comblée de couronnes.
Mademoiselle Irma s'était fait prier avant de promettre une seconde édition de son triomphe.
On l'attendait, disait-elle, à Strasbourg.
Déjà sa chaise attelée sortait de la cour de l'hôtel d'Allemagne, lorsque survint une députation nombreuse, en tête de laquelle marchait Adrien de Menneville, ex-lion du boulevard de Gand.
Notre charmante voyageuse fut obligée d'écouter un discours, où la supplication prenait toutes les formes et s'appuyait de la flatterie la plus insinuante.
Adrien était fort bel homme.
Il vit bientôt que cela ne nuisait point au succès de ses manœuvres oratoires, et son éloquence prit un tel degré de chaleur, que mademoiselle Irma congédia le postillon et fit décharger ses bagages.
Moins d'une demi-heure après, la splendide affiche bleu de ciel rayonnait aux murailles.
Fier du succès qu'il venait d'obtenir, M. de Menneville regagna sa demeure, appuyé sur le bras d'un grand jeune homme blond, tout frais émoulu de ses humanités.
C'était son beau-frère.
Nous avons oublié jusqu'à présent de le dire, Adrien de Menneville, après une jeunesse fort orageuse, avait fini par se ranger de lui-même. Cette conversion datait de son mariage avec une jeune orpheline, dont le père, Anglais de nation, s'était amassé dans les Vosges une

fortune considérable en appliquant la vapeur au sciage des sapins.

Miss Héloïse Humber passait à dix lieues à la ronde pour la jeune fille la plus vertueuse, la plus riche et la plus jolie, trois qualités dont la réunion soulève rarement des obstacles à un contrat de mariage.

Une teinte d'originalité dans le caractère, produite par une éducation semi-française et semi-britannique, ajoutait encore un attrait de plus aux nombreux attraits qu'Héloïse devait à la nature. Arrivée de Londres au sortir de l'enfance et mise ensuite dans un des premiers pensionnats de la capitale, elle unissait, par un heureux mélange, les grâces de la Parisienne à la poésie vaporeuse des filles d'Albion.

Depuis cinq années bientôt, M. de Menneville était l'époux de la charmante Anglaise.

Il avait deux enfants.

— Vite! cria-t-il en forçant son beau-frère à activer la marche : il n'y a pas une minute à perdre... Quatre heures sonnent à l'Abbaye (1), et ma femme, je le gage, n'aura pas eu l'esprit d'avancer le dîner. Sais-tu qu'elle est adorable?

— Oh! oui! répondit naïvement Edgar.

C'était le nom du collégien.

— Délirante, mon cher!... Un pied de Chinoise, de petits doigts effilés, une bouche mutine, et des yeux!... sans compter qu'elle a de l'esprit comme un lutin.

— Eh! mais, dit Edgar en riant, on croirait que c'est de la nouveauté pour toi?

— Sans doute. Il y a six ans, à mon départ de Paris, l'Opéra ne possédait pas cette merveille.

Le jeune homme s'arrêta court.

— Çà, voyons, murmura-t-il, de qui parlons-nous? Est-ce de ta femme, ou bien...

— De ma femme! interrompit Menneville, se tenant les côtés dans un accès de fou rire. Ah! ah! le quiproquo me semble du meilleur comique!... De ma femme?... Ce cher ami!... Vraiment, il dépasse les dernières limites de la candeur, et je finirai par le faire couronner rosière. Çà, réponds un peu, quelle idée grotesque as-tu du monde? Est-ce qu'un mari parle de sa moitié avec cet entrain, avec cette verve? Ah! ah! mon pauvre Edgar, tu as eu beau naître en France, tu restes toujours aussi... Anglais.

Une douloureuse émotion déchira le cœur du jeune homme, qui s'écria d'une voix pleine de reproche :

— Adrien!!

— Mon Dieu, ne te fâche pas! Oui, je l'avoue, ta sœur a des qualités précieuses, des vertus de ménage. Elle est douce, économe, fidèle épouse et bonne mère. Un jour, on l'écrira sur sa tombe en lettres d'or. Mais en attendant, vois-tu, c'est quelque chose de très-monotone; c'est de la félicité domestique, du pot-au-feu!

— Oses-tu bien, dit sévèrement Edgar, professer devant moi de pareils principes?

— Bah! tu en reconnaîtras la justesse avec l'âge. En ce moment, tu as encore toutes les idées fausses, dont les pédants de collège t'ont bourré le cerveau. Tu prends modèle sur les patriarches de la Bible et tu raisonnes comme les bergers de Virgile. Mais, va, je saurai te former, sois sans crainte.

— Merci beaucoup, mon cher! Dussé-je éternellement me voir traiter de niais, je repousse la réforme que tu veux introduire dans mon éducation. Jamais tes principes ne seront les miens. Je vais plus loin : si tu me les avais énoncés aussi hardiment jadis, on aurait, je crois, hésité davantage à te confier la destinée de ma sœur.

— Diable! diable! voici qui tourne au sérieux! Vous me sermonnez, ce me semble, et vous avez la prétention de me faire de la morale, monsieur le collégien?

Ils entraient alors sous une avenue du Mail.

Au bout de cette avenue, se trouvait la maison de Menneville.

(1) Ancienne habitation des dames chanoinesses, aujourd'hui transformée en hôpital.

Tous les bourgeois de Remiremont étaient à dîner ou à leur toilette. Il n'y avait pas de promeneurs.

Le jeune homme prit les deux mains de son beau-frère.

Ses joues étaient pâles, et de grosses larmes roulaient dans ses yeux.

— Adrien, murmura-t-il, j'accepte vis-à-vis de toi l'infériorité que me donne mon âge. Sans doute, je n'ai pas le droit de la remontrance; mais tu ne me refuseras pas celui de la prière... et c'est une prière que je vais t'adresser. Adrien, mon ami, mon frère, écoute! Il faut d'abord que je te parle d'un souvenir de mon enfance. J'avais sept ans à peine lorsqu'une épidémie terrible éclata dans les Vosges. Attaqué le premier, mon père succomba. Mais le fléau n'avait pas assez d'une victime, et, trois jours après, ma sœur et moi nous pleurions sur la tombe de ma mère.

— Là! là! pourquoi me conter cette sombre histoire? C'est un enfantillage, dit Menneville très-ému.

— Je te supplie de m'entendre!... On nous plaça, tristes orphelins, sous la tutelle d'une vieille tante fort dévote, qui passait toutes ses journées en exercices pieux et nous abandonnait aux caprices de ses domestiques. Héloïse, plus âgée que moi et revenue de son pensionnat depuis deux ans, me prodiguait des soins assidus. Son amour fraternel prévenait mes moindres désirs. Elle s'est conduite non-seulement comme une sœur, mais comme une mère. Aussi, je l'aime avec ce que j'ai de plus saint et de plus dévoué dans le cœur... Adrien, je t'en conjure, ne la rends jamais malheureuse!

Semblable à tous les coryphées du cynisme moderne, M. de Menneville avait des prétentions à une insensibilité complète; il traitait de haut en bas les sentiments les plus respectables et insultait à la vertu par son scepticisme railleur.

Mais il n'était pas aussi perverti qu'il essayait de le paraître.

Le discours d'Edgar le toucha vivement.

Sa paupière devint humide, le remords se glissa sous la cuirasse factice dont il s'enveloppait le cœur, et son esprit envisagea sûrement alors comme un crime l'idée de sacrifier à une liaison coupable ses devoirs d'époux et de père.

Il pressa la main du jeune homme, et celui-ci put comprendre qu'il n'avait pas vainement évoqué chez Adrien les sentiments généreux.

Au bout d'une minute de marche, ils sonnèrent à la grille d'une fort jolie maison, cachée, comme un nid d'oiseau, sous les ombrages et les fleurs.

Deux chérubins d'enfants, tout mignons et tout joyeux, accoururent se jeter dans les bras de Menneville, lui firent mille caresses, s'emparèrent chacun d'une de ses mains et le conduisirent au salon, où madame de Menneville attendait..

Le petit beau-frère alla s'asseoir au fond d'un berceau du parc.

Il ne voulait pas troubler par sa présence les épanchements des époux.

II

Hélas! quand des nuées ténébreuses se sont lentement amassées sur le bonheur conjugal, il est bien rare qu'elles se dissipent au premier rayon de soleil! Il faut que la nuée crève, que l'orage éclate, et, si le calme doit renaître, on ne peut en jouir qu'après les désordres et les bouleversements de la tempête.

Héloïse Humber avait épousé depuis cinq ans Adrien de Menneville.

Les femmes, par un bizarre entraînement de leur caractère, accordent volontiers la préférence aux hommes qui ont eu le plus de succès en amour.

Tranchons le mot, elles éprouvent pour les mauvais sujets un attrait véritable.

Les jeunes filles elles-mêmes ne sont pas exemptes de la loi commune, preuve évidente que leur sympathie pour ces amoureux universels doit être attribuée, non pas à la démoralisation, mais à l'amour-propre.

Elles regardent comme un triomphe d'enchaîner une nature volage et de reprendre en détail le cœur de ces messieurs, étalé çà et là par lambeaux à tous les angles de la passion.

Héloïse était belle, douce, aimante.

M. de Menneville devait nécessairement oublier à ses genoux jusqu'au souvenir des folles amours; les chastes transports de cette gracieuse enfant lui rajeunissaient l'âme et ramenaient une à une ses illusions envolées.

Six mois s'écoulèrent, six mois d'ivresse et de bonheur sans nuage.

Puis, tout à coup, la jeune femme crut s'apercevoir que son mari n'était plus aussi empressé vis-à-vis d'elle.

Cette félicité constante, ce perpétuel rayon d'amour et de joie commençaient à causer à Adrien quelque fatigue.

A partir de ce moment, il chercha des distractions au dehors.

Madame de Menneville s'étonna, mais ne s'affligea point : elle ne pouvait croire que l'indifférence succédât à tant d'amour.

D'ailleurs, les douces préoccupations de la maternité vinrent bientôt remplir sa vie et rendre moins sensible le changement d'Adrien à son égard.

Chaque jour amenait sur le front de l'époux de nouveaux ennuis, et chaque jour révélait chez l'épouse des trésors d'angélique patience.

L'inquiétude avait fini par la saisir.

Mais elle cachait avec soin ses angoisses et dévorait ses pleurs.

Quand elle voyait le front d'Adrien se charger de tristesse et son regard morne, elle allait prendre ses enfants pour les déposer sur les genoux de Menneville. Elle instruisait ces deux anges blonds et roses à lui bégayer à chaque minute un mot plus tendre, à lui faire une plus délicieuse caresse; mais elle ne ramenait pas toujours la sérénité sur ce visage sombre.

Souvent, en réponse à ses douces avances, elle n'obtenait qu'une parole brusque ou un geste brutal.

Une fois le premier enivrement passé, M. de Menneville s'était mis à secouer avec humeur la chaîne de l'hymen et à regretter son existence d'autrefois, son métier d'homme à conquêtes.

Ce charme intime du ménage, ce bonheur à deux finirent par lui sembler d'une monotonie désespérante.

Quelques traits perfides, lancés de temps à autre par d'anciens compagnons de débauche, achevèrent d'imposer silence aux conseils que lui dictait un reste de pudeur. Il déserta sa maison, renoua de dangereuses amitiés et se livra, sous prétexte de ressaisir son indépendance, aux fantaisies les plus excentriques et les moins permises.

Quand un homme est aimable, le monde devient indulgent.

Il ne s'inquiète pas si le plaisir que cet homme lui procure est payé, non loin de là, par le désespoir et les pleurs.

Madame de Menneville apprit qu'Adrien, si maussade auprès d'elle, faisait les délices de certains cercles de la ville, où l'on ne jugeait pas convenable de la recevoir.

Un instant, elle crut qu'elle allait mourir.

L'épreuve était trop forte pour cette délicate et frêle nature de femme toute de dévouement et d'amour.

Néanmoins, elle surmonta sa douleur. La fierté prit le dessus chez elle; Adrien n'essuya pas un reproche, n'entendit pas une plainte.

Il est vrai que la jalousie n'avait pas encore glissé son venin jusqu'au cœur d'Héloïse.

M. de Menneville ne l'aimait plus; mais l'idée qu'il pût en aimer une autre ne s'était pas encore présentée à l'imagination de la jeune femme.

Dans une petite ville, rien ne s'ignore, et l'on déchire bien vite le voile d'une intrigue.

Aucune rumeur inquiétante n'était parvenue aux oreilles de l'épouse; donc, l'époux ne peut être accusé que d'indifférence.

Puisqu'il n'est pas infidèle, il est possible de le ramener encore.

Cette idée rendit presque le bonheur à madame de Menneville.

Dès ce jour, elle devint coquette et déploya, pour vaincre la noire humeur d'Adrien, les ressources de la diplomatie féminine la plus adroite et la mieux combinée. Sa voix, son regard, tout en elle prit un air de suave langueur et de fine câlinerie, dont le charme pour tout autre eût été vraiment irrésistible.

Mais Adrien ne parut pas seulement s'en apercevoir.

Héloïse eut besoin de tout son courage pour lutter contre cette brutale insouciance. Elle y mit tant d'abnégation, tant de douceur, tant d'amour, qu'elle réussit presque à fondre la couche de glace qui recouvrait l'âme de son mari.

Adrien retrouva près d'elle quelques élans de tendresse; elle en profita pour remporter de nouvelles victoires.

M. de Menneville n'allait plus dans le monde sans sa femme. Partout elle l'accompagnait, à la promenade, au théâtre, et se livrait à des étonnements naïfs, lorsque parfois Adrien secouait avec colère la chaîne rivée de nouveau à son pied.

Il entrait dans le rôle de la jeune femme de ne pas comprendre ces révoltes, et jamais elle ne donnait prise à la moindre explication.

Mais, hélas! en dépit de tous ses efforts, et malgré les habiles manœuvres que lui suggérait son amour, la pauvre enfant allait subir le coup le plus fatal et le plus imprévu!

Elle assistait, la veille, avec M. de Menneville, à la représentation de l'*Enfant Prodigue*.

Mademoiselle Irma, la célèbre cantatrice, ne se faisait pas seulement remarquer par son talent musical, elle était d'une beauté fort dangereuse, et nous devons lui rendre cette justice que, devant la rampe, elle manœuvrait aussi habilement de la prunelle que du gosier.

Distinguant Menneville à une loge d'avant-scène, elle dirigea contre lui l'artillerie de son regard.

Bientôt, comme on le devine, Adrien fut incendié des pieds à la tête.

Sans respect pour Héloïse, que cet impudent manége mettait à la torture, il répondait aux œillades de l'actrice. Chacun put le voir se pencher sur la balustrade et applaudir avec frénésie.

A la fin du morceau du cinquième acte, entre Jephtèle et Ruben, il poussa l'oubli de lui-même et des convenances jusqu'à prendre le bouquet de sa femme pour le jeter aux pieds de la diva.

C'était le comble de l'impudeur.

On murmura hautement dans la salle, et tous les regards se tournèrent avec intérêt vers madame de Menneville.

Elle se leva, pâle comme une morte.

On crut qu'elle allait s'évanouir; mais, faisant appel à toute sa force d'âme, elle ouvrit la porte de la loge et disparut, sans que son mari daignât lui adresser une seule parole pour mettre obstacle à sa retraite.

De retour chez elle, la malheureuse femme pleura toutes les larmes de son cœur.

Voilà donc le résultat de son inaltérable patience!

On l'offense publiquement, on l'outrage sans honte, on ose la sacrifier à une fille de théâtre.

D'où provient chez son mari cet entraînement fatal, ce délire insensé? Attribuera-t-on aux charmes de la cantatrice le vertige qui le saisit? Mais rendez à madame de Menneville le repos et la joie, nulle autre ne pourra lutter avec elle de gentillesse et de grâce.

Alors, par quoi donc Adrien s'est-il laissé séduire? Par le talent de cette créature? mais l'œuvre d'Auber, qu'il accueille aujourd'hui avec des bravos enthousiastes, sa femme, hier encore, lui en déroulait toutes les richesses musicales, sans qu'il eût daigné seulement lui adresser une félicitation, un sourire.

Elle aussi cependant possède une voix de soprano, pure, suave, éclatante; elle vocalise avec art et s'accompagne avec une science parfaite.

La conduite de Menneville ne s'explique que par ce dévergondage de mœurs et cette démoralisation honteuse qui portent certains hommes vers les phrynés de coulisse.

Il y avait de quoi mourir de désespoir.

Adrien, l'opéra terminé, courut avec tous ses amis féliciter mademoiselle Irma dans sa loge.

Une dernière œillade, décochée à bout portant, acheva de lui embraser le cœur. Il rentra chez lui, la tête perdue, en proie à la passion la plus violente, et décidé à la satisfaire, dût-il pour cela marcher à pieds joints sur toutes les considérations et toutes les bienséances.

Il passa la nuit à caresser ce rêve coupable; et, le lendemain, sans même avoir une pensée pour sa triste compagne, que la scène de la veille avait anéantie, il envoya porter à mademoiselle Irma les propositions écrites les plus nettes et les plus précises.

La diva jouait serré.

Comprenant qu'un peu de résistance nouerait davantage encore les mailles du réseau dans lequel était venu tomber Adrien, elle répondit que les circonstances l'empêchaient d'accepter de telles offres. Le temps lui manquait, disait-elle, et sa chaise de poste devait rouler, avant une heure, sur la route de Strasbourg.

Il en fallait beaucoup moins pour monter la tête de Menneville au diapason de la folie.

Sans plus de retard, il se mit à rédiger un second poulet, beaucoup plus incandescent que le premier, courut chez un juif du faubourg et lui paya d'un prix énorme un écrin que, deux jours auparavant, il avait refusé d'acheter à madame de Menneville.

Réunissant encore au cercle tous les dilettanti de Remiremont, il les engagea vivement à le suivre à l'hôtel d'Allemagne, où il obtint le succès oratoire que nous savons.

Avant de sortir avec son beau-frère, il eut soin de déposer la seconde lettre et l'écrin sur un coin de la cheminée de l'actrice.

Les choses en étaient donc à ce point, lorsque la voix d'Edgar éveilla le remords chez Menneville. Le touchant et simple récit du jeune homme, l'affection pour sa sœur, la prière qu'il fit à Adrien de ne pas rendre Héloïse malheureuse, tout se réunissait pour émouvoir profondément le coupable époux.

Peut-être jusqu'à ce jour madame de Menneville avait-elle eu tort de mêler autant d'orgueil à sa tristesse et de ne pas essayer de faire vibrer chez Adrien la corde de la sensibilité.

Beaucoup de maris, qui marchent intrépidement dans le sentier du désordre, parce qu'ils supposent leurs femmes indifférentes ou aveugles, s'arrêteraient devant le reproche ou la plainte.

Héloïse ayant caché ses pleurs et dissimulé ses angoisses, Menneville s'était endurci de toutes les récriminations qu'on lui avait épargnées, de tout le silence qu'on avait gardé sur ses torts.

Maintenant la jeune épouse n'en est plus aux larmes et aux soupirs; elle a usé dans le secret de sa douleur les cordes précieuses qui pourraient aujourd'hui résonner pour la réconciliation.

Menneville vient de paraître devant elle, l'œil ému, l'âme repentante.

Elle ne s'aperçoit pas de son trouble, elle ne devine pas le remords qui le tient au cœur.

Après avoir interrogé les domestiques, elle a fait espionner, depuis le matin, toutes les démarches du coupable. S'abaissera-t-elle à la prière? tombera-t-elle suppliante aux genoux de cet homme? Non! ce serait sacrifier lâchement les droits de femme légitime, ce serait avilir sa dignité de mère.

Voyant entrer Adrien, elle sonna de toutes ses forces.

Une femme de chambre parut.

— Qu'on emmène les enfants! dit Héloïse d'une voix brève.

Puis, restée seule avec son mari :

— Monsieur, murmura-t-elle, le regard fixe et les lèvres frémissantes, vous venez sans doute me faire connaître votre dernier mot, et la décision que vous avez prise sur mon sort?

— Permettez, dit Adrien très-pâle...

— Oh! je sais tout, monsieur! Mais ne craignez pas que je vous dissuade de vos projets. Il y a des passions dont il est impossible d'être jalouse : la vôtre est du nombre. Chez moi la fierté impose silence à la plainte, comme le mépris et le dégoût me sauvent de la colère.

— Assez! pas un mot de plus! cria Menneville, frappant du pied avec violence.

— Eh! monsieur, j'ai déjà eu l'honneur de vous demander si je devais vous laisser le champ libre?

— Vous le prenez ainsi, madame!... soit, le sort en est jeté! répondit Adrien furieux.

Et cet homme, ému, l'instant d'auparavant, d'un repentir véritable, cet homme, prêt à s'humilier et à demander grâce, monta sur les hauteurs de son orgueil pour repousser le blâme, qu'il eût subi sous toute autre forme et avec des ménagements, dont, par malheur, sa victime n'était plus susceptible.

Rendu fatalement à ses mauvais instincts, M. de Menneville accepta la situation dans tout ce qu'elle avait de plus étrange et de plus odieux.

Il osa tenter la justification de sa conduite et l'appuyer de sophismes insolents.

— Par la corbleu! s'écria-t-il, vous me la donnez belle avec vos mines tragiques et vos allures de reine outragée! Que diable, ma chère, on ne condamnera jamais un mari à roucouler éternellement sur la même note... ce serait par trop monotone! Une femme qui sait son monde, une femme d'esprit ferme les yeux et n'exagère pas les conséquences d'un caprice.

Madame de Menneville fut écrasée par cet ignoble cynisme, et son courage l'abandonna au premier choc.

— Pitié! pitié! vous me brisez le cœur! balbutiat-elle, joignant les mains avec angoisse.

— A merveille! dit Adrien, vous avez assez de l'insulte, et il vous plaît de changer de rôle. Malheureusement, toutes ces péripéties de ménage tombent à faux et ne m'impressionnent pas le moins du monde. Continuez d'embellir ces lieux de votre présence, madame. C'est à moi de vous laisser le champ libre.

— Adrien! je vous en conjure, dit Héloïse, désavouez ce cruel discours! Quel crime ai-je commis? Quel tort avez-vous à me reprocher? Mon cœur n'a-t-il pas toujours été pour vous plein de dévouement et de tendresse? Pardonnez-moi l'aigreur de mes premières paroles...... Adrien! ne repoussez pas votre femme, la mère de vos enfants!

Elle venait de tomber à genoux et de saisir la main de Menneville.

Cette main fut bientôt toute baignée de larmes, et le coupable époux détourna la tête pour cacher son émotion.

—Oh! répondez-moi!... mon ami, répondez-moi!... Il est impossible que je sois punie pour vous avoir trop aimé!

La pauvre jeune femme éclatait en sanglots.

M. de Menneville était sur le point de se rendre; le remords criait en lui, sa paupière devenait humide. Il allait relever Héloïse, sécher ses pleurs, et lui deman-

Héloïse, folle de douleur, se traînait à ses genoux. — Page 64, col. 1re.

der pardon, quand tout à coup parut un domestique, apportant une lettre sur un plateau de vermeil.

C'était la réponse de mademoiselle Irma.

Elle priait Adrien de venir partager son dîner.

Le malheureux étouffa le dernier cri de sa conscience.

Héloïse, folle de douleur, se traînait à ses genoux. Il la repoussa durement et sortit.

Quelques heures plus tard, à la fin de la seconde représentation de l'*Enfant Prodigue*, M. de Menneville courait à toutes brides avec la cantatrice sur le chemin de Strasbourg.

III

Le scandale fut effrayant.

Il n'y eut dans toute la ville qu'un cri de réprobation contre l'homme qui venait de se conduire avec cette indécence et cette lâcheté.

Chacun voulut consoler la victime d'un aussi cruel abandon ; mais Héloïse ferma sa porte et s'épargna des visites, que la curiosité lui amenait peut-être beaucoup plus que la sympathie.

Du reste, elle n'avait pas le moindre sentiment de haine pour le coupable.

Une fois le premier accès de désespoir passé, madame de Menneville fit un retour sur elle-même, et s'accusa d'avoir provoqué par des paroles méprisantes la fuite de son époux.

En lui racontant la scène du Mail, le jeune collégien acheva de la convaincre que Menneville était susceptible de repentir, et qu'elle avait maladroitement heurté par le reproche et le blâme un cœur tout prêt à se soumettre et à revenir à elle.

Les femmes seules ont de ces inappréciables trésors de miséricorde et d'indulgence.

Envisageant les choses de la sorte, l'épouse délaissée finit par se croire plus répréhensible que le fugitif, ce qui augmenta de beaucoup l'amertume de son chagrin.

Bientôt néanmoins le bruit circula dans Remiremont que madame de Menneville avait séché ses pleurs. Elle acceptait, disait-on, son veuvage avec une philosophie plus qu'exemplaire. On espérait la voir reparaître dans le monde, ou du moins on comptait que les visites ne seraient plus repoussées par elle avec autant de rigueur.

On se trompait.

La jeune femme continua de défendre l'approche de sa solitude.

Elle habitait, pendant les chaleurs, un fort joli pavillon, bâti à l'extrémité de son parc.

Là, perdue comme une fauvette sous l'ombrage, elle étonnait tous les échos d'alentour par des roulades continues et une mélodie incessante. Son piano envoyait au travers de la feuillée mille triolets joyeux et jetait sur les ailes de la brise d'éternelles cadences.

Tant enfin que la première opinion des habitants de la ville se modifia singulièrement.

— Pauvre femme ! pensèrent-ils, nous aurions dû le deviner plus vite : elle est folle !

Cependant trois mois se sont écoulés depuis le scandaleux départ de Gaston.

Qu'est devenu le volage époux ? Faut-il dire ses pérégrinations insensées au travers de l'Europe, à la suite de cette éblouissante diva, pour les charmes de laquelle il a tout sacrifié, son épouse, ses enfants, l'amitié de sa famille et l'estime publique.

Et tenait par la main ses deux enfants. — Page 67, col. 2.

Hélas! les illusions de Menneville ne devaient pas être de longue durée!

Mademoiselle Irma donna quelques représentations à Strasbourg et se livra, par habitude, à ces œillades provocatrices qui ne manquaient jamais de lui attirer des couronnes ou des cœurs.

Cinq ou six gros papillons alsaciens se laissèrent prendre au feu de ses prunelles.

Ils se seraient approchés infiniment trop près de l'astre, si Menneville n'y eût apporté la plus stricte surveillance.

Assez désagréablement ému de la légèreté de son idole, il se crut en droit de lui adresser quelques observations.

On lui partit au nez d'un retentissant éclat de rire, et l'on s'écria :

— Sur l'honneur, vous êtes fou, mon cher! Est-ce que votre ancien métier de mari vous a gâté le sens? Pensez-vous que j'accepte jamais une chaîne?... par exemple!... Tra, la, la, la, tra, la, la, la, la!..... Hein?... Ne trouvez-vous pas que je réussis dans les notes basses? Il me prend envie de chanter les rôles de Levasseur!

Mademoiselle Irma éclata de rire de nouveau, flagella doucement les joues d'Adrien de ses petits doigts roses et ajouta :

— Voulez-vous prendre un air plus gracieux! De la jalousie, fi donc! Vous n'êtes pas à la hauteur des idées artistiques, mon cher!

Menneville jugea convenable de terminer là cette querelle.

Deux jours après, les œillades recommençaient plus vives à Francfort.

Heureusement, on ne fit pas un long séjour dans cette ville; mais avant la fin de la semaine, et dans les coulisses du grand théâtre de Berlin, les hommages d'un petit conseiller blond furent accueillies par des menées si encourageantes, qu'Adrien, furieux, provoqua son rival et reçut un coup d'épée en pleine poitrine.

La cantatrice ne pouvait décemment attendre que cette blessure fût guérie.

Elle se dirigea vers Moscou, emmenant, par distraction, dans sa chaise de poste, le petit conseiller blond, qui occupait avec délices la place de Menneville.

Adrien faillit périr, moins de sa blessure que de l'accès de rage dont il fut saisi, à la nouvelle de cette fuite audacieuse.

Il passa quinze jours dans son lit à formuler les plus terribles serments de vengeance.

Enfin, la locomotion lui fut permise.

L'amant trompé fit l'achat d'une berline et courut à son tour sur le chemin de Moscou.

Mais déjà mademoiselle Irma avait quitté la ville sainte et son petit conseiller blond pour suivre en Autriche un opulent boyard, qui jetait les roubles par milliers au-devant de chaque caprice et se faisait aimer au poids de l'or.

Adrien jura de tuer ce Crésus hyperboréen.

Mais il apprit que la dame l'avait abandonné au bord du Danube et s'était ensuite portée sur Venise, en compagnie d'un Anglais, beaucoup plus aimable que le boyard au point de vue métallique : il prononçait *guinées* partout où l'autre disait *roubles*, et agissait en conséquence.

Peu importait à Adrien de se venger sur un sujet du czar ou sur un fils de la Grande-Bretagne.

Il arrivait à Venise à onze heures du soir.

Sa perfide maîtresse jouait dans la magnifique salle de la *Fenice* : il y courut tout poudreux; mais la représentation était finie, le théâtre fermait ses portes.

Montmartre. — Imp. Pilloy frères. Vnéville et Comp.

Menneville manqua de quelques secondes l'Anglais et la cantatrice.

On lui indiqua toutefois le chemin qu'ils devaient suivre pour regagner leur hôtel. Il put les rejoindre sur le pont Rialto et commença l'explication par briser les glaces du carrosse.

— Goddem! s'écria l'Anglais, qui descendit et retroussa gravement ses manches.

C'était le boxeur le plus intrépide de Londres et des trois royaumes.

Il se mit au plus vite à exercer sa science sur les épaules de son adversaire.

En vain Menneville se récria contre l'absurdité de ce duel britannique : milord n'entendait pas un mot de français.

Quant à mademoiselle Irma, elle trouvait la rencontre fort originale et riait de tout cœur.

Le malencontreux jaloux fut littéralement assommé par une grêle de coups de poing, distribués avec la conscience la plus scrupuleuse et l'art le plus parfait.

Milord s'approcha de son adversaire, étendu sans mouvement sur le pavé de marbre du pont Rialto, et dit froidement à deux grands laquais juchés derrière sa voiture:

— It e dead... At the water!

Les domestiques se mirent en devoir d'obéir à cet ordre; ils soulevèrent Adrien, que leur maître venait de déclarer mort, et le précipitèrent par-dessus le parapet dans les flots de l'Adriatique, sans égard aux cris de mademoiselle Irma, qui commençait à trouver la plaisanterie un peu forcée.

Heureusement la fraîcheur de l'eau rendit au pauvre vaincu l'usage de ses sens.

D'une gondole voisine on le vit se débattre, et l'on accourut à son aide juste assez à temps pour empêcher son histoire de finir au fond des lagunes.

Or, ceci se passait dans les premiers jours d'août.

Menneville fut aussi long à se guérir ces coups de poing de l'Anglais que de la blessure dont l'avait gratifié le petit conseiller blond.

Décidément il jouait une partie folle et malheureuse.

Il comprit que, s'il voulait égorger tour à tour les adorateurs de la diva, ce serait, à part la liste des mécomptes, une besogne trop fatigante et qui le mettrait en guerre éternelle avec toutes les nations et tous les peuples.

Ces réflexions fort sages le décidèrent à regagner la France.

Mais il était loin d'y être ramené par la honte de ses désordres, et l'idée ne lui vint pas de demander le pardon de sa femme. Il essaya de se consoler à Paris avec d'autres héroïnes de coulisse et continua de jeter dans le gouffre de la débauche sa fortune et l'héritage de ses enfants.

En moins de trois mois, Menneville avait dépensé cinquante mille écus.

Un beau soir, qu'il était en train d'écrire à son banquier de Remiremont, pour lui demander de nouvelles finances, il se sentit frapper sur l'épaule et reconnut un personnage qui venait d'entrer sans se faire annoncer.

— Edgar! s'écria-t-il avec stupeur.

— Moi-même, répondit avec un sourire le jeune provincial. Ah ça! mort diable, est-ce qu'il y a dans ma physionomie quelque chose de la tête de Méduse?... Ta main, mon cher!... Sois tranquille, je ne viens pas en censeur. Foin de la morale et vive la joie! Sais-tu que je me suis donné un mal inouï pour avoir ton adresse?

Adrien n'était pas encore revenu de sa surprise.

Il avait la mine honteuse et déconfite d'un renard pris au piège, et ce fut avec une hésitation visible qu'il pressa la main de son beau-frère.

— Peste! quel accueil! fit celui-ci. On dirait, Dieu me pardonne, que tu es fâché de ma visite. Est-ce que je te dérange? Attendrais-tu, par hasard, quelque gibier d'amour?... S'il en est ainsi, mon cher, il faut me renvoyer. Ne te gêne pas, que diable! Je serais vraiment au désespoir...

— Non, non, reste! dit Menneville, rassuré par l'air de franchise du jeune homme, et très-intrigué de lui voir de pareilles allures.

— A la bonne heure, fit Edgar, ton visage s'éclaircit. Je me figurais... Dame! après tout, c'eût été fort simple... tu pouvais me garder rancune.

— Rancune... et de quoi, je te prie?

— Parbleu! du sermon stupide que je t'ai jadis débité sous le Mail. Étais-je bête?... ah! ah! ah!!... Mais je me suis déniaisé lestement. J'avais des dispositions admirables... Tiens, regarde plutôt!

Edgar pirouetta plusieurs fois sur lui-même, étalant aux yeux d'Adrien une toilette sans reproche et se donnant des mines de dandy tout à fait de bon aloi.

— Hein, mon cher, s'écria-t-il, on n'est plus ce petit grimaud de collégien, à la tournure grotesque, aux idées patriarcales? Nous avons du monde et de l'expérience!

— Est-ce que tu arrives des Vosges? demanda Menneville, d'une voix qu'il s'efforçait de rendre calme.

— Des Vosges?... tu plaisantes! J'avais eu soin de me faire émanciper par mon tuteur, et j'ai pris ma volée presque en même temps que toi. Là-bas, on se figure que je suis un cours de médecine... Ah! ah! Dieu m'en préserve! Ne serait-ce pas de la duperie, et ne vaut-il pas mieux manger gaiement et largement quinze belles mille livres de rente, sauf à prélever plus tard sur le capital? J'ai deux chevaux et trois maîtresses pur sang, une petite maison divine, rue Saint-Lazare, et ma loge à l'Académie impériale de musique. Mais, au fait, j'y songe... il y a, ce soir, un début dans la Juive... une femme céleste, un talent hors ligne!

— Ah! fit Menneville, entièrement remis de sa première inquiétude et ne craignant plus de trouver chez Edgar le Caton maussade et grondeur d'autrefois. Tu la connais?

— Beaucoup. C'est une de mes amies intimes. Je la protége.

— Oh! oh! ceci devient très-grave, monsieur le protecteur!

— Je te devine... Eh bien! non, là... parole sacrée... tu t'abuses complétement. C'est une amie, une bonne et sincère amie... rien de plus, je t'assure. Qui m'empêche de me suivre au théâtre? Le spectacle fini, nous pourrons souper avec la débutante, et tu verras en quels termes elle est avec moi.

— Va pour le souper! dit Adrien, qui jeta sa robe de chambre et passa vivement un gilet et un habit.

Ils sortirent ensemble.

Le cabriolet d'Edgar brûla le pavé jusqu'au péristyle de l'Opéra.

Une foule immense encombrait la salle.

On pouvait admirer sur le triple rang des loges une infinité de toilettes ravissantes; les pierreries étincelaient partout comme des myriades d'étoiles.

— Allons au balcon, dit Edgar. Il est probable que l'une ou l'autre de mes pur-sang aura disposé de ma loge.

On avait déjà joué trois actes.

La toile était baissée.

Tous les spectateurs s'entretenaient du talent de la débutante, et les nouveaux venus entendirent dans leur voisinage le concert d'éloges le plus unanime et le plus pompeux.

— Chut! fit Edgar. Le rideau se lève. Tu vas juger, mon cher, du mérite de ma protégée.

Le quatrième acte de la Juive commence par un duo plein d'émotion et de larmes entre Rachel et la nièce de l'empereur. La débutante jouait le rôle de Rachel.

— Eh! mais quelle mouche te pique? dit Edgar, voyant Adrien tressaillir et s'agiter dans sa stalle.

M. de Menneville ne répondit pas.

Il se leva, l'œil égaré, le front pâle, se pencha vivement du côté de la scène, et se montra sourd aux réclamations de ses voisins, qui se plaignaient avec raison de lui voir troubler le plaisir du spectacle.

— En vérité, tu es absurde! lui dit son beau-frère. Demeure en place, ou sors.

Adrien se rassit et pressa convulsivement la main d'Edgar.

— Cette femme, murmura-t-il... regarde cette femme! Il désignait la débutante.

— Eh! morbleu! sois donc plus sobre de gestes!... Je la vois bien cette femme... je ne suis pas aveugle.

— Mon Dieu! mon Dieu! c'est une hallucination! c'est un rêve!

— Hein?... qu'est-ce que tu dis?

— Ne trouves-tu pas qu'elle ressemble... à ta sœur?

— Heu!... c'est selon. Oui, en effet... Il y a de faux airs... Mais, je t'en prie, ne t'agite pas de la sorte. Toutes les lorgnettes sont braquées sur nous, et tu vas nous faire prendre pour des gardes nationaux de la rue aux Ours.

Adrien essaya de retrouver du calme.

En ce moment, la voix de la juive éclatait solennelle et vibrante ; elle chantait ces deux vers :

Pas coupable!... sais-tu qu'il avilit mes jours?
Sais-tu que je l'aimais, que je l'aime toujours?

M. de Menneville n'y tint plus.

Il se leva pour la seconde fois, et un cri perçant s'échappa de sa poitrine.

Heureusement cette clameur se perdit au milieu d'un tonnerre de bravos.

— Edgar! Edgar! murmura-t-il, j'en suis sûr, c'est elle!

— Tu es fou, lui répondit son beau-frère. Cela n'a pas l'ombre de sens commun. J'admets néanmoins que ce soit ta femme... Est-ce une raison pour troubler le spectacle et nous faire mettre à la porte?

Adrien laissa tomber sa tête entre ses mains brûlantes.

Il crut que son cerveau allait se briser.

Peut-il s'en rapporter au témoignage de ses sens? Est-il vraisemblable que madame de Menneville soit là, sous ses yeux, qu'elle excite cet enthousiasme et reçoive les applaudissements de la société la mieux choisie et la plus brillante?... Non, c'est impossible!... Il est sous l'empire d'une illusion; la fièvre lui brûle le sang, elle évoque devant lui des fantômes trompeurs.

Héloïse sur les planches, en face d'un public parisien, débutant avec triomphe, avec gloire!... Allons donc! il faut au moins rêver des choses qui ne tiennent ni de la folie ni du vertige.

Douce et craintive, jamais sa femme n'aurait eu le courage d'affronter cette rampe, ce lustre, ces regards.

Et puis, d'où lui seraient venus cette voix sublime et puissante, tous ces trésors de science musicale, toutes ces ressources d'harmonie?

Non! non! ce ne peut être Héloïse!

Il ne l'aurait jamais abandonnée, si elle avait eu ce miraculeux talent, cette beauté céleste, ces grâces infinies, qui font éclater la salle en bravos et attirent tous les cœurs vers la débutante.

Adrien resta jusqu'à la fin du spectacle, la tête entre ses mains, au milieu d'un orage de pensées tumultueuses qui lui faisaient craindre pour sa raison.

— Veux-tu coucher ici? lui dit Edgar en lui montrant la salle presque vide.

Menneville se dégagea le front et regarda son beau-frère d'un œil éperdu.

— Tantôt, continua le jeune homme, je t'ai dit que nous souperions avec notre délicieuse Rachel. Il s'agit de tenir ma parole.

Adrien manqua de tomber à la renverse.

Mais Edgar le soutint et l'entraîna.

D'abord il le fit promener le long du boulevard des Italiens pour laisser à la fraîcheur du soir le temps de le calmer.

Puis il l'introduisit dans une somptueuse habitation de la rue Laffitte.

Il sonna doucement à l'entre-sol.

On ouvrit, et l'on prévint ces messieurs que madame les attendait dans son boudoir.

Adrien crut qu'il ne franchirait pas le seuil sans mourir.

La débutante vint au-devant de lui, blanche et gracieuse, sous un simple peignoir de batiste. Elle souriait avec amour, et tenait par la main ses deux enfants.

— Oh! pardon! pardon! s'écria Menneville, tombant à deux genoux et suffoqué par les pleurs.

— Oui, mon ami, répondit Héloïse, je vous pardonne!... mais souvenez-vous qu'une pauvre femme légitime peut avoir les qualités brillantes des sirènes qui vous séduisent, tout en conservant des vertus qui ne sont jamais leur partage!............

Beaucoup de nos lecteurs assistaient peut être, le 15 octobre dernier, à la représentation de la *Juive.*

S'ils nous demandent pourquoi l'Opéra n'a pas conservé cette jolie débutante, qui avait gagné tous les suffrages, nous répondrons qu'il n'en faut point accuser l'administration du théâtre.

On a fait à Héloïse les offres les plus merveilleuses. Mais regagner le cœur de son époux était l'unique ambition de la jeune femme : elle a refusé la gloire après avoir retrouvé le bonheur.

FIN DE FEMME ET MAITRESSE.

ÉCHEC ET MAT

PAR EUGÈNE DE MIRECOURT

I

Le despotisme de l'Autriche avait envahi la ville de Gênes et voulait métamorphoser des républicains en ilotes. Courbé sous un joug odieux, le peuple n'attendait qu'une occasion favorable pour écraser ses oppresseurs. Cette occasion se présenta; mais la république, trop faible pour tenir tête à l'empire, implora l'intervention de la France.

Le duc d Boufflers, envoyé d'abord au secours des Génois, fut arrêté par la mort au milieu de ses conquêtes.

On choisit aussitôt, pour le remplacer, ce cauchemar éternel des amants et des époux, dont la fougue, en amour comme en guerre, permettait rarement à la place attaquée de faire une longue résistance.

Richelieu, puisqu'il faut l'appeler par son nom, s'arrache en toute hâte des bras de ses maîtresses; car on doit lui rendre cette justice qu'il ne balança jamais à quitter ses plaisirs pour voler où l'appelaient la gloire et le danger. Suivi de MM. d'Agénois, de Crussol et de Chauvelin, il s'embarque à Monaco sans attendre ses équipages, et passe intrépidement au milieu d'une flotte ennemie, se riant des bordées de canon que lui envoyaient les frégates anglaises.

Bientôt le palais Doria le reçoit dans ses murs. Le doge et le sénat viennent complimenter le nouveau général, qui ne tarde pas à justifier la bonne opinion qu'on avait conçue de sa valeur. Obligés de céder à l'impétuosité française, les Autrichiens évacuent, à chaque défaite, une portion du territoire envahi. Le bourg de Campofreddo, dans lequel ils s'étaient retranchés, est assailli par Richelieu, qui l'emporte d'emblée et délivre enfin les Génois de la tyrannie impériale.

Mais l'ennemi n'a pas abandonné la frontière; les armes de la France doivent l'intimider encore et prévenir une nouvelle invasion. Richelieu prend ses quartiers d'hiver à Gênes : c'est le signal des fêtes et des plaisirs.

L'épée du conquérant se repose, un valet de chambre adroit s'efforce de changer le soldat en Adonis, besogne difficile, car le duc avait déjà passé la cinquantaine. Des essences parfumées rendent une fraîcheur artificielle à un teint noirci par la poudre des combats, et le favori de Louis XV, vêtu de son brillant habit de cour, papillonne sous le regard des brunes Italiennes, et, nouveau sultan, s'apprête à jeter le mouchoir.

En Italie, les femmes avaient coutume, à cette époque, de se choisir un sigisbée, sorte de protecteur qui les accompagnait partout, au bal, au spectacle, à l'église, et qui finissait très-souvent par obtenir un titre plus doux, sans que les maris eussent le droit de lui enlever son privilége, si ce n'est par un mystérieux coup de poignard, qui les débarrassait de ce singulier gardien de la vertu de leur moitié.

L'œil exercé de Richelieu distingua bientôt, parmi les dames qu'il invitait à ses fêtes, celle qui méritait le plus ses hommages.

Il devint le sigisbée de Pelinetta Brignolet, que le doge avait mariée à l'un de ses frères, vieux, goutteux, et membre du sénat. Le duc admirait les yeux noirs, la chevelure soyeuse et la taille élégante de l'Italienne, sans compter mille autres charmes que laissait deviner un indiscret corsage, ou qui se trahissaient au milieu des poses voluptueuses de la danse, alors que la jeune femme, tout entière au plaisir, abandonnait son corps souple aux étreintes passionnées du Lovelace français. Celui-ci pourtant, à qui la gaieté de Pelinetta, son ton folâtre et son goût pour les divertissements et les fêtes avaient persuadé que cette conquête lui serait facile, d'autant plus que la belle-sœur du doge ne devait pas raffoler de son époux septuagénaire, Richelieu, disons-nous, ne tarda pas à s'apercevoir qu'il s'était trompé dans ses espérances.

En vain ses magnifiques équipages, que vingt felouques lui avaient amenés par mer, sortaient chaque matin du palais pour aller prendre les ordres de l'Italienne; son valet de chambre portait en vain des billets ensevelis dans un gracieux bouquet de fleurs ou cachés dans les nœuds de rubans venus des magasins de France... le duc en était pour ses rubans, son éloquence et ses fleurs.

Gâté jusque-là par toutes les belles, il devint jaloux et ne s'expliqua le peu de succès de ses galanteries que par la préférence accordée sans doute à un rival plus heureux.

Nuit et jour, des espions à ses gages devaient rôder aux alentours de l'hôtel de Pelinetta, puis venir lui rendre compte de toutes les démarches de la belle-sœur du doge. Richelieu lui-même, toujours à la piste d'aventures romanesques, prit un costume de bourgeois, et sortit du palais par une nuit sombre, afin de s'assurer si les gens qu'il payait s'acquittaient de leur mission.

Les rues étaient désertes et le voisinage de l'hôtel du sénateur était plus silencieux encore que tout le reste de la ville. Sans doute les espions trouvaient plus agréable de s'enivrer aux dépens de Richelieu, dans quelque taverne, que de gagner un rhume à la belle étoile.

Le duc furieux jura qu'il ferait périr tous ces coquins sous le bâton.

Mais, remarquant à son tour que c'était une médiocre jouissance de battre le pavé par une nuit froide et pluvieuse, il se disposait à rentrer au palais Doria, lorsqu'il aperçut un homme accoudé sur la grille de la maison qu'il faisait surveiller. Malgré les ténèbres, il vit que cet homme n'était pas du nombre des espions à sa solde. La jalousie lui fit bientôt reconnaître un rival, et sa fureur ne connut plus de bornes quand il put s'assurer, en approchant, que l'inconnu avait les yeux fixés sur l'une des fenêtres de l'appartement de Pelinetta.

— De par tous les diables, vous allez vous battre avec moi! cria Richelieu d'une voix étouffée par la colère : en garde!

Et, sans autre préambule, il tira son épée.

A cette brusque apostrophe, l'inconnu, faisant volte-face, se drapa dans son manteau et toisa fièrement des pieds à la tête celui qui le provoquait.

— Si tu es un voleur, tu n'as pas de chance, dit-il ; je viens de donner ma dernière pistole à deux hommes dont la présence me gênait dans cette rue... Crois-moi, l'ami, va chercher fortune ailleurs.

— Insolent! cria le duc.

— Par Notre-Dame-de-Lorette, reprit l'autre, qui donc es-tu pour le prendre si haut?

— Un homme qui saura châtier l'audace d'un faquin... Je te le répète, en garde!

— Il est fâcheux, monseigneur, que je n'aie pas d'autres armes que cet instrument, dit l'étranger, qui se baissa pour ramasser une mandoline appuyée contre la grille; sans quoi, j'aurais été ravi de pouvoir mesurer ma lame à celle d'un noble duc... Mais ce n'est que partie remise, monsieur de Richelieu !

L'agresseur, entendant prononcer son nom, fut un instant déconcerté.

Dans son transport jaloux, il ne s'était pas aperçu que la fenêtre devant laquelle il avait trouvé son rival en contemplation laissait échapper une clarté douteuse, qui suffisait néanmoins pour faire reconnaître le grand seigneur sous les habits du bourgeois. Jetant lui-même un coup d'œil rapide sur l'étranger qui lui parlait avec tant de hardiesse, Richelieu se repentit sans doute des expressions que lui avaient arrachées la colère, car il remit son épée dans le fourreau, et dit avec bienveillance :

— Votre main, jeune homme! nous pouvons avoir ensemble une autre explication que celle des armes... Comment se fait-il que vous m'ayez reconnu sous ce déguisement?

Richelieu s'arrêta, surpris de voir que l'étranger restait insensible à ses prévenances.

En effet, celui-ci ne voulut pas accepter la main que le duc lui tendait. Son visage avait une insultante expression d'ironie, et sa voix était vibrante d'indignation lorsqu'il répondit, après un instant de silence :

— Vous cherchez à séduire une femme que j'aime, monsieur le duc! Bien certainement vous devez l'emporter sur moi; car, depuis deux années que cet amour me tient au cœur, mes regards seuls ont dit à Pelinetta que je l'adorais. Elle ignore jusqu'au nom du pauvre artiste qui, perdu dans la foule, la contemple avec extase... Elle ne s'est jamais douté qu'un homme, caché sous la colonnade des palais, se déchirait la poitrine et maudissait sa misère quand il la voyait, resplendissante de diamants et de fleurs, se mêler aux tourbillons des fêtes, écouter les propos vides et les sottes flagorneries de ces mannequins dorés...

— Vous vous oubliez, monsieur !

— De ces hommes qui n'ont rien là, poursuivit l'artiste en posant une main sur son cœur. Vous me demandiez comment je vous avais reconnu, monsieur de Richelieu? Élève de Lesueur, j'ai travaillé sous les yeux de ce grand maître, au ciseau duquel Versailles et Saint-Germain doivent plus d'un chef-d'œuvre. Souvent je vous ai rencontré dans les jardins de Marly, sous les allées sinueuses des parcs royaux, où vous aimiez à égarer les duchesses, ce qui ne vous empêchait pas de courir les rues avec un déguisement pareil à celui-ci pour charmer des bourgeoises...

— Assez, mon cher! interrompit le duc en haussant les épaules : il n'est pas un enfant de sept ans, en Europe, qui n'en sache autant que vous là-dessus. D'ailleurs le temps et le lieu sont fort mal choisis pour continuer cet entretien... Veuillez m'accompagner chez moi, nous causerons plus à l'aise.

L'Italien suivit Richelieu, qui ne tarda pas à l'introduire dans le palais splendide que le doge, au nom de la république, avait assigné pour demeure au général français.

II

Le duc sonna ses gens, se fit coiffer de nuit et vint s'asseoir en robe de chambre à quelque distance de son rival, qui avait souri de pitié en voyant le vainqueur des Autrichiens s'abandonner gravement à de minutieux détails de toilette.

Richelieu se mit à considérer l'artiste avec cet air de fatuité moqueuse des hommes à bonnes fortunes.

Il vit un individu d'une trentaine d'années environ, dont le costume sévère, dégagé de tous les futiles ornements que la mode attachait alors aux habits de cour, faisait ressortir une taille majestueuse et bien prise. Son visage avait la pâleur mate des peuples méridionaux. La régularité de ses traits et la noblesse de sa tournure n'échappèrent pas à Richelieu, qui fit une légère grimace, tout en réfléchissant, à part lui, que Pelinetta ne pouvait qu'être flattée d'avoir pour adorateur un cavalier si parfait.

— Monsieur de Richelieu, dit l'artiste, je dois vous dire mon nom, puisque vous me faites l'honneur de m'admettre dans vos appartements : je m'appelle André Sbrigelli.

— Et nous aimons tous deux une femme charmante, monsieur !

— Dites plutôt, monseigneur, que vous n'avez qu'un caprice pour cette femme. Si Pelinetta vous cède, elle n'obtiendra d'autre récompense de sa faiblesse que l'honneur d'être placée sur la liste de vos nombreuses conquêtes... honneur que je vous laisse apprécier vous-même.

— Pensez-vous, monsieur, qu'elle s'honore davantage en accueillant votre amour?

— Je crois qu'une femme se déshonore beaucoup moins en partageant un amour vrai qu'en se jetant aux bras d'un séducteur qui ne lui laissera que des regrets et la honte d'avoir été trompée.

— Vos discours sont mordants et votre logique est un peu brutale, monsieur, dit le duc, qui ne pouvait s'empêcher d'admirer le hardi langage de son interlocuteur. Mais, enfin, quelle conduite pensez-vous que je doive tenir en cette occasion?

— Faudra-t-il l'indiquer au duc de Richelieu, qui me provoquait tout à l'heure?

— Nous battre?... Toutes réflexions faites, ce serait un parti peu sage pour vous comme pour moi : pour vous d'abord, qui vous entendez beaucoup mieux sans doute à manier le ciseau que l'épée; pour moi, dont la mission n'est pas remplie... Vous savez, monsieur, que les intérêts de Gênes demandent encore le secours de mon bras. Ne trouvez-vous pas un autre genre d'accommodement qu'un duel à mort entre nous?... D'abord, je serais au désespoir de vous tuer.

Sbrigelli se leva, persuadé que le duc le raillait. Il fixa sur lui des yeux étincelants, sa pâle figure devint pourpre; le feu de l'indignation lui brûlait les joues.

— Cependant, monseigneur, s'écria-t-il, me tuer serait le plus court! Si vous persistez à séduire celle que j'aime, j'obtiendrai, tôt ou tard, la satisfaction que vous me refusez aujourd'hui. Sans cesse vous me trouverez sur vos pas, épiant chacune de vos démarches, et, dût la noble république de Gênes être de nouveau flétrie par le joug autrichien, mon épée saura trouver le chemin de votre cœur et préserver Pelinetta de la honte d'amuser vos loisirs...

— Ainsi vous m'assassineriez? demanda le duc avec le plus grand sang-froid.

— Je vous assassinerais, monseigneur !

— Diable !

— Et je ne crains pas d'appeler lâcheté votre refus de vous battre.

— Jeune homme, n'essayez pas de me pousser à bout : longtemps avant que vous fussiez né, j'avais fait mes preuves.

— Alors, interrompit l'artiste avec une exaltation croissante, vous refusez le combat parce que vous me croyez un adversaire indigne de vous? Sachez, monseigneur, que les beaux-arts, auxquels j'ai voué ma vie, donnent aussi des titres de noblesse, l'histoire les enregistre à côté des exploits du guerrier... Je me crois aussi noble que vous, je suis votre égal !

— Le duc de Richelieu n'a pas coutume de se livrer à de pareilles discussions.

— Très-bien, raillez-vous de moi, monseigneur... Toutefois je vous conseille de vous tenir à l'abri de ma vengeance. Pelinetta ne vous appartiendra pas, je le jure, tant que je serai là pour déjouer vos tentatives. Vous imaginez-vous que je puisse voir d'un œil tranquille la femme que j'ai rêvée passer dans les bras d'un autre? Vous auriez à votre tour le droit de me traiter de lâche si je ne faisais payer chèrement à ce rival préféré mes illusions détruites, mon avenir tué dans sa fleur! car mon avenir et l'amour que je ressens pour Pelinetta sont liés l'un à l'autre; le sourire de cette femme serait assez puissant pour me faire produire une de ces créations qui rendent le nom d'un artiste immortel; un seul mot de sa bouche me donnerait du courage et du bonheur pour le reste de ma vie... Voyez maintenant si je puis vous la céder, voyez s'il est de votre intérêt de mépriser mes menaces.

— Il est dans mon habitude de les braver toutes, répondit le duc en souriant. Renoncez donc, je vous prie, à votre système d'intimidation... je ne me battrai pas avec vous; je continuerai de poursuivre de mes galanteries la belle-sœur du doge, et, si vous refusez de me tendre la main lorsque vous aurez entendu ce qu'il me reste à vous dire, je vous fais enfermer à l'hôpital des aliénés.

Ces paroles, prononcées d'un ton railleur, achevèrent de convaincre Sbrigelli qu'il était l'objet d'une mystification.

Prompt comme l'éclair, il s'élança vers une épée suspendue près de là.

Mais le duc, qui prudemment avait gardé la sienne sous sa robe, attendit de pied ferme, par une habile manœuvre, fit voler au premier choc l'arme de son rival à l'autre extrémité de la pièce.

— Vous n'êtes pas de force, jeune homme! Veuillez vous asseoir et m'entendre.

Sbrigelli tomba sur un fauteuil et crut sérieusement qu'il allait devenir fou.

— Je vous propose une autre sorte de duel, poursuivit Richelieu. Nous aimons tous deux la même femme; que chacun de nous s'efforce de lui plaire et de mériter ses faveurs. Celui qui le premier les obtiendra sera tenu d'en fournir la preuve à l'autre, qui dès lors devra renoncer à une partie perdue. Attaquons la place chacun de notre côté, que les forces des deux parties soient égales... Pour cela, je vous offre ma bourse et je prends l'engagement d'honneur de vous faire inviter à toutes les réunions où se trouvera la dame en litige. Voyons, ne suis-je pas un rival généreux?

— Monseigneur, dit Sbrigelli, dont la voix tremblait d'espérance et de crainte, vous avez dû comprendre que j'aimais sérieusement Pelinetta. Ce serait une chose odieuse de vous jouer de moi.

— Mais quel homme êtes-vous donc? s'écria Richelieu, blessé de la méfiance qu'on lui témoignait. Je vous offre d'entrer dans une lice où vous aurez tous les avantages. Que diable, monsieur! j'ai cinquante ans, et vous n'en avez pas trente! Vous ne portez pas comme moi les traces de la petite vérole sur le visage, vos cheveux sont noirs et les miens sont grisonnants!... De plus, vous toucherez trois mille livres par mois pour vos frais de toilette, et, s'il y a quelque enjeu considérable à mettre dans la partie... par exemple, un cadeau précieux que vous croiriez devoir envoyer à la belle, j'en fais mon affaire! Il serait plus généreux de ma part, j'en conviens, de renoncer à cette conquête et de vous laisser le champ libre... mais, en vérité, je ne le puis. Ma réputation serait compromise vis-à-vis du beau sexe. Allons, mon cher, je vous laisse une assez jolie chance. Sommes-nous enfin d'accord?

La proposition parut tellement originale à Sbrigelli, qu'il oublia sa colère et ne put s'empêcher de sourire en pressant la main que Richelieu lui offrait avec une cordialité pleine de franchise.

Il se rappelait, d'ailleurs, la menace de réclusion qui lui avait été faite, et il se flattait intérieurement de sortir vainqueur de la lutte qui allait s'engager.

— J'accepte, monseigneur.

— Par la corbleu! s'écria le duc avec la gaieté bruyante d'un jeune homme, nous verrons si vos menées sentimentales l'emporteront sur les attaques beaucoup plus directes d'un roué de la Régence! Il est bien convenu que chacun de nous agira séparément et sera libre d'employer les ruses de guerre pour écarter son rival... A l'œuvre, monsieur! voilà trois rouleaux d'or; demain soir je donne une fête, et mes salons vous seront ouverts. Ah! j'oubliais... s'il arrive que je sois forcé de m'absenter comme général, il y aura dès lors suspension d'armes, et vous m'accompagnerez dans mes excursions... sans quoi vous auriez trop beau jeu. Il faut la justice!

Toutes les clauses de ce pacte étrange une fois arrêtées, les deux rivaux se séparèrent.

III

La soirée du lendemain vit le palais Doria resplendissant de clarté.

Debout près de la porte du premier salon, Sbrigelli regardait entrer les nobles Génoises et tremblait de ne pas voir paraître celle dont il allait désormais partager les plaisirs, lui, pauvre sculpteur, qui, dans ses plus beaux rêves d'amour, n'avait pas eu l'espoir d'une telle félicité. Le caprice de Richelieu le poussait dans ce monde inconnu dont il avait maudit les joies enivrantes, ce monde de parfums et de fleurs où vivait Pelinetta. Combien de fois n'avait-il pas blasphémé Dieu quand il voyait la ravissante Italienne disparaître, comme un météore fugitif, au milieu de ces tourbillons dorés! Et maintenant il allait vivre de la vie de cette femme, respirer le même air, la voir dans tout l'éclat de sa beauté! Reconnaîtra-t-elle, hélas! le timide artiste qui n'a jamais osé lui déclarer son amour?

A tout hasard, Sbrigelli roulait entre ses doigts un papier presque imperceptible lorsque Pelinetta, conduite par le doge, fit son entrée dans les salons.

La jeune femme ne put réprimer un mouvement de surprise à la vue de celui qu'elle rencontrait partout sur ses pas et dont elle connaissait la passion muette. Légère comme une hirondelle, et la rougeur au front, elle essaya de s'éclipser dans la foule pour échapper aux yeux noirs de Sbrigelli, qui l'inondaient de regards brûlants.

Ce trouble fut remarqué de l'heureux artiste. Le bonheur fait naître la hardiesse : il osa prier Pelinetta de l'accepter pour cavalier.

La dame avait à peine accueilli sa demande, que Richelieu survint pour être témoin de cette première victoire; il ne put obtenir qu'en second ordre la même faveur.

— Vive Dieu! dit-il à l'oreille de son rival, vous anticipez sur mes droits de sigisbée.

— Monseigneur, nos conventions ne me le défendaient pas.

— Dansez donc, heureux mortel!... mais, je vous le déclare, c'est une guerre à outrance.

Sbrigelli se perdit avec sa danseuse au milieu d'une atmosphère éblouissante de lumière et de soie. Ses bras entouraient la taille gracieuse de l'Italienne, et son cœur battait à rompre sa poitrine lorsqu'il sentait une haleine embaumée passer comme un nuage dans ses cheveux et sur son front.

Les vives ondulations de la danse ayant détaché de la ceinture de la jeune femme un magnifique bouquet de camélias, Sbrigelli, par un mouvement rapide, glissa son billet au milieu des fleurs : seconde victoire dont Richelieu ne se doutait guère, un instant après, en comparant aux douces couleurs de ce bouquet les joues rosées de Pelinetta.

Ivre de joie, l'artiste voyait sans jalousie le duc

danser à son tour avec cette femme adorable, et ne la quittait pas des yeux, comme pour se convaincre que ce qui venait de se passer n'était point un rêve.

Il fut tiré de cette contemplation silencieuse en entendant une voix semi-masculine prononcer à ses côtés le nom de Richelieu.

Dans celle qui parlait, Sbrigelli reconnut la femme d'un noble, à la table duquel il était parfois admis, en considération de ses talents. Comme toutes les vieilles femmes, madame de Valgo prenait plaisir à faire passer sous les fourches caudines de la médisance tous ceux que le tourbillon du bal amenait devant ses yeux. Le général français n'était point à l'abri de sa critique. En remarquant les assiduités de Richelieu auprès de la belle-sœur du doge, elle s'écria :

— Voyez ce damoiseau de cinquante ans, qui papillonne aux côtés de la merveille de Gênes! En vérité, ne serait-ce pas un joli spectacle que celui d'une perruque sur une rose?

— Parbleu! la ruse de guerre est permise, se dit le sculpteur, en réponse à une idée folle qui lui traversait l'esprit... Saluons madame de Valgo.

— C'est vous, André! dit la vieille femme avec étonnement, connaissez-vous donc M. de Richelieu, qu'il vous invite à ses fêtes?

— Je suis au mieux avec lui, madame.

— Et vous souffrez qu'il vous enlève Pelinetta? Si j'ai bien compris vos réticences, la dernière fois que vous dîniez à l'hôtel, cette jeune femme est l'objet de vos secrets hommages, André?

— Hélas! madame, puis-je donc lutter contre M. de Richelieu?

— En effet, répondit la caustique Génoise, les rides de cet homme sont un invincible talisman qui doit lui attirer tous les cœurs.

— Les charmes de son esprit font disparaître ses rides, répondit l'artiste avec tristesse. Et cette auréole de gloire qui l'entoure, la comptez-vous pour rien?

— Je vous admire, Sbrigelli : vous sacrifiez votre bonheur avec une facilité que je ne puis comprendre.

— Ah! madame, si vous consentiez à venir à mon aide... Il dépendrait de vous d'empêcher la séduction de Pelinetta.

— Parlez... S'agit-il de jouer un tour à M. de Richelieu?

— Précisément.

— Alors, comptez sur moi! s'écria la vieille Génoise.

Le sculpteur raconta sa rencontre nocturne avec le général français, le pacte singulier qui existait entre eux; enfin, il termina par faire, à voix basse, à madame de Valgo une proposition qu'elle accueillit par un immense éclat de rire.

— Allons, dit-elle, donnant un libre cours à sa gaieté, je suis d'un âge où les plus grandes folies ne compromettent plus une femme... Du moins, en cas de danger, serez-vous là, Sbrigelli?

— J'ai le droit d'être spectateur invisible. Si vous me signalez un péril, je serai prêt à vous défendre.

Sbrigelli s'empressa de quitter madame de Valgo pour que son rival n'en eût aucun soupçon du complot.

Vers la fin du bal, Richelieu, tirant l'artiste à l'écart, lui dit avec un ton de pitié comique :

— Ma foi, mon cher, il faut convenir que vous n'êtes pas un antagoniste bien redoutable. Vous me soufflez une première danse, et, satisfait ensuite d'un aussi mince avantage, vous me laissez le terrain libre, vous vous endormez sous vos lauriers! Allons donc! le succès me serait par trop facile! La place est sur le point de capituler, mais je ne veux pas profiter de votre inexpérience... Demain, je vous embarque avec moi, pour vous montrer comment se dresse un siège. L'idée m'est venue de jouer un tour au roi de Sardaigne, pour lui apprendre à se faire l'allié des Autrichiens. D'Agénois attaquera la ville de Savonne du côté des montagnes, pendant que je la surprendrai du côté de la mer... A notre retour, vous saurez peut-être livrer un assaut.

Sbrigelli jeta les yeux sur Pelinetta. Voyant que le bouquet n'avait pas quitté la ceinture de la charmante Italienne, il répondit au duc :

— Attendons à la fin de la partie, monseigneur.

— Présomptueux! dit Richelieu, vous serez échec et mat!

IV

Deux jours après ce bal, dont les deux rivaux sortirent avec l'espérance, Richelieu, qui, d'après les conventions jurées, s'était fait accompagner du sculpteur dans l'expédition qu'il avait méditée contre Savonne, rentrait à Gênes, au milieu des cris joyeux des habitants Il n'avait pas pris la ville, attendu qu'une tempête avait déconcerté ses projets, mais il avait détruit les postes avancés des ennemis, et ramenait un grand nombre de prisonniers, des munitions et de l'artillerie.

Ce fut un véritable triomphe. Les dames, penchées aux balcons, faisaient pleuvoir sur lui des couronnes de fleurs, et son éloge était dans toutes les bouches.

— Sur mon âme! dit le duc en franchissant le seuil du palais, il ne manquerait plus à ma gloire qu'un rendez-vous avec Pelinetta!... Qu'en pensez-vous, Sbrigelli? Je triompherais doublement en un jour.

— Monseigneur, il vous est plus facile de battre l'ennemi que de venir à bout de la résistance d'une femme vertueuse.

— Il n'en démordra pas! s'écria Richelieu. Voyez donc alors le contenu de ce papier, qu'un émissaire de Pelinetta vient de me remettre au milieu de la foule.

« Ce soir, à minuit, mon aimable vainqueur!... Lorsque tout nuit devant vous, une pauvre femme peut-elle vous résister? Je ne tarde plus ma défaite; mais, du moins, épargnez-moi la honte de vous en voir jouir... Je vous demande en grâce le silence et l'obscurité. Une de mes suivantes m'accompagnera jusqu'à la porte secrète du palais. »

— Vous reste-t-il encore des doutes, monsieur?

— Mais... qui peut vous répondre que cette lettre, sans signature, vienne de Pelinetta? dit le sculpteur, prenant une attitude consternée.

— Et d'où voulez-vous qu'elle vienne... du diable? s'écria Richelieu. Vous êtes un homme incorrigible!

— Il me faudra d'autres preuves, monseigneur...

— Vous en aurez, par la sambleu! vous en aurez, vous dis-je!... Allons, mon cher, ne faites pas une mine aussi piteuse. Après tout, cette femme ne méritait pas un amour comme le vôtre. Vous voyez combien il m'en a peu coûté pour obtenir ses bonnes grâces... Je suis désolé de vous voir aussi triste. Oh! les femmes, les femmes! quand cesserai-je de leur faire tourner la tête?... Il faut vous en prendre à mon étoile... Maudite étoile!

Cette algarade astrologique de Richelieu faillit compromettre tout le succès de la ruse de Sbrigelli : fort heureusement il contint son envie de rire et continua de feindre la consternation.

Le duc lui permit de se cacher, à l'heure du rendez-vous, dans un cabinet voisin de la pièce où il devait conduire la belle mystérieuse, et comme l'artiste objectait que, la dame réclamant l'ombre et le silence, il lui serait assez difficile de la reconnaître :

— Bah! dit Richelieu, croyez-vous que l'on doive tenir compte d'un pareil caprice? Après quelques instants d'entretien, j'aurai soin qu'un valet de chambre indiscret nous apporte des flambeaux. Le cabinet est vitré, les preuves de ma victoire seront sous vos yeux.

Le sculpteur baissa la tête en signe d'assentiment.

Lorsque la pendule du salon lui eut montré les deux aiguilles d'or réunies sur l'heure fatale, il se dirigea vers le cabinet avec l'air abattu d'un condamné qui

Gâté jusque-là par toutes les belles. — Page 68, col. 2.

marche au supplice. Richelieu, pendant cet intervalle, éteignit les lumières, descendit un escalier dérobé, puis rentra, quelques minutes après, conduisant au milieu des ténèbres une dame silencieuse, dont il sentait la main trembler dans la sienne.

Une demi-heure s'écoula.

Le duc, surpris de la résistance qu'il rencontrait, crut devoir remettre son triomphe à un autre jour, afin de faire cesser les tortures qu'endurait son malheureux rival.

Il tira le cordon d'une sonnette, et des flambeaux arrivèrent.

Hélas! ils venaient détruire une douce illusion!

Richelieu, le galant Richelieu, se trouvait, non pas aux genoux de Pelinetta, mais à ceux de madame de Valgo.

Celle-ci ne s'offensa pas de l'impolitesse de son adorateur, en le voyant reculer à l'aspect des charmes surannés auxquels tout à l'heure il voulait rendre hommage.

— Monsieur de Richelieu, lui dit-elle avec un sourire plein de malice, je compte sur votre discrétion... Mon époux a quatre-vingts ans, mais il est encore très-jaloux!

— Echec et mat, monseigneur! s'écria Sbrigelli, qui venait d'ouvrir la porte du cabinet. Vos preuves ne valaient rien, voici les miennes!

En même temps, il présentait au duc un billet parfumé, que celui-ci parcourut, en donnant les marques de la plus grande surprise.

« Je vous aime, et je mets cet aveu sous la sauvegarde de votre honneur. Il n'est pas de véritable amour sans estime : aussi vous respecterez mes devoirs d'épouse comme je le fais moi-même. Marchez à la gloire, André! je serai votre protectrice, votre amie... Le ciel permettra peut-être un jour que des liens plus doux nous unissent : gardez précieusement mon souvenir, comme je garderai le vôtre!

« Pelinetta. »

— Le doge et le sénat de Gênes! dit un domestique, en se précipitant tout effaré dans le salon.

Richelieu perdait la tête. Le sculpteur s'empressa de faire disparaître madame de Valgo par l'escalier dérobé. Le doge entrait en costume d'apparat, suivi de tous les sénateurs.

— Il n'est jamais trop tard pour annoncer une bonne nouvelle, dit-il à Richelieu... Vous êtes nommé maréchal de France! Le sénat, en recevant cette nouvelle, a voulu passer une partie de la nuit pour rendre un décret qui vous déclare noble Génois, vous et vos descendants. Votre nom sera gravé sur le livre d'or de la république, et l'on vous érigera une statue dans le grand salon du palais. André Sbrigelli, recommandé par notre belle-sœur, a été choisi pour reproduire vos traits sur le marbre... Il est élève d'un grand maître. Nous voulons, monsieur de Richelieu, que l'Europe entière sache quelle a été notre reconnaissance et quelle admiration nous professons pour votre valeur.

— Tout cela est très-beau, dit Richelieu quand le doge et le sénat se furent retirés, mais je n'en suis pas moins battu!

— Consolez-vous, monseigneur, dit l'artiste. Impossible, en ce monde, d'avoir toutes les satisfactions réunies, et je tâcherai d'oublier, en faisant votre statue, la singulière figure que vous aviez tout à l'heure en présence de madame de Valgo.

FIN.

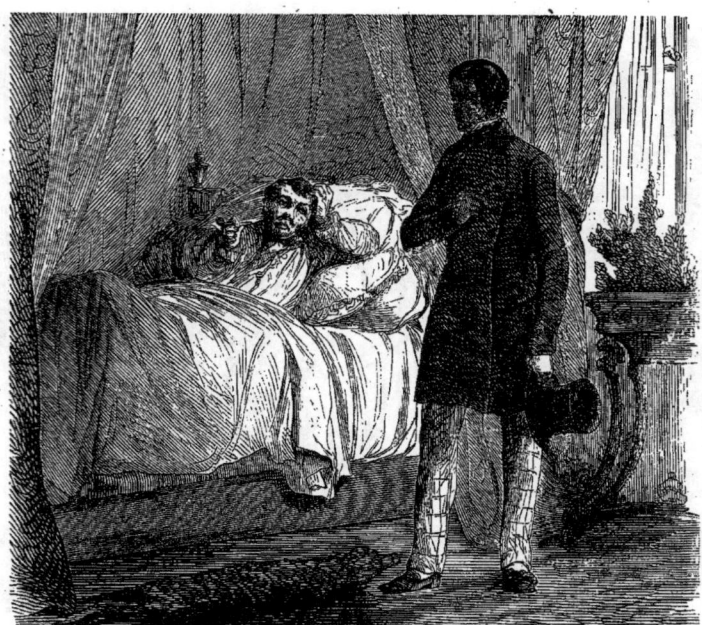

Que diable me voulez-vous? — Page 78.

LE CLUB DES PHOQUES
PAR PAUL FÉVAL.

Lorsque, du haut des remparts de Saint-Malo, l'œil suit, dans sa course régulière et gracieuse, le large ruban de sable qui tranche d'un côté sur le cordon d'écume, éternelle bordure de l'Océan, de l'autre sur la pâle verdure des *miels* (1), le regard se trouve arrêté par une masse de roches escarpées qui ferment cap et s'avancent brusquement dans la mer. Le fort de Rotheneuf est perché, comme un nid d'aigle, sur l'extrême pointe de ce cap. Sa situation est telle que, vus de profil à une certaine distance, ses ouvrages avancés paraissent dépasser le bord et pendre, soutenus par une force inconnue, sur le gouffre qui mugit et tourmente incessamment leur base. Le côté du cap qui regarde la ville surplombe et forme comme un immense perron renversé, dont chaque marche serait un accident du roc; une saillie bizarrement découpée dans la pierre. Cet escalier géant, que nul être humain ne s'est sans doute avisé de descendre, a son dernier degré sur la plage, toute hérissée en cet endroit de récifs aux pointes abruptes et dentelées. L'autre côté, qui domine la baie de Rotheneuf, descend par une pente, praticable il est vrai, mais bien rapide encore, jusque sur la grève. Malgré sa proximité de la ville et du bourg populeux de Paramé, toute cette pente nord-est du cap de la Varde semble une véritable solitude. Son aspect sauvage et

(1) *Miels*, monticules sablonneux, couverts de plantes grasses, qui bordent le sillon de Saint-Malo.

désolé, le vent de mer qui souffle sans relâche, éloignent les promeneurs, et, sauf quelque douanier dont l'uniforme vert se confond avec la nuance terne et sale du varech des rochers, quelque chasseur obstiné à la poursuite d'un vol de roquettes, nul pas ne vient fouler le tertre qui précède les fortifications.

Durant les mois d'hiver, le vent est si violent et si continu, que l'idée d'y élever une demeure humaine devrait paraître bizarre sinon insensée.

Pourtant, vers le commencement de l'année 1793, au beau milieu de la pente, un pauvre pêcheur, du nom de Malescot, avait établi son domicile dans une misérable cabane en planches.

Jean-Pierre Malescot était un ancien calfat employé au radoub des navires dans le port. Robuste et très habile dans sa profession, il aurait pu vivre aisément de son travail, si sa brutale humeur et son caractère insolent ne lui avaient fermé tous les chantiers l'un après l'autre.

Par suite de cette exclusion, et faute de mieux, il s'était fait pêcheur; mais la pêche est une industrie précaire et insuffisante, lorsque, comme lui surtout, on manque des ustensiles les plus nécessaires, et qu'on a une famille à soutenir. Aussi, depuis un mois, le pain manquait bien souvent dans la cabane. Malescot souffrait, et, rendu plus brutal encore par la souffrance, il maltraitait sans pitié sa femme malade et sa fille, pauvre enfant de dix ans qui courait tout le jour à demi-nue sur les rochers.

Du reste, on ne pouvait juger le calfat d'après ces tristes scènes de sa vie intérieure. Jamais une plainte n'était sortie de la bouche d'Yvonne. La bonne créature, forte de ses croyances, qui lui donnaient l'espoir d'une vie meilleure, renfermait soigneusement sa douleur en elle-même, et n'enseignait à sa fille que des mots de douceur patiente et de résignation. Ce silence généreux, joint à quelques bonnes actions brillant à de longs intervalles dans la vie de Malescot, lui laissaient une sorte de réputation équivoque. On se souvenait que, nageur habile au point de pouvoir tenir l'eau, sans trop se fatiguer, pendant une demi-journée, il avait, en diverses occasions, par des prodiges d'audace et d'adresse, sauvé de malheureux naufragés, lorsque personne n'osait plus croire à la possibilité de leur salut.

Mais, d'un autre côté, parmi ses anciens confrères, ceux qui l'avaient fréquenté le plus s'accordaient à le représenter comme un homme égoïste et cupide. Ils hochaient la tête d'une façon toute significative quand on parlait devant eux de son ménage et de la pauvre Yvonne, et quand on venait à vanter l'humanité intrépide du calfat, ils donnaient à entendre qu'il entrait dans sa conduite plus d'ostentation, plus d'avidité surtout, que de compassion véritable.

— Le bourgeois qui se noie paie bien, disaient-ils ; et puis, il y a des curieux pour battre des mains et crier : bravo ! sur la chaussée. Mettez-le, par une nuit bien noire, à portée d'un malheureux en détresse, qu'il n'y ait personne pour le voir ou le payer, et vous nous direz de ses nouvelles !

Voici, en effet, ce qui arriva par une nuit froide et brumeuse du mois de février 1793.

Il y avait trois heures que Malescot dormait, lorsque des coups violents, frappés à la porte de sa cabane, le réveillèrent en sursaut. Croyant avoir affaire à quelque mendiant attardé sur la côte, il défendit à sa femme d'ouvrir, et se retourna tranquillement de l'autre côté. Mais les coups redoublèrent, et, de guerre lasse, il se leva en grondant, saisit son bâton, et tira la barre de bois qui soutenait la porte en dedans.

— Vite, Malescot ! vite, garçon ! dit l'arrivant, qui n'était autre que le douanier guetteur, dont la guérite se cachait entre deux saillies du roc, à quelques centaines de pas de là. Il y a des gens qui se noient là-bas ; la pataehe est en rade, et pas un de nous ne sait nager au fort... Vite ! prenez votre corde, et à l'eau.

Il y avait tempête en mer cette nuit ; les planches de la pauvre cabane tremblaient et se choquaient, comme les feuilles mortes restées après l'automne aux branches des arbres. Malescot, presque nu, grelotait sur le seuil et ne répondait pas

— Le temps presse, continuait le douanier ; j'ai perdu, à courir au fort, des minutes que je voudrais racheter au prix d'un an de solde !... Les derniers cris étaient faibles, déchirants ; un effort, Malescot ! un effort pour l'amour de Dieu !

Malescot fit attendre encore sa réponse. Enfin, il dit d'un ton de raillerie grossière et bourrue :

— A quoi servent donc les *gabelous* sur les côtes ? Un tas de *faignants* qui ne sont bons qu'à faire aller le pauvre monde, qui craignent l'eau comme des chiens enragés qu'ils sont ! Un douanier a-t-il jamais sauvé un homme ? Non ! Eh bien ! il reçoit sa paie toutes les semaines, pas moins ! Et Malescot, lui, se meurt de faim dans son taudis ! Bonne nuit, citoyen Soleil ! la femme dira un *De Profundis* pour ceux qui vont boire le grand coup, c'est tout ce qu'on peut faire par un temps pareil.

Le douanier avait fait peu d'attention aux accusations portées contre son corps, mais la conclusion du pêcheur l'indigna :

— Quoi ! dit-il, vous allez laisser périr ces pauvres gens, quand il vous serait si facile de les sauver ! Le dernier cri venait à peine d'une demi-lieue au large ; ce n'est qu'un jeu pour vous, qui êtes plus à l'aise dans l'eau que sur la terre.

Pour toute réponse, le pêcheur referma violemment le châssis vermoulu qui servait de porte à la cabane.

Le douanier restait immobile à la même place ; c'était un simple soldat vivant de sa paie ; mais le cri des malheureux en souffrance lui demeurait comme un poids sur le cœur. Il frappa de nouveau.

— Malescot ! cria-t-il à travers les planches, je ne suis qu'un pauvre homme tout comme vous ; pourtant, si le gain peut vous tenter, ne refusez plus votre aide ; il y aura pour vous trois pièces de six livres, si vous ramenez un homme vivant !

La porte, qui se rouvrit soudain, lui coupa la parole. Malescot était sur le seuil, la gourde au cou et la corde roulée sous le bras.

— Et si l'homme est mort ? dit-il.

— Vous aurez moitié, dit le douanier, profondément surpris de l'avide sang-froid du calfat.

— Et si je ne ramène rien ? demanda encore ce dernier.

— Alors Dieu ait pitié de vous, mon homme ! vous êtes dur envers ceux qui souffrent ! — Alors, vous aurez un écu pour votre peine.

— C'est bon ! Donnez toujours l'écu, citoyen Soleil.

— Quand vous reviendrez...

— Maintenant !... Donnez-vous, oui ou non ?

Le douanier lui mit l'argent dans la main sans plus dissimuler son dégoût. Il avait acheté le droit de commander.

— En route sur-le-champ ! dit-il.

Malescot ne se le fit pas répéter.

La veille, dans l'après-midi, profitant d'un brouillard épais qui avait subitement enveloppé la baie, une petite barque non pontée, cachée jusqu'alors par un accident de la plage, avait levé l'ancre, et, malgré l'aspect menaçant de la mer, avait pris, toutes voiles dehors, le chemin de Jersey.

A l'époque où nous plaçons notre histoire, ces départs clandestins étaient chose commune. On émigrait à force en Bretagne, et les nobles fugitifs choisissaient les grèves voisines de Saint-Malo comme le point de départ le moins dangereux et le plus commode. Il y avait, il est vrai, une nuée de douaniers guetteurs sur ces côtes, mais les récifs se courbent là si à propos en voûtes mystérieuses et profondes ! Il y a, au cœur même de ces masses de rochers, solides et compactes en apparence, des retraites si merveilleusement cachées, des ports et des bassins si inconnus !

La barque que nous avons vue partir à la faveur du brouillard portait un seul passager. C'était un jeune homme de vingt à vingt-deux ans.

M. le marquis de Saint-Jouan ne s'était pas décidé sans répugnance à quitter sa terre natale. Son père, qui était mort depuis peu, avait prévu des longtemps les conséquences des événements de 89, et s'était hâté de réaliser sa fortune à tout hasard. Maître d'un capital immense, le jeune marquis, tout dévoué à la cause royale, s'était offert sans réserve à M. de La Rouarie. Il avait secondé de ses efforts personnels et de son argent le conspirateur breton ; mais, une fois le complot avorté et son chef mort, M. de Saint-Jouan se crut dégagé de tout lien. Il mesura d'un coup d'œil impartial les forces des royalistes en Bretagne. Il vit que tout système raisonnable de défense était impossible avec les nobles qui, au lieu d'agir avec ensemble, se disputaient le pas sur le champ de bataille, s'occupant exclusivement de puériles distinctions, et demandant pour chef, non pas le plus habile, mais le *meilleur gentilhomme*. Son château était voisin de la côte ; il mit dans une cassette ce qui lui restait de la fortune de son père, et gagna, sans suite, le lieu d'embarquement.

La tempête le surprit lorsqu'il n'était encore qu'à quelques lieues de la baie de Rotheneuf. La barque cessa bientôt d'obéir au gouvernail et fut submergée presque au même instant. Tous les matelots se noyèrent, mais le marquis, excellent nageur, se soutint sur l'eau jusqu'à la nuit, en poussant par intervalles des cris de détresse, et parvint, après des efforts incroyables, à gagner un rescif encore éloigné de la plage. Épuisé, presque privé de sentiment, il s'étendit sur le roc, et, après avoir poussé un dernier cri, s'endormit, la tête sur sa cassette, qu'il n'avait point abandonnée.

Cela se passait une heure environ avant que Malescot se mît à la mer. Lorsqu'il avait quitté le douanier, celui-ci lui avait indiqué la direction à suivre, car on n'entendait plus de cris.

— A trois lieues, sous le vent, du fort de la Conchée ; à trois quarts de lieue du point de départ, lui avait dit le brave homme.

Malescot suivait cette route sans hésitation, ne déviant qu'aux abords des écueils ; il était dans son élément. La tempête et lui se connaissaient. Le douanier l'avait dit : « Faire une demi-lieue en mer, pendant la tourmente, était pour Malescot une pure bagatelle ; » et, peu de temps après son départ, malgré la marée montante et la force prodigieuse du flot, il était près du lieu désigné.

Il s'arrêta, se soutenant sur l'eau dans une position verticale, et cherchant à dominer l'espace environnant, pour voir si aucun corps ne se montrait à la surface ; mais il ne put rien découvrir.

Au bout d'une demi-heure de recherche infatigable, nul naufragé, vivant ou mort, ne s'était trouvé sur son passage. Il était alors tout près du rescif, et pour dernière ressource, il poussa un cri aigu qui dut faire tressaillir dans sa guérite l'honnête douanier.

Au même instant, une forme humaine se dressa sur la pointe du rocher.

— Bon ! se dit Malescot, il y aura dix-huit livres ; et dix-huit livres, ça se laisse gagner tout de même... Ohé ! l'autre !

— Ohé ! répondit l'individu debout sur le rescif.

— Etes-vous seul ?

— Seul.

— Un ci-devant, bien sûr ! se dit Malescot. Citoyen, ajouta-t-il tout haut, va falloir jouer des pieds et des mains, si tu sais nager ; sinon, j'ai ma corde, et je te remorquerai tout doucement.

— La mer baisse ? fit l'inconnu.

— Il peut être à présent minuit, not' bourgeois ; vers trois heures, ça sera comme vous dites.

L'étranger laissa échapper une exclamation de mécontentement.

— Combien y a-t-il d'ici à la plage ? reprit-il.

— Trois tout petits quarts de lieue, not' maître !

Malescot suivait avec une joie méchante l'effet de ses réponses sur l'inconnu.

Après un instant de silence, ce dernier continua d'un air de découragement :

— Je suis trop las, je succomberais à moitié route. Dites-moi, brave homme, le rocher couvre-t-il à la marée haute ?

— Dans une heure, un brick pourrait passer par-dessus sans le toucher. Mais que diable faites-vous là, vous ? Vous ne savez pas nager, je vois ça. Tenez ma corde, et liez-vous-la autour.

— Comment faire ? murmura l'inconnu, qui semblait gravement préoccupé.

— Ca le chiffonne d'aller à Rotheneuf, où il y a un poste, dit Malescot en *a parte*.

Puis il reprit tout haut avec impatience :

— Ah ça ! descendez-vous, dites donc, sans vous commander ? J'aimerais autant être dans mes draps qu'ici, savez-vous ?

Le naufragé, qui, comme le lecteur l'a sans doute deviné, n'était autre que le marquis de Saint-Jouan, fit quelques pas en avant, puis s'arrêta encore indécis.

— C'est que mon embarras est grand, brave homme, dit-il ; j'ai là une cassette d'une grande importance et fort lourde, malheureusement. Dans une circonstance ordinaire, une lieue à la nage serait pour moi peu de chose ; je nage comme je n'ai vu personne nager. Mais il y a quatre heures que je suis dans l'eau, chargé de ma cassette ; voulez-vous m'aider, nous supporterons chacun la moitié de son poids ?

— Diable ! quatre heures, c'est gentil, dit le calfat, frappé surtout de cette circonstance qui avait trait à sa spécialité. Pour ce que vous dites, que vous n'avez jamais rencontré personne pour nager comme vous, il faudra rayer ça de vos papiers ; car moi, me voilà, Malescot. Vous avez entendu parler de moi, je parie ?

— En effet, dit le marquis, rassemblant ses souvenirs ; un honnête homme malheureux et compatissant... Dieu soit loué ! je suis sauvé ; vous allez prendre la moitié de la cassette ?

— Donnez-la-moi tout entière, allez, bourgeois ; s'il y a quatre heures que vous êtes à l'eau, vous devez en avoir assez.

Le marquis réfléchit un instant.

— Cette cassette et moi, nous ne nous séparons jamais, dit-il. Acceptez le marché tel que je vous le propose ; pour votre part de fatigue, vous aurez cinquante louis, une fois à terre.

— Cinquante quoi ? Cinquante louis, dites-vous ? Oh ! mais, oh ! mais... Embarque ! embarque ! Faut donc qu'il y ait tout l'or du monde dans cette cassette-là !

— Il y a surtout des papiers de la plus haute importance. Vous acceptez ?

— Pardié, dommage ! J'accepte, et je réponds de vous et de la boîte.

La cassette était lourde, en effet ; mais, malgré son poids, le marquis avançait en silence, sans bruit de respiration forcée, et si vite que le pêcheur avait peine à le suivre.

Pour ce dernier, il réfléchissait.

Vous dire quelle séries de mauvaises pensées se succédèrent dans son esprit, et renouèrent la première idée d'un crime, vague, lointaine et bien vite repoussée d'abord, à l'exécution froidement méditée, et poursuivie ensuite avec un acharnement de bête féroce, serait chose aisée, peut-être, mais, à coup sûr, inutile autant que fatigante. Il n'est personne qui ne puisse saisir l'enchaînement logique de ces deux idées : Il y a là près de moi un trésor qui me rendrait heureux et riche pour toute ma vie. Et : Il faut à tout prix que ce trésor soit à moi.

Au bout d'un quart d'heure, Malescot, qui avait insensiblement changé sa route pour prendre une direction presque parallèle à la plage, entendit, plus fréquente et plus oppressée, la respiration du marquis. Il sentit la cassette lui peser davantage. A cet instant, le crime était résolu déjà. Se plaignant d'une douleur subite à celui de ses bras qui nageait, il pria son compagnon de changer de place, afin que, son autre bras nageant à son tour, le membre malade pût se délasser. Le marquis ne conçut aucun soupçon, et consentit volontiers à un arrangement qui devait le soulager lui-même. Malescot, tenant toujours la cassette, passa devant, et, au moment où ses pieds se trouvaient à la hauteur de la tête de l'autre, il lança une sorte de ruade si violente et si adroitement détachée, que son talon, frappant droit au front sa victime, lui fit lâcher prise à l'instant.

Pendant que le marquis s'enfonçait sous l'eau, Malescot prit son élan, et s'éloigna de toute sa force.

Cependant M. de Saint-Jouan n'était qu'étourdi du coup. Il revint bientôt à la surface, et se mit à la poursuite du fugitif. L'orage grondait alors avec force, et la lueur des éclairs lui montrait Malescot fuyant dans le lointain.

Celui-ci nageait en désespéré. Il se retournait de temps à autre, et voyait avec rage les progrès de son adversaire. La cassette retardait sa marche. S'il était atteint, il faudrait l'abandonner ou périr.

Or, Malescot en était venu à ce point déjà de préférer la mort à la perte de son cher trésor. Son unique espoir était de trouver quelque rocher où il pût déposer un instant son fardeau, tandis qu'il ferait volte-face et dépêcherait l'ancien possesseur. Mais ce dernier avançait toujours ; il était à peine éloigné maintenant d'une cinquantaine de brasses, et le rescif le plus proche était à deux cents. Malescot l'atteignit cependant lorsqu'il était temps encore, en fit le tour avec rapidité, et disparut une seconde derrière ; puis son adversaire, étonné, le vit revenir de lui-même à sa rencontre.

En quatre ou cinq brasses chacun, ils furent en présence.

Alors s'engagea une lutte inouïe, une lutte comme personne n'en a pu voir ni raconter. La tempête, au plus fort de sa violence, rugit autour de ces deux hommes ; points misérables et perceptibles à peine dans l'immensité de l'espace, insectes fragiles que la destruction presse de toutes parts, que chaque vague soulève et peut clouer morts à la dent de quelque rescif. Et ces deux hommes pourtant, insoucieux de la scène terrible qui se déploie sous leurs regards, se cherchent, non pas pour unir leurs faibles efforts contre leur puissant adversaire, mais pour attenter mutuellement à leur vie.

Le marquis n'avait pu voir Malescot déposer la cassette ; aussi croyait-il, en l'attaquant, n'avoir affaire qu'à un seul de ses bras. Dès qu'il fut à portée, il fit un bond hors de l'eau, voulant retomber les mains jointes et serrées sur les reins du pêcheur. Celui-ci le vit venir, et, au moment où le marquis fondait sur lui de tout le poids de son corps, il l'évita par un plongeon subit, le saisit à la gorge, et s'efforça de l'étrangler sous l'eau. Un mouvement convulsif et désespéré l'empêcha de réussir, et tous deux revinrent haletants à la surface.

Une fois Saint-Jouan sur ses gardes, la lutte devenait plus égale. Si Malescot était plus robuste et moins épuisé, l'autre était incontestablement meilleur nageur. Déjà Malescot avait reçu un grand nombre de coups qui n'avaient pas laissé de l'étourdir. Il voyait avec désespoir la vie et sa riche proie lui échapper en même temps.

Il n'en devait pas être ainsi. Au moment où déjà le vertige s'emparait de lui, son doigt rencontra par hasard le câble qu'il avait roulé autour de ses reins. Son parti fut pris aussitôt. La corde de sauvetage allait devenir l'instrument d'un assassinat. Rassemblant tout ce qui lui restait de forces, il plongea, mit la corde en trois doubles, et fit au bout un nœud gros et fortement serré ; ensuite il revint à la surface, et attendit sans bouger une nouvelle attaque de son adversaire. Celui-ci, croyant cette fois en finir, vint sur lui et se précipita impétueusement. Malescot frappa. Le chanvre mouillé avait acquis une pesanteur et une dureté considérables. Le marquis resta sans mouvement pendant quelques secondes.

A ce moment suprême, un éclair déchira la nue ; l'assassin et sa victime purent se reconnaître en face. Puis Malescot, poussant un cri de triomphe sauvage, brandit de nouveau sa massue de corde et asséna un second coup. Le malheureux Saint-Jouan disparut sous les flots.

— C'est tout de même, dit le calfat, ça faisait un fier nageur !

Et, sans perdre une minute, il fit route sur le rescif dépositaire de son trésor. Arrivé sur la plage, il enterra la cassette dans le sable, et regagna le point de départ. Le douanier l'attendait religieusement.

— Eh bien, Malescot ? dit-il. Tout seul ?

— Un homme ne peut sauver ceux qui sont déjà morts. Je n'ai trouvé personne, citoyen Soleil.

— Les pauvres malheureux !... Bonsoir, mon garçon. Nous avons fait ce que nous avons pu.

Avant le jour, Malescot disparut, abandonnant sa femme et son enfant. Depuis lors, on n'entendit plus parler de lui à Saint-Malo.

Nous sommes à Londres, dans un somptueux hôtel de Pall-Mall. Dix ans se sont écoulés. A demi couché sur un confortable divan, un gros homme, à la figure commune et brutalement caractérisée, fume sa pipe courte, noircie par un long usage, véritable pipe de cockney ou de calfat, auprès d'un vaste bol de grog. Cet homme porte une robe de chambre d'une finesse extrême ; ses larges pieds, chaussés de babouches dignes d'un sultan des contes arabes, reposent sans façon sur la tablette sculptée d'une élégante cheminée de marbre blanc. Tout, dans la salle où nous le voyons, respire le luxe et l'opulence. Aussi cet homme, malgré sa pipe et son trivial visage, est-il un grand seigneur. C'est un émigré français, M. le marquis de Saint-Jouan, dernier rejeton d'une famille puissante, et qui s'allia souvent jadis au sang ducal de Bretagne.

Après sa conversation avec le douanier, Malescot (le lecteur l'a deviné sous cette magnificence) avait déterré la cassette, et, sans même entrer dans sa cabane, il s'était caché dans les rochers pour attendre le jour. Alors, il avait visité son trésor. Le coffre renfermait un sauf-conduit et tous les papiers nécessaires pour établir que le porteur était bien le marquis de Saint-Jouan, une somme énorme en traites sur diverses maisons de Londres, et de l'or au fond. Malescot, à cette vue, pensa devenir fou.

A la nuit tombante, sa fièvre se calma. L'idée lui vint de fuir. Il fut droit à une de ces retraites à lui connues, où se cachaient les contrebandiers. Le marché fut bientôt conclu. Malescot avait entortillé la cassette dans les lambeaux de son paletot de calfat. Il proposa de *gagner san passage*, c'est-à-dire de travailler comme manœuvre pendant la traversée. A Southampton, tout faillit se découvrir ; mais, ce pas franchi, Malescot n'avait plus rien à craindre. Au bout d'un mois, il prit la route de Londres avec un train de prince, lui qui était entré à Southampton couvert de haillons misérables et sa cassette sous le bras. Mais cette cassette était le coffre magique des contes de fées : elle renfermait noblesse et fortune.

A Londres, il escompta ses traites, et se trouva riche de plusieurs millions.

Alors il se laissa doucement glisser sur la pente de sa vie nouvelle. Son premier et son plus fort vertige passé, l'originalité burlesque inséparable d'une aussi brusque métamorphose une fois dissipée, il fut à peine plus ridicule et moins vulgaire que le commun des notabilités enrichies. Il fut à Londres ce que, au temps actuel, il eût été à Paris. Il tint table, écrasa le public de son luxe lourd et fastueux, moissonna les fleurs quasi-nouvelles des théâtres à la mode, fit courir à New-Market, et jouait dans un jeu d'enfer dans les tripots clandestins ou tolérés.

En outre, pour occuper son oisiveté, il s'était fait membre d'un grand nombre de sociétés de tempérance, de bienfaisance, etc., et d'une infinité de clubs. On était alors au commencement de l'empire, et la mythologie, à la mode en France, passant le détroit malgré le blocus continental, était venue baptiser des noms prétentieux à tous ces divers clubs. Les jockeys s'appelaient centaures, les nageurs phoques, les buveurs silènes. Malescot était un assez médiocre centaure ; mais il était silène passable, et sans contredit le roi des phoques. Au premier de ces clubs, on se moquait de lui ; on le regardait comme une inépuisable mine de gageures absurdes et perdues d'avance. Au club des nageurs, il en était tout autrement. Avec ses talents extraordinaires et l'avidité que nous lui connaissions, il gageait sans relâche et ne perdait jamais. Les phoques lui rendaient ce que lui prenaient les centaures.

Au moment où nous le remettons sous les yeux du lecteur, il venait de perdre au club des centaures des paris ruineux. D'un autre côté, rien à faire au club des amphibies : la matière semblait épuisée. Il était donc de fort mauvaise humeur, lorsque son valet de chambre annonça M. Smithson.

M. Smithson portait, sur un corps démesurément haut, un cou long, mince et osseux, au bout duquel oscillait une de ces têtes britanniques dont nos caricaturistes ont si bien popularisé le type. C'était le compagnon le plus assidu du marquis. Comme ce dernier, il faisait au club des tours de force très-estimables, mais sans aucune arrière-pensée de rivalité. Au contraire, prenant bénévolement la seconde place, il se mettait dans toutes les gageures du marquis, et nul ne parlait avec plus d'onction de ses prouesses. Il entra, fit le salut de l'amphibie, et présenta gravement le doigt. Ensuite, une conversation intéressante par elle-même, mais bien plus encore par les événements majeurs dont elle fut la source, s'engagea entre les deux amis.

— Ici, Pitt! dit M. Smithson. Saluez, mon garçon !

Pitt était un fort vilain épagneul. Il s'approcha tortueusement, s'accroupit et leva la patte.

— Bien, Pitt! bien, mon garçon !

Et M. Smithson passait la main sur la tête de l'épagneul, avec une affectation toute paternelle. Puis, il alluma un cigare et ajouta en s'adressant au marquis :

— Rien de nouveau !

— Rien.

— Rien! Ah ça! mais vous vous perdez! Diable, voilà plus de deux mois que vous n'avez rien fait. A quoi pensez-vous donc ? Je ne vous cache pas, que moi, je serais bien aise de gagner un millier de livres. Ce drôle d'Irlandais qui donne des leçons de natation à Pitt, me prend une guinée par cachet d'une heure, et comme Pitt étudie six heures tous les jours, cela fait par mois plus de 300 livres. C'est cher, mais aussi le chien est étonnant. L'avez-vous vu ?

M. le marquis de Saint-Jouan huma lentement une bouffée de tabac, et dit :

— Tout ça m'ennuie, Smithson. Tout ça m'ennuie, voyez-vous ! Il n'y a plus rien à faire. Que parier maintenant ?

— N'est-ce pas cela ? C'est l'idée qui vous manque ? Eh! j'en ai, moi! Que ne parliez-vous ?...

— Peuh ! fit le marquis d'un air d'incrédule supériorité !

— Il n'y a pas de peuh! j'ai une idée. Vous êtes un fier nageur ; mais peuh ! ne signifie rien du tout. Tenez, pourquoi ne parleriez-vous pas de traverser la Tamise avec un poids attaché au corps ?

A cette idée si simple et si féconde à la fois, M. de Saint-Jouan se leva d'un saut. Il voyait là, en effet, toute une série de nouveaux succès.

— A propos, quel poids porterez-vous ? demanda ce dernier, en faisant signe à Pitt de se préparer à sortir ; il me semble que quinze à dix-huit livres...

— Peuh!

— Vingt-livres au plus, croyez-moi.

Mais le marquis haussa les épaules, et jura qu'il aurait honte de proposer moins de cinquante livres.

Là-dessus, Pitt et M. Smithson prirent congé.

A quelques jours de là, dans un de ces ignobles taudis qui peuplent le quartier de la Tour, un homme et deux femmes étaient attablés autour d'un plat de pommes de terre cuites à l'eau, et semblaient faire avidement honneur à ce misérable repas. L'une des femmes était jeune encore, mais minée par la maladie ou le chagrin ; l'autre, sa fille sans doute, était dans tout l'éclat d'une jeunesse éblouissante de beauté.

L'homme pouvait avoir trente ans ; sous ses habits grossiers, on devinait une nature mâle en même temps que délicate et élevée. Tandis que ses deux compagnes mangeaient sans trop de dégoût, lui, après quelques bouchées, repoussa son assiette et tomba dans une profonde rêverie.

— Edouard, dit la jeune femme avec une tendresse tempérée par une sorte de crainte respectueuse, vous n'avez pas appétit, ce matin ?

Edouard se leva brusquement, et arpenta la chambre à grands pas. Les deux femmes échangèrent un regard.

— Encore vos tristes idées, je gage, monsieur Edouard, dit la plus âgée... Pour l'amour de Dieu ! prenez courage ; ne savez-vous pas que nous sommes tristes aussi, dès que vous êtes affligé ?

Le jeune homme passa la main sur son front, comme pour chasser la pensée qui l'obsédait, et, s'approchant des deux femmes, il prit leurs mains et les serra dans les siennes avec une émotion singulière.

— Oh! je sais que vous êtes bonnes, dit-il ; je sais ce que je vous dois, à vous, ma mère, qui avez accueilli autrefois le pauvre naufragé, à vous qui, si grande que fût votre misère, avez partagé avec lui votre dernier morceau de pain. Je vous remercie..... Je vous remercie, vous aussi, Marie, qui avez donné à l'inconnu tout ce que vous aviez en ce monde, votre main et votre cœur. Je vous remercie toutes deux, car vous m'avez suivi sur la terre étrangère !...

— Edouard ! interrompit Marie d'un ton de reproche, ne parlez pas ainsi ; nous avons fait notre devoir.

— Non! oh ! non ! vous avez fait plus... J'ai besoin de me rappeler vos bienfaits, car il est un autre souvenir...

— Quoi? dit avidement Marie.

Edouard allait parler peut-être ; mais cette question inopportune le rendit à lui-même et il reprit sévèrement :

— Rien ; je vous ai défendu de m'interroger, Marie ! Il est des choses que vous devez ignorer à jamais.

La jeune femme baissa la tête en silence, et une larme sillonna la mate blancheur de sa joue.

On frappa doucement à la porte.

Yvonne, se leva doucement et s'en fut ouvrir.

Un petit homme sec se glissa dans l'appartement, suivi d'un grand gaillard en costume d'ouvrier.

— Bonjour ! dit-il en entrant.

Et son œil perçant fit, avec une rapidité magique, l'inventaire du mobilier de la chambre.

— Qu'y a-t-il ? demanda Edouard.

— Pas grand'chose, dit avec une grimace le petit vieillard, répondant plutôt au désappointement soulevé en lui par l'aspect du mobilier qu'à la question du jeune homme ; pas grand'chose, en vérité ! Puis il ajouta, en produisant un bruit de crécelle (c'était sa manière de sourire) : — Monsieur ne se souvient plus de moi ; c'est tout simple, locataires et propriétaires se voient au jour du paiement, et, comme monsieur ne paie jamais...

— Déjà le terme ! interrompit Edouard avec une surprise non jouée.

— Déjà ! Oui, déjà ! Le troisième terme, s'il vous plaît ! entendez-vous ?

— Cela suffit, monsieur ! dit-il.

— Eh ! Entends-tu, John ? dit le propriétaire, souriant à son acolyte resté jusqu'alors immobile près de la porte. Il dit que cela suffit.

— Il l'a dit, votre honneur, répondit John.

— Que dis-tu de cela, toi, John ?

John regarda attentivement master Schupp (c'était le nom du propriétaire), et il garda le silence.

— Eh bien ?... C'est plaisant, n'est-ce pas ?

— Oh ! ... plaisant, je veux bien ! hurla John, qui éclata sur-le-champ comme si M. Schupp avait poussé un ressort dans son larynx.

— Sortez, monsieur ! dit Edouard irrité.

— A merveille ! Et mon argent, s'il vous plaît ?

— Demain, vous l'aurez.

— Demain ?... Entends-tu, John ? Il a dit demain... Il avait dit demain la dernière fois...

— Il l'a dit, votre honneur.

Le jeune homme se contenait avec peine ; mais, faisant sur lui-même un violent effort, il dit :

— Voulez-vous attendre jusqu'à demain ?

Ces mots furent prononcés avec un accent d'impatiente provocation qui fit réfléchir le vieillard ; il mesura d'un coup-d'œil les épaules d'Edouard et celles de son acolyte.

— Soit, dit-il après cet examen, je me laisse attendrir encore... Mais, demain sans faute, entendez-vous? ou bien...
— Assez, pour Dieu! assez!
— Ou bien le constable se mêlera de l'affaire.

La mère et la fille interrogèrent du regard leur compagnon, qui continuait silencieusement sa promenade.
— Et... comment ferez-vous? dit enfin la mère, à voix basse, avec hésitation.
— Je ne sais; mais il faut que cet homme soit payé.

A ces mots, il saisit brusquement son chapeau et sortit de la chambre, tandis que les deux femmes tombaient dans les bras l'une de l'autre.
— Que Dieu ait pitié de nous! dit Marie, et qu'il ne lui inspire pas de mauvaises pensées.

Edouard erra quelque temps au hasard dans les rues tortueuses du quartier de la Tour. Une confusion extraordinaire régnait dans ses idées. Cette scène l'avait bouleversé. Il était pauvre depuis des années, mais il avait été riche autrefois; et d'ailleurs jamais la misère ne s'était montrée à lui sous une face aussi accablante. Il marchait la tête basse, en prononçant des mots sans suite.
— J'irai en France, disait-il, j'irai demander asile à mes parents, à mes anciens amis... Hélas! me reconnaîtront-ils?... Je serai repoussé... Sans titre, sans argent... Ils m'appelleront un imposteur!.. Oh! cet homme! cet homme! Dieu ne l'enverra-t-il jamais sur mon passage!... ne pourrai-je jamais?... Oh! je suis fou... Cette pauvre Marie, si bonne, si dévouée!..

Insensiblement, et tout en s'attirant les malédictions des passants qu'il heurtait sur le trottoir, Edouard parvint à la Tamise. Il y avait là affluence de curieux, attirés sans doute par l'attente d'un spectacle extraordinaire. Tout près du bord, on voyait un groupe de gens qui venaient à chaque instant grossir de nouveaux arrivants. Au milieu, un homme d'un embonpoint respectable, vêtu seulement d'un caleçon et d'un petit gilet de tricot, allumait de l'amadou à l'aide d'un briquet. On s'agitait autour, on se pressait pour lui dire un mot; tout le monde semblait avoir affaire à lui. Cet homme et ce groupe n'étaient autres que M. le marquis de Saint-Jouan, sur le point de traverser la Tamise avec un poids de cinquante livres aux reins, et les phoques, spectateurs intéressés de ce haut fait.

Edouard, dans sa préoccupation, avait percé le groupe sans s'en douter. Son œil rencontra une fois par hasard l'œil du marquis, et il tressaillit de la tête aux pieds.

Cependant les pourparlers cessèrent; le groupe s'ébranla et descendit la berge : M. de Saint-Jouan avait allumé sa pipe. Alors, calme comme Napoléon la veille d'une bataille, il ceignit le poids et se mit à l'eau d'un visage impassible. Mais au bout de quelques brasses, il disparut pour ne plus se remontrer.

Edouard, depuis que son regard était tombé sur le marquis, avait suivi tous ses mouvements d'un œil avide. N'eût été la différence de leurs situations apparentes, on aurait dit qu'il retrouvait dans le noble émigré une ancienne connaissance. Avant que personne ne fût mis en devoir de secourir ce dernier, le jeune homme était déjà dans le fleuve. Deux minutes après, il ramenait au bord le malheureux marquis, après avoir adroitement coupé sous l'eau le lien qui le retenait au fond.

Le club entier fut étonné. Plusieurs lions d'eau même, émerveillés de l'aplomb de sa coupe et de la tête méritante qu'il avait piquée en plongeant vers le marquis, passèrent par dessus les scrupules de son costume, et furent jusqu'à lui présenter le doigt. Edouard ne prenait pas garde à ces marques d'approbation. Il semblait dominé par une idée fixe, et ne voulut point quitter d'un pas M. le marquis, que ses gens considérable à son équipage. Dès que ce dernier fut monté, il s'établit résolument en face du maître, et cria lui-même : A l'hôtel! Une fois arrivé, il escorta le marquis dans son appartement, le fit coucher, et s'installa auprès du lit comme s'il eût été de la maison.

M. de Saint-Jouan fut longtemps avant de reprendre ses sens. Il avait fait, sous l'eau, des efforts inouïs pour se débarrasser de son malheureux poids. Après une grande demi-heure de soins empressés, il ouvrit enfin les yeux, et sa première parole fut une énergique malédiction sur lui-même et sur le trop inventif M. Smithson. Ensuite, il demanda sa pipe. Après une douzaine de bouffées qui le remirent complètement, il s'aperçut de la présence d'Edouard.
— Que diable voulez-vous, vous? dit-il brusquement.
— Je désirais vous voir complètement remis, monsieur, répondit le jeune homme, dont une émotion indéfinissable faisait trembler la voix.
— Et pourquoi diable désirez-vous voir ça?
— J'ai été assez heureux pour vous sauver d'un danger, monsieur, et...
— Ah! c'est vous?... Merci!... Je n'aurais jamais cru que cinquante livres... mais ça ne vous regarde pas.

Puis, remarquant l'extérieur misérable de son sauveur, il ajouta :
— Maintenant, je vais sommeiller, mon cher, mais revenez demain... ou plus tard; je ferai quelque chose pour vous.

Cela dit, il se retourna entre ses draps et s'endormit profondément.
— Le nom de votre maître? dit alors Edouard en s'adressant à un valet avec hauteur.
— M. le marquis de Saint-Jouan.
— Quoi! le nom aussi!... le titre aussi! murmura le jeune homme en se dirigeant vers la porte.

Les valets le crurent fou, d'autant mieux qu'avant de sortir il se retourna et fit au marquis endormi un signe de menace et de colère.

Ce soir-là, Edouard regagna sa retraite, agité d'une véritable fièvre. Il y avait en lui joie et remords. On eût dit, à voir les diverses impressions qui se reflétaient sur son visage, que, ravi d'avoir atteint un but longtemps désiré, il s'effrayait maintenant et n'osait y porter la main.

Le lendemain, M. Schupp fut fidèle au rendez-vous. Les événements de la veille l'avaient complètement chassé du souvenir d'Edouard. A son aspect, la promesse qu'il avait faite et l'impossibilité où il était de la tenir lui revinrent à la fois.
— Monsieur, dit-il, je me suis engagé à la légère...
— Ah!...
— Je n'ai pas d'argent.
— Je le savais... Je l'avais dit! Pas d'argent!....
— Ecoutez, reprit Edouard, je suis positivement sûr d'en avoir sous peu...
— Sous peu? répéta ironiquement le vieillard.
— Dans huit jours, avant peut-être...
— Et vous avez cru que je me paierais de toutes ces balivernes? Il me faut de l'argent, monsieur!
— Mais je n'en ai pas.
— Tant pis! Alors il faut déguerpir... Vos meubles, qui resteront, seront vendus.
— Ah! vous ne ferez pas cela!...
— John!.. Il dit que je ne ferai pas cela.
— Eh! laissons là John, s'il vous plaît, monsieur, dit Edouard en reprenant le ton hautain qui lui était naturel. Je vous dois neuf guinées; chassez-nous; vous retirerez bien cinq livres de tout le mobilier. Au lieu de cela, continua le jeune homme, je vous propose de vous payer le tout dans huit jours, plus une prime honnête pour chaque jour de retard.

Le vieillard se prit à réfléchir. Yvonne et Marie ne comprenaient rien à l'assurance d'Edouard.
— Et quelle prime donnerez-vous? dit M. Schupp avec hésitation.
— Une livre par jour.

— Une livre! grand Dieu! répétèrent ensemble les deux femmes.
— Une livre! dit à son tour le propriétaire. C'est bien peu... bien peu, en vérité!... Si vous parliez d'une guinée... à la rigueur...
— Une guinée, soit! dit Edouard.

M. Schupp regretta amèrement de n'avoir pas demandé davantage; mais, malgré son impudence, il n'osa revenir. John portait toujours dans les vastes poches de sa houppelande du papier, des plumes et une écritoire. M. Schupp fit signer à Edouard une espèce de traité, et sortit en promettant de revenir sous peu.

Après son départ, les deux femmes pressèrent vainement Edouard.
— Leur situation allait changer, leur répondit-il. Il allait retrouver l'aisance, sinon la fortune. Du reste, toute question serait superflue; il n'était pas en son pouvoir de répondre.

Cependant le marquis se rétablit. Sans avoir pour son sauveur une reconnaissance bien positive, il le vit avec plaisir. C'était tout ce qu'il fallait au jeune homme. Son immense supériorité morale fit le reste. Il flatta les goûts et les rancunes de l'ex-calfat, il sut l'amuser et le distraire. M. Lancel (Edouard crut devoir prendre ce nom) fut attendu avec impatience. Au bout d'un mois, le marquis et lui étaient inséparables. Alors M. Lancel, qui avait repoussé jusqu'alors toute idée de récompense, voulut bien recevoir une somme considérable à titre de prêt.

M. Schupp fut payé, Yvonne et Marie furent installées dans un appartement convenable; mais Edouard, prétextant toujours une nécessité mystérieuse, leur déclara qu'il ne pouvait plus être commensal, du moins pendant un certain temps. Yvonne voulut user de son autorité de mère, Marie pleura; tout fut inutile. Edouard persista.

Comme on le pense bien, M. Lancel, présenté par le marquis, fut admis tout d'une voix au club des nageurs. Au lieu de payer sa bienvenue, il gagna tout d'abord et d'emblée les gageures qu'on lui imposa pour épreuves. Ses prouesses furent si grandes que les amphibies se trouvèrent sérieusement partagés. On ne savait plus dans le club lequel, du marquis ou de M. Lancel, méritait la couronne de glayeuls du roi des phoques. Cette rivalité offusqua violemment M. de Saint-Jouan. Ce fut le premier levain de discorde entre les deux amis; mais M. Lancel avait dès longtemps acquitté sa dette et semblait se soucier fort peu du refroidissement de son ancien protecteur.

Bien plus, il commença lui-même les hostilités. Jusque-là, par une espèce d'accord tacite, ils n'avaient jamais parié l'un contre l'autre. M. Lancel proposa, en guise d'escarmouche, une gageure insignifiante; le marquis riposta par un défi qui devait écraser d'un coup son rival. Le jeune homme fut vainqueur, et, depuis ce jour, une haine, jalouse d'un côté, calme et persistante de l'autre, haine qu'ils ne prirent même pas la peine de dissimuler, s'établit entre eux. Ce fut un combat à outrance. Les gageures se succédaient avec une rapidité effrayante, et, comme la chance restait obstinément du même côté, avant l'année révolue, M. Lancel se trouva millionnaire, tandis que le marquis était réduit à quelques centaines de mille francs.

Edouard ne visitait ses deux compagnes qu'à de rares intervalles; leur vue semblait lui devenir de plus en plus pénible. L'affection maternelle d'Yvonne, l'amour profond et dévoué de Marie lui étaient comme un reproche. Toutes deux gémissaient de ce changement inexplicable; mais le temps des représentations était passé. Elles pleuraient ensemble, les deux pauvres femmes, et ne lui montraient, à lui, que leur tendresse et leur douce résignation.

Quand le jeune homme rentrait seul dans le magnifique appartement où il recevait les nageurs, il passait des heures entières plongé dans de douloureuses rêveries. Son regard se portait alors avec une avidité sauvage sur ses fleurets disposés en sautoir, sur ses pistolets appendus à la muraille, puis il courait au club, et dépouillait sans pitié le marquis d'un lambeau de son ancienne opulence.

Pour ce dernier, il était devenu morose et vivait dans un état d'irritation constante qui se changeait en fureur à la moindre contradiction. Il avait abandonné les centaures et renoncé à ses amours de coulisse; sa vie entière se passait au club; mais la chance était décidément contre lui. Un beau jour, il dut s'avouer qu'un mois encore de cette vie le réduirait à la mendicité. Alors il prit un parti violent : deux cent mille francs lui restaient de toute cette immense fortune que le hasard et le crime lui avait donnée; il voulut les risquer d'un seul coup. Mais son adversaire était si favorisé par le sort! les deux cent mille francs suivraient la même route que les millions. Après avoir bien fouillé son cerveau, il crut avoir trouvé le moyen de dompter la fortune, et résolut de provoquer Lancel à une sorte de combat naval. Il se souvenait que, par une certaine nuit d'orage, auprès de Saint-Malo, une lutte du même genre s'était terminée à son avantage. Ce précédent lui donnait une grande confiance dans le résultat de cette épreuve désespérée.

Dès la première ouverture, le club applaudit avec enthousiasme à cette gageure sans exemple dans les annales des amphibies; mais le plus ravi de tous, sans aucun doute, ce fut M. Lancel lui-même, qui se trouvait provoqué. A la proposition du marquis, le poids qu'il avait sur le cœur disparut comme par magie; son visage, d'ordinaire si calme, prit une expression triomphante, lorsqu'il accepta le défi, et, quand il saisit la main de son adversaire, dont les doigts n'étaient ni trop mignons ni trop délicats pourtant, ce dernier ne put retenir une exclamation de souffrance.

Le combat étant résolu désormais, il ne s'agissait plus que de trouver un lieu convenable. La lutte était par elle-même trop extraordinaire pour ne pas faire naître l'idée de choisir un champ-clos moins commun que cette insipide Tamise dont chaque amphibie savait par cœur le cours, comme s'il l'eût creusé de ses propres mains. Dans l'assemblée générale qui se tint à cet effet, plusieurs avis furent ouverts. Un jeune lion d'eau, à l'imagination grandiose et vagabonde, proposa tout d'un coup le fleuve Saint-Laurent et la chute du Niagara. La motion fut chaudement appuyée, mais la majorité recula devant un voyage de cette importance. Enfin, après bien des tâtonnements et une discussion aussi animée qu'instructive, où plus d'un phoque fit preuve de connaissances géographiques estimables, le club se décida en faveur des côtes de l'Ecosse.

Le départ fut résolu séance tenante. Comme le club s'était divisé en deux grandes fractions de parieurs, dix commissaires furent nommés, cinq parmi les Saint-Jouan, cinq parmi les Lancel. Quelques jours après, la caravane, au nombre de trente individus, y compris les cuisiniers et Pitt, le chien de M. Smithson, monta en crochet et prit le chemin de l'Ecosse.

Arrivés à Lewis, les amphibies se transportèrent au rivage pour faire l'inspection des lieux. Entre deux pointes d'une hauteur égale et coupées à pic, la mer se précipitait avec fureur; puis, battue, tourmentée, elle s'enfuyait blanche d'écume pour prendre son élan et se précipiter encore. Au fond de l'anse, une rivière débouchait à une hauteur considérable, et tombait avec fracas dans la mer. Les phoques enchantés revinrent souper, ce qu'ils firent très-bien comme d'habitude, en devisant de hauts faits aquatiques. Au dessert, ils réglèrent définitivement les conditions du combat fixé, au lendemain. A un signal donné, les deux champions devaient se précipiter, se rencontrer dans le courant et se combattre par tous les moyens que leur imagination ou le hasard pourraient leur suggérer. Le vaincu serait celui qui, le premier, regagnerait le rivage ou, passant les portes de l'anse, se laisserait dériver en pleine mer.

Le lendemain, le jour se leva radieux; la chute, à l'approche des parieurs, présentait un magnifique spectacle ; de cette masse d'eau qui tombait impétueusement, s'élevait un brouillard dense et floconneux qui, traversé par les rayons du soleil levant, se teignait des couleurs du prisme et figurait, dans son arc immense, comme un diadème resplendissant au-dessus des horreurs de l'abîme. Il est permis de croire que nos deux champions firent assez peu d'attention à tout cela ; ils mesurèrent de l'œil la hauteur du saut qu'ils allaient faire, et ne parurent pas faiblir. Le marquis ne pouvait guère reculer, toute sa fortune était engagée. Pour M. Lancel, il semblait poussé par une force mystérieuse et irrésistible ; il voyait la chute et le gouffre d'un œil avide plutôt que craintif; et son regard devenait menaçant à l'aspect de son adversaire.

Les cinq Lancel, avec leur champion en tête, firent le tour de l'anse et se montrèrent bientôt sur l'autre bord, vis-à-vis les Saint-Jouan, rangés derrière le marquis. Le bruit de la chute et la distance empêchant de communiquer autrement que par signes, deux commissaires désignés d'avance levèrent en même temps leurs foulards, et les deux gladiateurs amphibies prirent ensemble leur élan. Quelques secondes après on les vit reparaître à une grande distance.

L'épreuve du saut bravement supportée des deux côtés, les champions se rapprochèrent ; et après avoir monté le courant d'un commun accord pour conserver quelque marge durant le combat, les hostilités commencèrent.

Ce fut un duel magnifique et tel qu'il devait être entre les deux phoques les mieux dressés qu'on eût vus de mémoire d'amphibie. Les têtes se succédaient avec une rapidité magique ; les feintes, les passes, les plongeons allaient leur train sans relâche. La galerie trépignait d'aise ; Pitt et M. Smithson s'étaient déjà plusieurs fois embrassés avec transport ; l'avantage, du reste, était encore incertain. Tout à coup, au moment le plus brillant du combat, un coup de vent, balayant la chute, étendit le brouillard comme un vaste rideau sur toute la scène, et les spectateurs désappointés virent avec douleur qu'ils ne voyaient plus rien du tout.

Le coup de théâtre fut pour les combattants comme pour la galerie. Lorsque M. de Saint-Jouan vit le rempart d'écume élevé entre eux et leurs témoins, il proposa de suspendre la lutte. Mais il n'en fut pas le compte de Lancel, qui se prit à dire comme s'il eût dit la chose la plus simple :

— Est-ce que tu as peur, maintenant, Malescot ? Nous n'essaierons pas de peindre la stupéfaction de ce dernier, qui resta sans mouvement.

— Ce brouillard te gêne ? Mais il faisait plus noir encore à la pointe de la Varde, et pourtant tu ne t'inquiétais guère de l'obscurité...

L'ex-calfat n'avait à peine entrevu sa victime, mais ce nom de Malescot, si bien fait pour raviver ses souvenirs, le frappa comme un trait de lumière, et pensant tout haut :

— Je ne l'avais donc pas bien tué ! murmura-t-il.

— Peu s'en fallut, en conscience, monsieur de Saint-Jouan, reprit Lancel, raillant toujours. Vous n'y épargnâtes pas votre peine, il faut vous rendre justice... Mais n'admirez-vous pas comme moi le singulier rapport ?... L'eau, la solitude, le fracas, l'homme qui vous cherche pour vous combattre ; tout y est... sauf une légère différence pourtant. Au lieu de l'enfant brisé par la fatigue, il n'y a ici qu'un homme fort et déterminé... que tu n'assassineras pas cette fois, Malescot, je te le promets !

— Peut-être ! hurla celui-ci en s'élançant pour surprendre son adversaire.

Mais l'autre l'évita, et, se laissant poursuivre comme en se jouant, il continua :

— Je ne pense pas !... Écoute-moi, Malescot ; tu m'as volé mon nom, mon or, tu m'as tout volé ! Et pourtant, ce n'est pas la vengeance que je cherche ici... La vengeance de moi à toi fi donc !... A quoi bon, d'ailleurs ? Je t'ai regagné ma fortune, et mon nom m'attend là-bas, en France... en France, où on ne sait pas qu'un ignoble calfat l'...

— Mais, arrête donc ! interrompit Malescot. Toi qui me dis que j'ai peur, attends-moi donc, à présent, je t'en défie !

— Patience, écoute encore !... J'ai trouvé sur la terre un ange qui est la fille d'un voleur et d'un assassin ; j'ai fait ma femme de l'ange ; la loi fait de l'assassin mon père ; et je m'appelle le marquis de Saint-Jouan ! Il faut que cet homme meure, n'est-ce pas ? il faut qu'il meure de ma main, car les tribunaux me le tueraient à son de trompe. La justice fait-elle autre chose que de tirer le scandale à cent mille exemplaires ? Il faut que sa mort soit couverte d'un voile impénétrable comme ce brouillard qui nous entoure. Il faut, pour son cadavre, une tombe sans fond qui va s'ouvrir pour toi !... car ta fille est ma femme.

Un seul mot avait frappé le calfat : sa fille ! encore ce mot glissa-t-il sur son enveloppe épaisse. Sa fille ! c'est à peine si ce nom réveillait en lui un souvenir.

— Tu ne me comprends donc pas ? continua Lancel en ralentissant sa marche. Tu es le père de ma femme, et ma femme doit lever le front sans rougir. Je ne me venge pas, je me lave... Mais c'est trop de paroles, n'est-ce pas ? Agissons maintenant... Te souviens-tu de certaine corde, Malescot ?... Une arme terrible et dont tu te servis assez bien cette nuit où je te vis pour la première fois ?

En parlant ainsi, Lancel dénouait une corde qui ceignait ses reins sous son gilet de tricot et la brandissait autour de sa tête.

A cette vue, Malescot pâlit. Soit qu'il comprît alors seulement l'intention de son adversaire, soit que cette corde lui rendît trop vif le souvenir longtemps effacé de son crime, il sentit son cœur défaillir et tourna le dos à son tour en s'écriant que les armes n'étaient plus égales et qu'il annulait la gageure.

— Il s'agit bien entre nous de gageure, reprit Lancel, dont la voix devenait moins railleuse et plus irritée. Dis, les armes étaient-elles égales, quand tu vins en aide aux vents et à la tempête pour achever un pauvre naufragé ? Voici la corde nouée comme alors... à ton tour, Malescot.

Et le véritable Saint-Jouan déchargea un coup terrible sur la tête du calfat, anéanti de frayeur.

— Grâce ! monsieur Laucel, grâce ! je vous rendrai tout.

Celui-ci haussa les épaules et fit tournoyer son arme.

— Ah ! pitié ! pitié !...

Mais le marquis redoubla ses coups. A mesure qu'il frappait, sa rage semblait aller croissant. Il ne cessa qu'au moment où Malescot, devenu un cadavre sanglant, disparaissait sous l'écume de la chute.

Alors il regagna les siens.

A toutes leurs questions empressées, il répondit : — Que M. de Saint-Jouan avait noblement soutenu le combat, mais qu'il avait coulé tout à coup à la suite d'un effort violent. Lui, Lancel, supposait qu'un vaisseau s'était rompu dans sa poitrine. C'était un malheur.

Six semaines environ après ce *malheur*, les journaux de Paris annonçaient que M. le marquis de Saint-Jouan, de retour en France, avait fait rayer son nom de la liste des émigrés. Le marquis s'était marié à l'étranger et ramenait avec lui sa femme et sa belle-mère.

FIN.

www.ingramcontent.com/pod-product-compliance
Lightning Source LLC
LaVergne TN
LVHW020958090426
835512LV00009B/1943